Berlin

Potsdam mit Schloss Sanssouci

Von Ulrike Krause und Enno Wiese

Inhalt

Auftakt:
Berlin – einfach bärenstark! 6

**Geschichte, Kunst, Kultur
im Überblick** 12

Sehenswürdigkeiten

**Vom Pariser Platz über den
Boulevard Unter den Linden
zur Schlossbrücke – das Alte
Preußen lässt grüßen** 18

- **1** Brandenburger Tor 18
- **2** Pariser Platz 19
- **3** Unter den Linden 20
- **4** Denkmal Friedrichs des Großen 23
- **5** Alte Bibliothek 26
- **6** St.-Hedwigs-Kathedrale 26
- **7** Staatsoper Unter den Linden 27
- **8** Humboldt-Universität 28
- **9** Prinzessinnen- und Kronprinzenpalais 29
- **10** Neue Wache 30
- **11** Deutsches Historisches Museum 31
- **12** Schlossbrücke 32
- **13** Friedrichswerdersche Kirche – Schinkelmuseum 32
- **14** Gendarmenmarkt 33

Augenschmaus – das ehem. Zeughaus

**Die Spreeinsel zwischen Lustgarten
und Monbijoupark – preußische
Pracht und protziger Prunk** 34

- **15** Lustgarten 34
- **16** Berliner Dom 34
- **17** Palast der Republik 35
- **18** Ehem. Staatsratsgebäude 36
- **19** Breite Straße 36
- **20** Brüderstraße 37
- **21** Museumsinsel 37

**Vom Scheunenviertel zur
Chausseestraße – der
Hinterhof Berlins mausert sich** 42

- **22** Volksbühne 42
- **23** Hackesche Höfe 42
- **24** Sophienstraße 44
- **25** Alter Jüdischer Friedhof 44
- **26** Oranienburger Straße 45
- **27** Neue Synagoge 46
- **28** Kulturzentrum Tacheles 46
- **29** Deutsches Theater und Kammerspiele 48
- **30** Ehem. Tierarzneischule 50
- **31** Charité 50
- **32** Hamburger Bahnhof – Museum für Gegenwart Berlin 51
- **33** Museum für Naturkunde 51
- **34** Dorotheenstädtischer Friedhof 52

**Zwischen Alexanderplatz und
Märkischem Ufer – viel Kunst,
viele Kneipen** 53

- **35** Alexanderplatz 53
- **36** Fernsehturm 54
- **37** Berliner Rathaus (Rotes Rathaus) 55
- **38** Marienkirche 56
- **39** Nikolaiviertel und Nikolaikirche 57
- **40** Palais Ephraim 60
- **41** Palais Schwerin 60
- **42** Altes Stadthaus 60
- **43** Parochialkirche 62
- **44** Ehem. Franziskanerklosterkirche 63
- **45** Amtsgericht Mitte 63
- **46** Ermeler Haus 64
- **47** Märkisches Museum 64

Inhalt

Bummeln im Nikolaiviertel

Prenzlauer Berg und Friedrichshain – Lifestyle in alten Arbeitervierteln 65

- 48 Jüdischer Friedhof 66
- 49 Kollwitzplatz 66
- 50 Prater-Garten 67
- 51 KulturBrauerei 69
- 52 Gethsemanekirche 69
- 53 Zeiss-Großplanetarium 70
- 54 Fruchtbarkeitsbrunnen 70
- 55 Volkspark Friedrichshain 71

Rund um den Potsdamer Platz – der neue Nabel der Stadt 72

- 56 Potsdamer Platz 72
- 57 Leipziger Straße 74
- 58 Museum für Kommunikation 74
- 59 Berliner Abgeordnetenhaus und Detlev-Rohwedder-Haus 75
- 60 Topographie des Terrors 75
- 61 Martin-Gropius-Bau 77
- 62 Ehem. Anhalter Bahnhof 78

Tiergarten und Regierungsviertel – Natur, Kultur und Politik in schöner Eintracht 80

- 63 Reichstag 80
- 64 Regierungsviertel 81
- 65 Haus der Kulturen der Welt 82
- 66 Tiergarten 84
- 67 Schloss Bellevue 85
- 68 Hansa-Viertel 85
- 69 Siegessäule 86
- 70 Botschaftsviertel 87
- 71 Bauhaus-Archiv 88
- 72 Gedenkstätte Deutscher Widerstand 88
- 73 St.-Matthäus-Kirche 88
- 74 Gemäldegalerie 89
- 75 Kupferstichkabinett und Kunstbibliothek 90
- 76 Kunstgewerbemuseum 90
- 77 Musikinstrumenten-Museum 91
- 78 Philharmonie 91
- 79 Staatsbibliothek zu Berlin – Preußischer Kulturbesitz II 92
- 80 Neue Nationalgalerie 92

Kreuzberg – zwischen Istanbul und In-Szene 93

- 81 Viktoria-Park 93
- 82 Bergmannstraße 93
- 83 Riehmers Hofgarten 94
- 84 Friedhöfe Hallesches Tor 96
- 85 Deutsches Technikmuseum Berlin 96
- 86 Jüdisches Museum Berlin 98
- 87 Zeitungsviertel 98
- 88 Checkpoint Charlie 98
- 89 Mariannenplatz 99
- 90 Paul-Lincke-Ufer 100

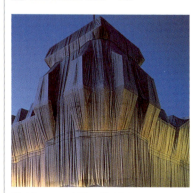

Kleidsam – verhüllter Reichstag

Rund um den Ku'damm – es lebe der Kaufrausch! 101

- 91 Kurfürstendamm 101
- 92 Kaiser-Wilhelm-Gedächtniskirche 102
- 93 Europa-Center 104
- 94 Käthe-Kollwitz-Museum 105
- 95 Jüdisches Gemeindehaus 106

Inhalt

Charmantes Charlottenburg

- 96 Theater des Westens 107
- 97 Bahnhof Zoo 108
- 98 Zoologischer Garten 108
- 99 KaDeWe (Kaufhaus des Westens) 110

Rund um das Charlottenburger Schloss – hier sind Kunstliebhaber richtig **111**

- 100 Schloss Charlottenburg 111
- 101 Schlosspark Charlottenburg 114
- 102 Ägyptisches Museum 116
- 103 Sammlung Berggruen 117
- 104 Bröhan-Museum 117
- 105 Rathaus Charlottenburg 118

Das Westend – gute Aussicht inbegriffen **119**

- 106 Internationales Congress Centrum (ICC) 119
- 107 Messegelände 119
- 108 Funkturm 120
- 109 Haus des Rundfunks 121
- 110 Friedhof Heerstraße 121
- 111 Le-Corbusier-Haus 122
- 112 Olympiastadion 123

Grunewald und Wannsee – Wald, Wiesen, Wasser **125**

- 113 Villenkolonie Grunewald 125
- 114 Teufelsberg 125
- 115 Jagdschloss Grunewald 127
- 116 Großer Wannsee 128
- 117 Villenkolonie Wannsee 129
- 118 Villenviertel Alsen 129
- 119 Pfaueninsel 130
- 120 Nikolskoe 133
- 121 Schloss und Park Kleinglienicke 134
- 122 Jagdschloss Glienicke 135

Dahlem und Zehlendorf – ein Stück Dorfleben in der Großstadt **136**

- 123 Botanischer Garten 136
- 124 Museumskomplex Dahlem 138
- 125 Museum europäischer Kulturen 140
- 126 Domäne Dahlem 140
- 127 Brücke-Museum 141
- 128 Freie Universität Berlin (FU) 141
- 129 Onkel Toms Hütte 142
- 130 Museumsdorf Düppel 142
- 131 Avus 143

Spandau und Reinickendorf – die westlichen Außenbezirke **144**

- 132 Spandauer Altstadt 144
- 133 Zitadelle Spandau 145
- 134 Tegeler Fließ 146
- 135 Schloss Tegel 146
- 136 Flughafen Tegel 148

Potsdam und Babelsberg – Glanz, Gloria und jede Menge Action **149**

- 137 Potsdamer Altstadt 149
- 138 Schloss Sanssouci 152
- 139 Kolonie Alexandrowka 154
- 140 Neuer Garten 155
- 141 Babelsberg 156

1 Tag in Berlin/ 1 Wochenende in Berlin **192**

Karten und Pläne
Alt-Berlin und Tiergarten
 vordere Umschlagklappe
Berlin – Rund um die Mitte
 hintere Umschlagklappe
Außenbezirke 126
Potsdam 149
Übersichtsplan 160
U- und S-Bahnplan 190/191

Register 183

Bildnachweis 188

Impressum 189

Inhalt

Dies und Das

Als wär's Italien: Wannseestrand

Neues Flair für die Metropole 25
Zwischen Lido und Copacabana 48
Dunkle Vergangenheit 74
Spur der Steine 75
In bleibender Erinnerung 77
Endstation Sehnsucht 100
Parade der Liebe 104
Milljöh-Maler 117
Paradiesische Zustände 130
Schlossgeschichten 132
Idyllische Ruhe 143
Dem Zufall sei Dank! 165
Aufgeblüht 167
Film ab! 171
Berlin ist Spitze 173

Berlin aktuell A bis Z

Straßencafés am Potsdamer Platz

Vor Reiseantritt 159
Allgemeine Informationen 159
Anreise 159
Bank, Post, Telefon 160
Einkaufen 161
Essen und Trinken 163
Feste und Feiern 167
Kultur live 168
Museen, Schlösser, Bibliotheken 172
Nachtleben 175
Sport 177
Stadtbesichtigung 178
Statistik 179
Unterkunft 180
Verkehrsmittel 182

Berlin – einfach bärenstark!

»Es gibt einen Grund, warum man Berlin anderen Städten vorziehen kann: weil es sich ständig verändert.«

Bertolt Brecht

Berlin ist eine Stadt mit dem gewissen Etwas, eine Stadt der **Kontraste**: Man findet elegante Boulevards und alternative Szeneviertel, königliche Palais und zerschossene Fassaden der Mietskasernen am Prenzlauer Berg, heißes Nachtleben in der City und Idylle pur am Wannsee, vornehme Villen in Grunewald und Straßenstrich an der Oranienburger Straße, dörfliches Leben in Lübars und Wohnen in Trabantensiedlungen wie dem Märkischen Viertel. Eine Stadt zwischen strahlendem Sonnenschein im Sommer und zuweilen trostlosem Grau im Winter.

Berliner Schnauze, Berliner Bär, Berliner Luft

Eine Stadt mit *Tempo, Temperament* und *Turbulenzen*. Und der Berliner ist wie seine Stadt – entweder mit allzu ruppigem Charme gesegnet oder aber so überschäumend aufgeräumt, dass derartig viel Wohllaunigkeit geradezu unheimlich wirkt. Die **Berliner Schnauze** ist sprichwörtlich, und Zwischentöne kennt diese Stadt ohnehin kaum. »Uns kann keener«, sagt der Einheimische. Wie auch, in dieser bärenstarken Stadt? Ach ja, *der Bär* ist den Berlinern, was den Münchnern ihr Kindl und den Hamburgern ihre Hammaburg – Wappen und Wahrzeichen. In Berlin aber steht der Bär für mehr. Hier ist er los, hier steppt er. Berlin war immer schon ein bisschen unmöglich!

»Berlin ist mehr ein Weltteil als eine Stadt«, so sprach der Dichter Jean Paul. Er muss es wissen, lebte er doch 1800–1801 in Berlin. Schon damals war Berlin anders als andere deutsche Städte. Eine **Metropole** von europäischem Rang. Eine Stadt, der Schiller »Ungezwungenheit im bürgerlichen Leben« attestierte, ein Fleckchen aber, das auch schon vor über 200 Jahren nach Durchsetzungskraft verlangte. Man brauche Haare auf den Zähnen und müsse mitunter etwas grob sein, um sich in Berlin über Wasser halten zu können – das waren die Erfahrungen des sonst so gar nicht zimperlichen Goethe. In Berlin kann jeder nach seiner Façon glücklich werden – das wusste schon der olle Fritz. Und die berühmte ›Berliner Luft, Luft, Luft‹ ist ohnehin dufte!

Oben: *Mittenmang in der Vergangenheit – mit Pickelhaube und Uniform auf dem Ku'damm*

Rechts: *Hyper, hyper – Liebe, Frieden und Techno-Musik bei der Love Parade*

Gegenüber: *Momentan nur als Spiegel zu gebrauchen – der Berliner Dom zeigt sich im ausrangierten Palast der Republik*

Experiment Zukunft

An 40 Jahre Teilung erinnern nur noch wenige **Mauerstücke**, die kahlen Flächen des Todesstreifens sind längst verschwunden. Dafür erheben sich dort Baugerüste und Kräne oder stehen bereits Geschäftshäuser. Apropos Bauen: Der Bauboom in der Metropole hält an – noch immer gibt's Tausende von Baustellen. Berlin, bis 1989 Insel im Ostblock, dann *Schnittstelle zwischen Ost und West*, bekommt ein neues Hauptstadt-Gesicht. Ob Pariser Platz oder Friedrichstraße, Potsdamer Platz oder innerer Spreebogen, die **neuen Regierungs-** und **Geschäftsbauten** haben die Stadt verändert. Seit dem Umzug der Bundesregierung ist Berlin nun auch Verwaltungs- und Wirtschaftszentrum. Ob das besondere Flair dieser Stadt erhalten bleibt, wird sich zeigen. Ein *Experiment* ist es in jedem Fall.

Wo der olle Fritz regierte

Der beste Ausgangspunkt, um Berlin kennen und verstehen zu lernen, ist das geographische und historische Zentrum der Stadt, der Bezirk Mitte. Hier, auf dem großen Boulevard **Unter den Linden,** blickt die *Bronzestatue Friedrichs des Großen* nach Osten auf den ehem. Marx-Engels-Platz, den heutigen *Lustgarten*, wo einst Friedrichs offizielle Residenz stand, das *Berliner Stadtschloss*. Das Schloss war politisches Zentrum der Stadt und des preußischen Staates. Wie der größte Teil Berlins wurde es im Zweiten Weltkrieg schwer beschädigt, doch im Gegensatz zu vielen anderen historischen Gebäuden, welche renoviert wurden, riss man die Ruine Anfang der 50er-Jahre des 20. Jh. ab. Der *Palast der Republik*, den die DDR-Machthaber an ihrer Stelle errichten ließen, hat längst keine politische

Oben links: *Auf dieses schöne Kleid musste der Reichstag 20 Jahre warten – die spektakuläre Verhüllung fand im Sommer 1995 statt*

Oben rechts: *Hier wacht der Dichter persönlich – Französischer Dom und Schiller-Denkmal auf dem Gendarmenmarkt*

Mitte: *Grün ist Trumpf im Tiergarten*

Unten rechts: *Protest-Kunst und Power-Art – Gemälde auf einem verbliebenen Mauerstück*

Funktion mehr. Im Juli 2002 hat sich der Bundestag für den Wiederaufbau des Berliner Stadtschlosses in Form eines modernen Baukörpers mit originalgetreuer Barockfassade ausgesprochen.

Bringen Sie Muße für Museen mit!

Die beiden frühesten Siedlungen Berlins, Cölln und Berlin, lagen südöstl. des Palastes. Vom alten Cölln ist kaum etwas geblieben, doch Teile des alten Berlin sind im **Nikolaiviertel** wieder aufgebaut worden. Nördlich des Lustgartens liegt die im frühen 19. Jh. von Karl Friedrich Schinkel angelegte **Museumsinsel**. Sein **Altes Museum** mit der Antikensammlung steht am Rande des Lustgartens und war als Gegenstück zum Stadtschloss konzipiert: Kultur und Politik stehen einander gegenüber. **Schinkel**, ein Vierteljahrhundert lang oberster preußischer Baubeamter, hat das Gesicht des historischen Stadtzentrums wie kein anderer Architekt vor ihm geprägt: Er entwarf die **Neue Wache**, die **Schlossbrücke**, die **Friedrichswerdersche Kirche**, die Bauakademie und eine Kirche, an deren Stelle sich heute der **Berliner Dom** erhebt. Auf jeden Fall sollte man sich die Sammlungen auf der Museumsinsel anschauen. Sehenswert sind z. B. das **Pergamon-Museum** mit seinem Pergamonaltar und die 2001 wieder eröffnete **Alte Nationalgalerie** mit Meisterwerken des 19. und 20. Jh.

Stadt-Lifting ist angesagt!

Einige Häuserblocks weiter liegt der **Alexanderplatz** mit dem **Fernsehturm** und dem **Roten Rathaus**. Dieser Platz, der in den 60er-Jahre des 20. Jh. umgestaltet wurde, soll irgendwann durch die seit Jahren geplanten Neubauten ein völlig verändertes Gesicht erhalten. Es lohnen auch Abstecher ins ehem. **Scheunenviertel** mit der **Neuen Synagoge** oder ein Besuch des **Dorotheenstädtischen Friedhofs**, auf dem zahlreiche berühmte Persönlichkeiten der vergangenen Jahrhunderte ihre letzte Ruhestätte fanden. Interessant ist auch ein Spaziergang durch die historische **Sophienstraße**.

Streifzug durchs Alte Preußen

Das Alte Preußen wird auf einem Teilabschnitt des Boulevards Unter den Linden wieder lebendig: Zwischen Schlossbrücke und Friedrichstraße passiert man einige Palais, die für die Hohenzollern gebaut wurden, die **Staatsbibliothek**, das ehem. *Forum Fridericianum* mit **St.-Hedwigs-Kathedrale**, **Staatsoper Unter den Linden** und **Humboldt-Universität** und der

Alten Bibliothek. Ganz in der Nähe liegt der **Gendarmenmarkt**, der wohl schönste Platz Berlins, mit seinen beiden Domen und dem Schinkelschen *Schauspielhaus*. Der Boulevard Unter den Linden findet seinen Abschluss am Pariser Platz und dem **Brandenburger Tor**. Der **Pariser Platz**, früher der ›Salon‹ der Hauptstadt, während des Zweiten Weltkriegs zerstört, wird seit einigen Jahren neu bebaut. Das *Hotel Adlon* eröffnete 1997 an alter Stelle, und rund um den Platz entstanden weitere, meist von Banken genutzte Neubauten, die den historischen Fassaden des Platzes stilistisch nacheifern.

Unternehmen Zukunft

Hinter dem Brandenburger Tor erstreckt sich der **Tiergarten**, der größte innerstädtische Park Berlins. Ganz in der Nähe erhebt sich der **Reichstag**, der 1995 durch *Christos* Verpackung Weltruhm erlangte und seit Herbst 1999 Sitz des Deutschen Bundestages ist. Am nahe gelegenen *Spreebogen* setzen seit 2001 das **Bundeskanzleramt** und Parlamentsbauten wie das **Paul-Löbe-Haus** Architekturakzente. Die größte Baustelle Europas war jahrelang der **Potsdamer Platz**. Ende 1998 eröffnete hier als erster Komplex die DaimlerChrysler-City, ein aus 19 Gebäudeblöcken bestehendes Viertel. Der Gebäudekomplex des Sony-Centers folgte im Juni 2000. In unmittelbarer

Kunst satt

Schloss Charlottenburg ist das einzige erhaltene Stadtschloss der Hohenzollern. Der schöne **Park** stellt ein gutes Beispiel dar für die Synthese aus Architektur, Landschaftsgestaltung und Natur, die die Anlagen der Hohenzollern auszeichnet. Im Schloss Charlottenburg und in seiner Umgebung gibt es außerdem interessante **Museen**.

Kunstfreunde sollten sich auch die **Museen in Dahlem** nicht entgehen lassen, hier liegt heute der Schwerpunkt auf Völkerkunde und fernöstlicher Kunst. Die anderen Sammlungen sind inzwischen im Rahmen der Museen-Neuordnung ins Zentrum Berlins gezogen. Malerei kann man heute in der neuen **Gemäldegalerie** am Kulturforum bewundern, die Skulpturen werden nach der Wiedereröffnung des *Bode-Museums* (ca. 2005) auf der Museumsinsel gezeigt.

Nähe befinden sich das *Kulturforum* mit diversen Museen und die **Philharmonie**, und in östl. Richtung stehen einige der alten Regierungsgebäude aus der Zeit zwischen Reichsgründung und Drittem Reich. Das einstige Reichsluftfahrtministerium ist heute z. B. Sitz des **Bundesfinanzministeriums**. An die Gräueltaten der Nazis erinnert die Dokumentationsstätte *Topographie des Terrors*.

Volles Vergnügen

Ein Besuch des Zentrums von Westberlin beginnt am besten an der **Kaiser-Wilhelm-Gedächtniskirche**. Diese symbolische Einheit aus einer Kriegsruine und einem kompromisslosen Neubau steht dort, wo die *Tauentzienstraße*, eine der geschäftigsten Einkaufsstraßen Berlins, auf den Kurfürstendamm trifft. Der **Ku'damm** ist *der* Flanierboulevard der Stadt, immer noch beste Wohnadresse und vor allem Geschäfts- und Vergnügungsviertel. Hier finden sich zahlreiche Cafés, Restaurants, Hotels, Kinos und Einkaufstempel aller Art.

Wunder der Natur und Baukunst

Berlin hat auch außerhalb der City viele Attraktionen zu bieten, denn die Stadt ist in ein schönes *Waldgebiet* eingebettet. Ein Ausflug an die **Havel** und auf die **Pfaueninsel** zeigt dem Reisenden die *Mark Brandenburg* – eine Landschaft mit Flüssen, Seen und sandigem Boden, der für die Umgebung Berlins so typisch ist. Allenthalben kann man herrliche Parklandschaften genießen, wo Natur unmerklich im Sinne der Romantik umgestaltet wurde. Ein Name taucht in diesem Zusammenhang immer wieder auf, der des Landschaftsarchitekten *Peter Joseph Lenné*. Ein Bootsausflug nach **Potsdam**, ein Besuch von **Schloss Sanssouci** und **Schloss Babelsberg** bieten weitere Einblicke in dieses preußische Arkadien. Tatsächlich wurden Berlin und Potsdam dank ihrer herrlichen Schlösser und Park-

Oben links: *Wenn da bloß kein Elefant kommt! Porzellan-Schätze im Schloss Charlottenburg*

Oben rechts: *›Ohne Sorge‹ lautet das Motto – Schloss Sanssouci in Potsdam*

Links unten: *Die Baukräne sind verschwunden – aus der Mega-Baustelle Potsdamer Platz erwuchs DaimlerChrysler-City, eine Stadt in der Stadt*

Unten rechts: *Glamour im Friedrichstadtpalast*

anlagen 1990 als Kulturlandschaft zum *UNESCO Weltkulturerbe* erklärt.

Der Architekturkenner kommt hier auch in Bezug auf Moderne und Gegenwart voll auf seine Kosten: **Villenkolonien** wie im Grunewald, Wohnsiedlungen wie **Onkel Toms Hütte**, das **Hansa-Viertel**, die Gebäude der *Internationalen Bauausstellung* aus den 1980er-Jahren in Tegel, die neuen Geschäftshäuser in der **Friedrichstraße** und die hypermodernen Bauten im **Botschaftsviertel** am Tiergarten sind nur einige der Highlights.

Hier steppt der Bär auch nachts!

Zu den lebendigsten Vierteln Berlins gehören heute Kreuzberg, Mitte und der Prenzlauer Berg. **Kreuzberg**, Heimat der alternativen Szene, ist durch die Vereinigung wieder ins Zentrum der Stadt gerückt. **Mitte** lockt mit Off-Galerien und Klubs, Trend-Boutiquen und viel Fußvolk. Der Bezirk **Prenzlauer Berg**, zu DDR-Zeiten Zufluchtsort von Künstlern und Dissidenten, bietet heute mit seinen Kneipen und Restaurants ein buntes Gemisch aus Szene, ›Ureinwohnern‹ und Touristen. Und das kunterbunte Berliner **Nachtleben** hält immer noch, was sein legendärer Ruf verspricht.

Der Reiseführer

Dieser Band schildert die Sehenswürdigkeiten Berlins in 15 Kapiteln. **Stadtpläne** erleichtern die Orientierung. Besondere Empfehlungen zu Hotels, Restaurants etc. bieten die **Top Tipps**. An Kurzbesucher wendet sich die Rubrik **1 Tag / 1 Wochenende**. Der **Aktuelle Teil** enthält alphabetisch geordnet praktische Hinweise zu Einkaufen, Öffnungszeiten der Sehenswürdigkeiten, Nachtleben, Stadtbesichtigungen usw. **Kurzessays** runden den Reiseführer ab.

Geschichte, Kunst, Kultur im Überblick

um 8000 v. Chr. Erste Besiedlung in der Altsteinzeit.

um 700 v. Chr. Frühgermanische Besiedlung.

6./7. Jh. n. Chr. Besiedlung durch westslawische Stämme.

1134–70 Albrecht der Bär, erster Markgraf von Brandenburg aus dem Haus der Askanier.

1197 Erste urkundliche Erwähnung von Spandau.

1237 Der Ort Cölln zum ersten Mal urkundlich erwähnt, 1251 folgt der Wedding, 1264 der Schöneberg.

1244 Erste urkundliche Erwähnung Berlins als Stadt.

1307 Vereinigung von Cölln und Berlin.

1308–19 Markgraf Waldemar der Große.

1320 Ende der Askanier-Herrschaft.

1338 Erste Verwendung des Berliner Bären als Signet für eine Ratsurkunde.

1369 Berlin erwirbt das Münzrecht.

1376/1380 Bei zwei großen Bränden werden weite Teile der Stadt zerstört.

1415 Die Hohenzollern werden mit dem Kurfürstentum Brandenburg belehnt: Neuer Landesherr ist Friedrich IV. von Hohenzollern, nun Kurfürst Friedrich I. von Brandenburg.

1443 Kurfürst Friedrich II., ›Eisenzahn‹ genannt, legt in Cölln den Grundstein für das Hohenzollernschloss. 1470 wird das Hohenzollernschloss kurfürstliche Residenz.

1539 Die Reformation setzt sich durch.

1576–1611 Pestjahre: Die Chronik der Cöllner Stadtschreiber registriert 1576 4000 Pesttote, im Jahr 1598 3000 und im Jahr 1611 2000 Tote. Die Stadt hat um 1600 10 000 bis 12 000 Einwohner.

1618–48 Dreißigjähriger Krieg, die Vorstädte Berlins brennen ab. 1648: 6000 Einwohner.

1640–88 Regierungszeit des Großen Kurfürsten Friedrich Wilhelm. Er schafft die Grundlage für den Aufstieg Brandenburg-Preußens.

1647 1000 Linden und 1000 Nussbäume werden auf einer Allee vom Berliner Schloss zum Tiergarten, der späteren Straße Unter den Linden, gepflanzt.

1658 Berlin wird zur Festung ausgebaut.

1662–69 Bau des Friedrich-Wilhelm-Kanals zwischen Spree und Oder als direkte Verbindung zwischen Breslau und Hamburg. Berlin wird Umschlaghafen.

1685 Potsdamer Edikt: Aufnahme und Ansiedlung von aus Frankreich vertriebenen Hugenotten.

1688–1713 Kurfürst Friedrich III. Er krönt sich 1701 in Königsberg eigenhändig zum König in Preußen und nennt sich Friedrich I. Die Friedrichstadt wird angelegt.

1700 Gründung der Akademie der Wissenschaften.

1709 Berlin, Cölln, Friedrichswerder, Dorotheenstadt und Friedrichstadt werden zur Königstadt Berlin vereinigt.

1710 60 000 Einwohner leben in Berlin, darunter 6000 Franzosen, 5000 Schweizer und 500 Pfälzer.

1713–40 Regierung König Friedrich Wilhelms I., genannt ›Soldatenkönig‹.

1717 Einführung der allgemeinen Schulpflicht.

1740–86 Friedrich II., auch ›der Große‹ genannt, macht Berlin zu einer Hauptstadt von europäischem Rang und zu

Berliner Baumeister:
Karl Friedrich Schinkel

Geschichte, Kunst, Kultur im Überblick

(von links nach rechts) Friedrich der Große – Soldatenkönig Friedrich Wilhelm I. – Reichskanzler Fürst Otto v. Bismarck

einem Zentrum der Aufklärung. Blütezeit für Wissenschaft und Forschung, Kunst und Kultur.

1756–63 Siebenjähriger Krieg: Österreichische und russische Truppen besetzen Berlin.

1786–97 Regierungszeit Friedrich Wilhelms II., genannt der ›Dicke Wilhelm‹.

um 1790 Berlin wird eines der Zentren der deutschen Romantik.

1797–1840 Regierungszeit Friedrich Wilhelms III.

um 1800 Berlin ist nach London und Paris drittgrößte Stadt Europas.

1806–08 Besetzung Berlins durch Napoleons Truppen.

1813 6000 Berliner ziehen als Freiwillige in die Befreiungskriege.

1816 Karl Friedrich Schinkel, Christian Daniel Rauch und Peter Joseph Lenné gestalten nach den Befreiungskriegen das neue Berlin. Das erste in Deutschland gebaute Dampfschiff fährt auf der Spree. Beginn der industriellen Revolution.

1826 Die erste (englische) Gasanstalt sorgt für Straßenbeleuchtung Unter den Linden.

1838/39 Eröffnung der Eisenbahnstrecke Berlin–Potsdam und erste Berliner Pferdeomnibuslinie.

1840–61 Regierungszeit Friedrich Wilhelms IV. Berlin wird zu einer der bedeutendsten Industriestädte Europas.

1847 Der erste (vereinigte) Landtag Preußens tagt in Berlin.

1848 18. März: Ausbruch der Märzrevolution. 22. Mai: Preußische Nationalversammlung am 5. Dezember aufgelöst. 23. August: 1. deutscher Arbeiterkongress.

1861–88 Regierungszeit Wilhelms I., König von Preußen.

1862–90 Otto von Bismarck ist preußischer Ministerpräsident, ab 1871 Reichskanzler.

1866 Berlin wird Hauptstadt des Norddeutschen Bundes.

1870/71 Deutsch-Französischer Krieg.

1871 König Wilhelm I. wird in Versailles zum Deutschen Kaiser proklamiert. Berlin (823 000 Einwohner) wird Hauptstadt des Deutschen Reiches.

1872 Dreikaisertreffen in Berlin (Franz Joseph I. von Österreich, Alexander II. von Russland und Wilhelm I.).

1879 Auf der Gewerbeausstellung in Moabit führt Werner von Siemens die erste elektrische Eisenbahn der Welt vor.

Nächtlicher Kampf: Ausbruch der Märzrevolution am 18. März 1848

Geschichte, Kunst, Kultur im Überblick

Berlin, 1903: Man sieht (v. li. nach re.) das Alte Museum, die Schlossbrücke, den Berliner Dom und im Hintergrund die Marienkirche. An die heutige Karl-Liebknecht-Straße (früher Kaiser-Wilhelm-Straße) grenzen das 1950/51 abgetragene Stadtschloss sowie das ehem. Nationaldenkmal für Kaiser Wilhelm I.

1881 Erster Telefonbetrieb mit 45 Teilnehmern. In Lichterfelde fährt die erste elektrische Straßenbahn der Welt.

1888–1918 Wilhelm I. stirbt, Kaiser Wilhelm II. folgt auf die 99-Tage-Regierung seines Vaters, Kaiser Friedrichs III.

1890 Bismarcks Entlassung.

1894 Der Reichstag wird eingeweiht.

1900 Berlin hat 1,9 Mio. Einwohner.

1902 Erste Hoch- und Untergrundbahn von der Warschauer Brücke zum Zoo.

1905 Die ersten städtischen Autobusse verkehren. Max Reinhardt übernimmt das Deutsche Theater.

1912 Nofretete wird im Ägyptischen Museum ausgestellt.

1918 Revolution: Am 9. November Ausrufung der Republik durch den Sozialdemokraten Philipp Scheidemann vom Fenster des Reichstagsgebäudes aus. Karl Liebknecht ruft vom Eosander-Portal des Stadtschlosses die Räterepublik aus. Am 10. November dankt Kaiser Wilhelm II. ab.

1919 Spartakus-Aufstand. 15. Januar: Ermordung von Karl Liebknecht und Rosa Luxemburg, den beiden bedeutenden Führern der Kommunistischen Partei.

1919 Wahl Eberts zum ersten Reichspräsidenten der Weimarer Republik.

1920 Kapp-Putsch: Freikorpssoldaten besetzen Regierungsstellen.

ab 1923 Berlin entwickelt sich mehr und mehr zum kulturellen, wirtschaftlichen und gesellschaftlichen Zentrum Deutschlands.

1924 Erste Funkausstellung.

1929 Weltwirtschaftskrise: 600 000 Arbeitslose in Berlin.

1933 30. Januar: Machtergreifung Hitlers. 27./28. Februar: Reichstagsbrand. 1. April: Erster Boykott jüdischer Geschäfte. 10. Mai: Bücherverbrennung auf dem Opernplatz.

1936 XI. Olympische Sommerspiele in Berlin.

1938 9./10. November: In der ›Reichskristallnacht‹ werden die Berliner Synagogen von den Nationalsozialisten zerstört.

1939 Beginn des Zweiten Weltkrieges, Berlin hat 4,3 Mio. Einwohner.

1940 Erster Luftangriff auf Berlin am 25. August.

1941 Beginn der Massendeportationen von Juden aus Berlin.

1942 20. Januar: Wannseekonferenz, auf der die Maßnahmen zur ›Endlösung der Judenfrage‹ organisatorisch koordiniert werden.

1943 Joseph Goebbels ruft im Sportpalast den ›totalen Krieg‹ aus. 1. März: erster schwerer Luftangriff auf Berlin. 21. März: missglücktes Attentat auf Hitler im Zeughaus.

1945 30. April: Selbstmord Hitlers. 2. Mai: Einmarsch der Roten Armee. 8. Mai: Unterzeichnung der Kapitulation der deutschen Wehrmacht in Berlin-Karlshorst. Berlin hat bei Kriegsende 2,8 Mio. Einwohner. 32% des gesamten Wohnungsbestandes sind zerstört. Der Trümmerschutt wird auf 80 Mio. Kubikmeter geschätzt. Im Juni wird die in 4 Sektoren geteilte Stadt Sitz des Alliierten Kontrollrates.

Geschichte, Kunst, Kultur im Überblick

1946 13. August: Die Alliierten erlassen die Vorläufige Verfassung von Groß-Berlin und setzen Wahlen an; Berlin wird Stadtstaat.

1947 Der Preußische Staat wird per Kontrollratsgesetz von den Alliierten aufgelöst.

1948 Währungsreform in den drei Westsektoren von Berlin. 26. Juni: Beginn der Blockade Westberlins und Luftbrücke.

1949 12. Mai: Ende der Blockade. 7. Oktober: Gründung der DDR mit Ostberlin als Hauptstadt.

Lebensnotwendig: Die Luftbrücke der Alliierten überwindet die Blockade 1948/49

1950 1. Oktober: Berliner Verfassung (West) tritt in Kraft.

1951 Eröffnung der ersten Internationalen Filmfestspiele (›Berlinale‹).

1953 17. Juni: Volksaufstand in Ostberlin und der DDR.

1957 Willy Brandt wird Regierender Bürgermeister von Westberlin.

1958 Berlin-Ultimatum von Chruschtschow: Berlin soll freie, entmilitarisierte Stadt werden.

1961 13. August: Beginn des Mauerbaus. Die Mauer ist 161 km lang, 45 km ziehen sich quer durch Berlin. 16. August: Über eine halbe Million Menschen demonstrieren vor dem Schöneberger Rathaus gegen die Teilung Berlins. Rund 60 000 Ostberliner sind von ihrem Arbeitsplatz im Westen der Stadt abgeschnitten.

1963 Besuch von John F. Kennedy in Berlin. 17. Dezember: Erstes Passierscheinabkommen. Nach zwei Jahren können Westberliner erstmals wieder ihre Verwandten in Ostberlin besuchen.

1967/68 Studentenunruhen in Westberlin. 11. April 1968: Attentat auf den Studentenführer Rudi Dutschke.

Grenzenloser Jubel: Maueröffnung am 9. November 1989

1971 Unterzeichnung des Viermächte-Abkommens: Anerkennung des Status quo Berlins. Das Transit-Abkommen zwischen der DDR und der Bundesrepublik tritt in Kraft.

1987 750-Jahr-Feier der Stadt Berlin.

1989 18. Oktober: Egon Krenz löst Erich Honecker als Staats- und Parteichef ab. 7. November: Rücktritt der DDR-Regierung. 9. November: Maueröffnung.

1990 3. Oktober: Auflösung der DDR durch Beitritt zur Bundesrepublik Deutschland; Berlin wird wieder Hauptstadt Deutschlands. 2. Dezember: Ost- und Westberlin wählen zum ersten Mal gemeinsam: CDU und SPD beschließen große Koalition.

1993 Umzug der Westberliner Abgeordneten aus dem Rathaus Schöneberg in den ehem. Preußischen Landtag (Mitte).

1994 Juni–September: Abzug der alliierten Streitkräfte aus Berlin.

1995 ›Reichstagsverpackung‹ durch Christo und Jeanne-Claude.

1996 Die Länderfusion von Berlin und Brandenburg scheitert durch Volksabstimmung.

1999 Umzug der Bundesregierung und des Parlaments von Bonn nach Berlin.

2000 Berlin erreicht erstmals mit 10 Mio. Übernachtungen pro Jahr die Spitzenposition unter den deutschen Städten.

2001 Das Preußenjahr zum 300-jährigen Krönungsjubiläums des Kurfürsten Friedrich III. wird mit zahlreichen kulturellen Veranstaltungen gefeiert.

2002 Der Bund übernimmt die Finanzierungsverantwortung für die geplanten Baumaßnahmen auf der Museumsinsel.

Sehenswürdigkeiten

Vom Pariser Platz über den Boulevard Unter den Linden zur Schlossbrücke – das Alte Preußen lässt grüßen

Der **Pariser Platz** und der Boulevard **Unter den Linden** waren der ›Empfangssalon‹ und die Promenade der Hauptstadt Berlin zu Beginn des 20. Jh. Genau das sollen sie durch die umfangreichen Baumaßnahmen der letzten Jahre auch wieder werden. Ein Spaziergang vom Brandenburger Tor zur Schlossbrücke führt vorbei an den Bauprojekten der neuen Metropole und direkt ins **Zentrum des preußischen Berlin**. Hier ließ Friedrich der Große seine Residenzstadt bauen, welche die Macht des aufstrebenden Preußen darstellen sollte. Und hier verzaubert die eindrucksvolle Architektur von *Prinzessinnenpalais*, *Kronprinzenpalais* und *Zeughaus*, bevor der Prachtboulevard an der *Schlossbrücke* endet.

1 Brandenburger Tor

Pariser Platz
S1, S2, S25, S26 Unter den Linden; Bus 100

Monument für Frieden und Sieg, Symbol der Wiedervereinigung – das Wahrzeichen der Stadt.

Am westlichen Ende des Pariser Platzes ragt weithin sichtbar das Brandenburger Tor auf. Es war einst Symbol des geteilten Deutschland und wurde im November 1989 zum Sinnbild für die **Wiedervereinigung** des Landes. 1788–91 wurde das Tor vom Architekten Carl Gotthard Langhans in Sandstein errichtet. Es erinnert an den prunkvollen Eingangsbereich (Propyläen) der *Athener Akropolis*. Gleichzeitig aber nahm Langhans ein typisches Merkmal römischer Prachtbauten auf – die Quadriga, den von vier Pferden gezogenen Triumphwagen. Das Brandenburger Tor diente einst als **Stadttor**, zugleich sollte es aber auch einen prachtvollen Abschluss des Boulevards Unter den Linden bieten. Am 6. August 1791 wurde das Brandenburger Tor dem Verkehr übergeben.

Die 5 m hohe **Quadriga** mit der *Siegesgöttin Viktoria* gestaltete Johann Gottfried Schadow. Aufgestellt werden konnte sie allerdings erst im Jahr 1795, weil es einigen Streit um die Figur gab. Die Viktoria sollte – wie in den klassischen Vorlagen – nackt den *Streitwagen* lenken. Da sie in Richtung Berliner Schloss schauen sollte, konnte man sich schnell ausmalen, was die Reisenden, die sich Berlin von Westen her näherten, zu sehen bekämen – nämlich das nackte Hinterteil. Friedrich Wilhelm II. ließ daher der Viktoria einen Mantel nacharbeiten. Tor und Quadriga haben eine überaus wechselvolle Geschichte. Am 27. Oktober 1806 zog **Napoleon** durch das Brandenburger Tor und besetzte die Hauptstadt Preußens. Gemäß dem Siegerrecht ließ er die Quadriga demontieren, in 12 Kisten verpacken und nach Paris transportieren. Infolge der *Befreiungskriege* kam die Quadriga 1814 wieder nach Berlin. In Erinnerung an den Kampf gegen die napoleonischen Truppen wurde die Viktoria mit Eisernem Kreuz, Lorbeerkranz und preußischem Adler geschmückt.

1945 war das Brandenburger Tor stark beschädigt, lag die Quadriga in Trümmern. Im Westteil der Stadt existierten einzig die 5000 nicht nummerierten Teile eines Gipsabdruckes, der 1942 angefertigt worden war. Diese Gipsformen wurden 1957 verwendet, als man die Quadriga rekonstruierte. Dies war das einzige **Aufbauprojekt**, bei dem Ost und West – notgedrungen – zusammenarbeiteten. SED-Chef Ulbricht verfügte dann aber, dass der preußische Adler und das Eiserne Kreuz nicht mehr als Schmuck zu verwenden seien. So hielt die Viktoria zu DDR-Zeiten einen Stab mit einem Eichenlaubkranz in der Hand. Erst bei der erneuten **Rekonstruktion** nach der deutschen Wiedervereinigung 1991 wurden wieder preußischer Adler und Eisernes Kreuz eingesetzt.

Umstritten war in den Jahren nach der Vereinigung, ob der *Autoverkehr* wieder durch das Brandenburger Tor fließen darf, doch inzwischen ist das 20 m hohe, 65 m breite und 11 m tiefe Wahrzeichen Berlins nur noch für Fußgänger und Radfahrer zugänglich. Nach einer umfassenden Restaurierung wurde das imposante Denkmal am 3. Oktober 2002 feierlich enthüllt.

2 Pariser Platz

S1, S2, S25, S26 Unter den Linden; Bus 100, 147, 348

Empfangssalon der Metropole.

Bis zum Zweiten Weltkrieg nannte man die 120 × 120 m große Platzanlage mit dem Brandenburger Tor und den zahlreichen Palais ›Empfangssalon‹. Der traurige Rest nach dem Krieg: Es blieben ein Seitenflügel der früheren Preußischen Akademie der Künste und die Ruine des Hotels Adlon übrig. Da unmittelbar am Brandenburger Tor die **Berliner Mauer** verlief, blieb der Platz während der DDR-Zeit eine Brachfläche, die nur von Besuchergruppen betreten werden durfte. Nach der **Wiedervereinigung** avancierte der Pariser Platz zum Bauprojekt. Mit dem wieder erstandenen Hotel Adlon, den Gebäuden der Dresdner Bank und Commerzbank etc., den Neubauten der amerikanischen, britischen und französischen Botschaft sowie der Akademie der Künste entwickelt er sich nun wieder zu einem der attraktivsten Plätze Berlins.

Angelegt wurde der Pariser Platz (gemeinsam mit dem heutigen Mehringplatz und dem heutigen Leipziger Platz) im Jahr 1734, als Berlin um die Friedrichstadt erweitert wurde. Der Platz diente damals als **Exerzierfeld** und **Vorplatz** zum Stadttor, dem ersten Brandenburger Tor von 1734. Zugleich war das Areal eine vornehme Wohngegend am Rande der Stadt. Hier residierten schon um 1800 deutsche und ausländische Gesandte. Um 1840 wurden die barocken Gebäude um den Pariser Platz im Stil der klassizistischen Schule nach Schinkel umgestaltet. Eine Formsprache, die sich die heutigen Architekten für die Rekonstruktion des Platzes zum Vorbild genommen haben.

Wahrzeichen Berlins und Symbol der Wiedervereinigung – das altehrwürdige Brandenburger Tor mit dem Neubau der Dresdner Bank

Pariser Platz / Unter den Linden / Schlossbrücke

Im 1735 erbauten **Max-Liebermann-Haus** nördl. des Brandenburger Tores lebte von 1894 bis 1935 der impressionistische Maler *Max Liebermann*. Er war 1920–32 Präsident der Akademie der Künste und musste am 30. Januar 1933 von seinem Haus aus mit ansehen, wie die Machtübernahme Hitlers gefeiert wurde. Das durch Bombenangriffe zerstörte Gebäude wurde nach Plänen von Josef Paul Kleinhues wieder aufgebaut. Heute finden in einigen Räumen *Wechselaustellungen* statt (Tel. 22 63 3030, Internet: www.stiftung.brandenburgertor.de).

Ebenfalls an der Nordseite des Platzes, Nr. 5, befand sich bis zum Ende des Zweiten Weltkriegs das *Palais der Gräfin von Hagen*, das ab 1860 als **Französische Botschaft** diente. Der Neubau der diplomatischen Vertretung wurde im Jahr 2002 eröffnet.

An der Südseite des Brandenburger Tores schloss sich einst das *Palais Blücher* an, welches ab 1930 als **Amerikanische Botschaft** diente. Hier wird nun 2003–06 der neue Amtssitz für den Botschafter der USA gebaut.

Unweit südl. des Pariser Platzes, an der Ebertstraße, entsteht ab 2003 das viel diskutierte *Holocaust-Mahnmal* nach Entwürfen des Amerikaners Peter Eisenmann. Das **Denkmal für die ermordeten Juden Europas** (Internet: www.holocaustmahnmal.de) besteht aus einem begehbaren Labyrinth mit 2700 Betonstelen und dem Dokumentationszentrum *Ort der Information*.

Neben der US-Botschaft, am Pariser Platz 4, befand sich seit 1907 die **Akademie der Künste** [s. S. 86]. Untergekommen war sie im *Palais Arnim-Boitzenburg*, das 1857/58 von Eduard Knoblauch im klassizistischen Stil umgebaut wurde. Hier trafen sich während der Weimarer Zeit geistige Größen wie Heinrich und Thomas Mann, Alfred Döblin und Käthe Kollwitz. Nur der Seitenflügel des Gebäudes überstand den Zweiten Weltkrieg. Der Neubau der Akademie nach Plänen von Günther Benisch wird im Herbst 2003 eröffnet (Internet: www.adk.de).

Unmittelbar an der Ecke Pariser Platz/Wilhelmstraße befand sich ein weiterer wichtiger Treffpunkt der Prominenz während der Zeit des Kaiserreichs und der Weimarer Republik: das **Hotel Adlon**. Lorenz Adlon hatte sich in Berlin als Restaurantbesitzer und Hotelier bereits einen Namen gemacht, als er 1906 von Kaiser Wilhelm II. die Erlaubnis erhielt, das denkmalgeschützte *Palais Redern* abzureißen: Hier sollte eines der luxuriösesten Hotels der Welt entstehen. Im Adlon mit seinen 305 Zimmern logierte bald die *Hautevolee*, etwa die Rockefellers, Charlie Chaplin und indische Maharadschas. Das Gebäude blieb wie durch ein Wunder von den Bomben des Zweiten Weltkriegs verschont, brannte dann aber kurz nach Kriegsende ab. Als Kempinski-Haus mit originalgetreuer Fassade und nostalgischer Innenausstattung wurde das Hotel Adlon Mitte 1997 wieder eröffnet und ist seitdem eine Touristenattraktion.

An der Wilhelmstraße 70/71, teilweise in den Adlon-Baukörper integriert, prunkt die neue **Britische Botschaft** nach Plänen von Michael Wilford mit ihrer schicken Lochfassade.

3 Unter den Linden

S1, S2, S25, S26 Unter den Linden, U6 Friedrichstraße und Französische Straße; Bus 100, 147, 348

Ein Boulevard mit Vergangenheit und Zukunft.

Der bedeutendste Boulevard Berlins ist Unter den Linden. Auch hier wurde in den letzten Jahren heftig gebaut, um der einstigen Prachtstraße wieder alten Glanz zu verleihen.

Was aus einem Reitweg so alles werden kann! 1575 wurde zwischen der Brücke über dem Festungsgraben am Berliner Schloss und dem Tiergarten eine Sandstraße angelegt, um den Herrschaften aus dem Schloss einen Reitweg zu bieten. Kurfürst Friedrich Wilhelm ließ dort 1647 **1000 Linden** und **1000 Nussbäume** pflanzen. Die Nussbäume gingen ein, die Linden setzten sich durch und gaben der Straße ihren Namen. Nachdem der *Pariser Platz* 1734 angelegt worden war, entwickelte sich allmählich auch der Boulevard Unter den Linden. Um 1800 siedelten sich Hoteliers, Kaufleute und Hoflieferanten an, die *Salons* und *Konditoreien* wurden von Intellektuellen und Militärs gleichermaßen besucht.

Mit der Reichsgründung 1871 kamen Bankiers und Aktienspekulanten an den Boulevard und übernahmen die Palais der Adeligen. **Amüsierbetriebe** wie ein Panoptikum in der Kaiserpassage nahe der Kreuzung zur Friedrichstraße sorgten dann zu Beginn des 20. Jh. für Kurzweil.

Pariser Platz / Unter den Linden / Schlossbrücke

Nostalgische Aura – im neuen Hotel Adlon werden Erinnerungen an die glorreichen alten Zeiten des berühmten Luxushotels wieder wach

Trotzdem blieb Unter den Linden der Boulevard des **Kaisers**. Nicht nur, dass sich Kaiser Wilhelm I. täglich an seinem Fenster im Kaiserpalais blicken ließ, um die Huldigung seines Volkes entgegenzunehmen, auch durften ohne seine Billigung keine baulichen Veränderungen vorgenommen werden.

Ein Großteil der Palais und Geschäftshäuser wurde im Zweiten Welthkrieg zerstört, von der alten Pracht des Boulevards zeugen noch die Bauten am ehem. *Forum Fridericianum* (heute Bebelplatz). Zur DDR-Zeit gab es eine Dreiteilung der Flaniermeile. Der Bereich zwischen *Wilhelmstraße* und *Glinkastraße* war Botschaften vorbehalten, DDR-Bürger sollten sich der Grenze, die am Brandenburger Tor verlief, möglichst nicht nähern. Im Bereich zwischen *Glinkastraße* und *Charlottenstraße* waren Geschäfte angesiedelt. Von der Charlottenstraße bis zur *Schlossbrücke* wurde das preußische Berlin wieder aufgebaut. Originalgetreu rekonstruiert wurden z.B. das Kronprinzenpalais und das Prinzessinnenpalais.

Die Wende 1989 verlieh auch den Linden ein neues Gesicht. Der Deutsche Bundestag siedelte hier Abgeordnetenbüros an und Altbesitzer wie die Deutsche Bank kehrten in ihre Stammhäuser zurück. Manche ›Bausünde‹ wurde abgerissen und durch noble Einkaufszentren wie das **Lindenforum** ersetzt.

Geht man vom Pariser Platz die Linden hinauf, so ist das erste Gebäude, das die Aufmerksamkeit auf sich zieht, die **Russische Botschaft** (Nr. 60–66), die 1950–53 im wuchtigen Stil der *Stalin-Ära* erbaut wurde. Auf dem Grundstück befand sich um 1800 ein Palais der Prinzessin von Kurland, das zum Zentrum der Berliner Gesellschaft wurde. 1837 kaufte Zar Nikolaus I. das Gebäude und ließ waggonweise russische Erde auf das Botschaftsgelände schaffen, um seinem Diplomaten ein wenig Heimat zu bieten. 1917 übernahm die sowjetische Regierung das Gebäude, während des Zweiten Weltkriegs wurde es zerstört.

Die Geschäftshäuser auf der gegenüberliegenden Straßenseite, das ehem. *Haus Wagon-Lits (*Nr. 40) und der frühere *Zollernhof (*Nr. 36–38), wurden um 1910 erbaut. Sie belegen, dass die Linden damals als ›erste‹ Adresse für die internationale Geschäftswelt galten. Als einziges Gebäude aus den 1930er-Jahren ist das *Haus der Schweiz* (Nr. 24) erhalten, das 1993 restauriert wurde.

Pariser Platz / Unter den Linden / Schlossbrücke

Im Osten auf die Piste: Unter den Linden nachts mit Schlossbrücke, links Kronprinzenpalais und Staatsoper, rechts das Zeughaus. In der Mitte ›reitet‹ Friedrich der Große durch die Nacht ▷

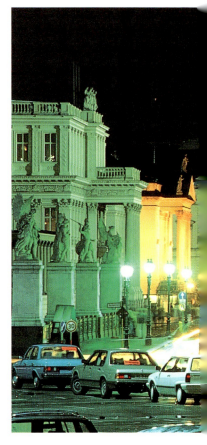

Ecke Friedrichstraße findet sich das **Westin Grand Hotel**, 1985–87 zur 750-Jahr-Feier in Ostberlin errichtet. Überbaut wurde damals das Grundstück der einstigen *Kaiserpassage*. 120 m lang war diese 1873 erbaute Anlage. Mit ihren Cafés, Kinos und Amüsierbetrieben war sie eine Attraktion, ging aber 1923 Pleite und musste schließen. 1944 brannte sie aus und wurde 1950 abgerissen. Hier befand sich auch das berühmte *Café Kranzler*, in dem sich alles traf, was in Berlin Rang und Namen hatte. Beliebt war das Kranzler vor allem, weil es eine Terrasse hatte, von der aus man das Treiben Unter den Linden beobachten konnte. Baupolizeilich bedeutete diese Terrasse zwar ein Unding, aber ›Kaisers‹ hatten ein Herz für die jungen Militärs, die hier auf Brautschau gingen. Nach 1944 wurde das Kranzler dann am Ku'damm wieder eröffnet [s. S. 102].

Beispiele für internationale Hotels der Zeit um 1900 finden sich einige Meter

Wo einst prominente DDR-Gäste wohnten – das Westin Grand Hotel an der Ecke Unter den Linden/Friedrichstraße

weiter die Linden hinunter. Im Gebäude **Nr. 17** bot das *Hotel Karlton*, das 1902 erbaut wurde, seinen Gästen noble Unterkunft. Auf der gegenüberliegenden Straßenseite befand sich das *Hotel de Rome*, errichtet 1865. Kaiser Wilhelm I., der im nahen Alten Palais (Kaiserpalais) lebte, ließ sich aus diesem Hotel wöchentlich vom Hotelbesitzer einen Badezuber über die Straße in sein Palais bringen.

Man sagt, dass die *Deutsche Bank* Unsummen gezahlt habe, um in ihren Stammsitz in den Häusern Nr. 13–15, 1920 erbaut, zurückzukehren. Im Erdgeschoss wurde 1997 das **Deutsche Guggenheim Berlin** [s. S. 173] eröffnet, eine Kooperation der Bank mit der Salomon R. Guggenheim Foundation und Forum für hochkarätige Wechselausstellungen moderner und zeitgenössischer Kunst.

Nebenan ziert heute die barocke Fassade des *Gouverneurshauses* (Nr. 11) aus dem Jahr 1721 die Flaniermeile. Nur eine Freitreppe erinnert hingegen an das Niederländische Palais, das Wilhelmine, der Mätresse König Friedrich Wilhelms II., gehörte. Es wurde 1943 zerstört.

4 Denkmal Friedrichs des Großen

Unter den Linden
S1, S2, S25, S26 Unter den Linden,
U6 Friedrichstraße und
Französische Straße

Denker unter dem Pferdeschwanz.

Als Erinnerung an den großen preußischen König steht auf dem Boulevard Unter den Linden das Denkmal Friedrichs II. 1851 schuf Christian Daniel Rauch das 13,5 m hohe **Reiterstandbild**. Es zeigt den Herrscher im Krönungsmantel mit Dreispitz, Krückstock und Stulpenstiefeln. 150 Figuren bedeutender

Pariser Platz / Unter den Linden / Schlossbrücke

Noch immer gut zu Pferd und nach der Restaurierung eine strahlende Erscheinung: König Friedrich der Große

preußischer Persönlichkeiten, die den Sockel des Denkmals schmücken, gaben Anlass zu heftigen Diskussionen. Denn, man beachte: Die *Militärs* befinden sich vorne, *Künstler* und *Wissenschaftler* (u. a. Kant und Lessing) fanden ihren Platz unter dem Pferdeschwanz! Die DDR-Regierung tat sich überaus schwer mit dem preußischen Erbe, also auch mit dem Denkmal Friedrichs des Großen. 1950 wurde es in den Park von Schloss Sanssouci gebracht und kehrte erst 1981 wieder zurück.

Das Denkmal Friedrichs des Großen wurde kürzlich restauriert und am Originalstandort vor dem Säulenportal des

Alten Palais (Kaiserpalais) aufgestellt, in dem Wilhelm I. 50 Jahre lang lebte. 1890 gab hier Reichskanzler Otto von Bismarck sein Rücktrittsgesuch ab. Heute gehört es zur **Humboldt-Universität** und wird bis 2005 restauriert.

Gegenüber befindet sich die ehem. Deutsche Staatsbibliothek (Nr. 8), heute **Staatsbibliothek zu Berlin – Preußischer Kulturbesitz I** genannt. Die barocken Anklänge an der Fassade täuschen darüber hinweg, dass der Bau erst 1903–14 errichtet wurde. Im 17. Jh. stand hier der *Marstall*, der königliche Reitstall, in dem ab 1700 die Akademie der Künste und die Akademie der Wissenschaften untergebracht waren.

1939 verfügte die Bibliothek über fast 4 Mio. Bücher, der Bestand (Schriften bis 1956) umfasst heute 3 Mio. Exemplare.

Öffnungszeiten Staatsbibliothek *S. 175*

Neues Flair für die Metropole

Zu einem neuen Zentrum im Osten Berlins hat sich die **Friedrichstraße** *entwickelt. Mit ihren zahlreichen Hotels, Geschäften, Theatern und Vergnügungsetablissements war diese Straße bereits um 1900 eines der Zentren in Berlin. Dem großstädtischen Treiben machte der Zweite Weltkrieg ein Ende, die Straße wurde durch die Bombardierung fast vollständig zerstört. Die DDR-Regierung versuchte zwar mit Neubauten an die alte Tradition der Friedrichstraße anzuschließen, doch der* **Friedrichstadtpalast** *(1984), das* **Internationale Handelszentrum** *(1978), das Grand Hotel (1987), heute* **Westin Grand Hotel***, und das Hotel Metropol (1977), heute* **Maritim pro Arte***, wirkten eher verloren an dem Boulevard. Die Friedrichstraße war vielmehr die spürbare Schnittstelle zwischen Ost und West: Der* **Bahnhof Friedrichstraße** *war nach dem Mauerbau 1961 alleinige Verbindung für Fern-, Stadt- und U-Bahn zwischen den beiden Teilen der Stadt. Nach umfangreicher Renovierung erstrahlt der Bahnhof als moderner Reiseverkehrsknotenpunkt heute in neuem Glanz. Aus dem angrenzenden alten Abfertigungsgebäude wurde ein Veranstaltungs- und Konzertsaal, der zum Andenken an die tragischen Schicksale in Zusammenhang mit der Teilung der Stadt* **Tränenpalast** *getauft wurde. Kultur wird auch im gegenüberliegenden* **Admiralspalast** *(Friedrichstraße 101) geboten, dort hat das Kabarett ›Die Distel‹ seine Spielstätte.*

Das Flair einer Metropole strahlt heute vor allem der südl. Teil der Friedrichstraße zwischen Unter den Linden

Vive la France! Shoppingfreuden in der Galerie Lafayette – kegelförmige Architekturelemente bestimmen das Innere

und Leipziger Straße aus. Hier wurden Passagen, Kaufhäuser, Edelboutiquen, Büros und Restaurants in den neu errichteten, luxuriös ausgestatteten Geschäftshäusern **Lindencorso***,* **Hofgarten***,* **Friedrichstadt-Passagen** *und* **Kontorhaus Mitte** *eröffnet. Eine Shopping-Meile, die Touristen und Berliner gleichermaßen anzieht.*

TOP TIPP *Einer der größten Besuchermagneten ist die* **Galerie Lafayette** *in der Französischen Straße 23/ Ecke Friedrichstraße – das Edelkaufhaus ist eine Dependance des berühmten Pariser Einkaufszentrums.*

Pariser Platz / Unter den Linden / Schlossbrücke

Ein Blättergewand kleidet die Staatsbibliothek Unter den Linden

5 Alte Bibliothek

Bebelplatz 1
S1, S3, S5, S7, S9, S25, S26 und
U6 Friedrichstraße

›Kommode‹ der Aufklärer.

Schräg gegenüber der Universität trifft man auf das von Friedrich dem Großen und Georg Wenzeslaus von Knobelsdorff konzipierte *Forum Fridericianum*, einen der schönsten Plätze Berlins, der heute den Namen **Bebelplatz** trägt. Hier wollte König Friedrich II. ›seinem‹ Berlin ein neues Zentrum geben. Es sollte eine Residenz entstehen, die sich mit *Versailles* messen konnte. Das zumindest hatte Friedrich vor, als er noch Kronprinz und voller Ideale war. Während seiner Herrschaft aber führte ›der Große‹ kostspielige Kriege und bevorzugte bald die Soldatenstadt *Potsdam*. Gleichwohl entstand am Forum Fridericianum eine der schönsten Gebäudegruppen Deutschlands.

Die Alte Bibliothek (ehemals Königliche Bibliothek) an der Westseite des Platzes wurde ab 1775 nach Plänen *Johann Bernhard Fischer von Erlachs*, die er für einen Anbau der Wiener Hofburg gefertigt hatte, im hochbarocken Stil erbaut. Wegen ihrer abwechselnd konkav und konvex geschwungenen Fassade tauften die Berliner den Bau ›Kommode‹. Hier studierten um 1800 viele deutsche Gelehrte die aufklärerischen Schriften englischer und französischer Autoren. 1945 brannte die Alte Bibliothek ab, 1967–69 baute man sie wieder auf. In den nächsten Jahren wird restauriert und ein neuer Lesesaal nach Plänen von H. G. Merz erbaut.

6 St.-Hedwigs-Kathedrale

Bebelplatz
S1, S3, S5, S7, S9, S25, S26 und
U6 Friedrichstraße

Eine katholische Kirche im protestantischen Preußen.

Am südl. Ende des Bebelplatzes trifft man auf die St.-Hedwigs-Kathedrale mit ihrer imposanten Kuppel. Sie ist nach dem Vorbild des römischen *Pantheon* erbaut. Die Skizzen stammen von Friedrich II., die Pläne vom Hofarchitekten Georg Wenzeslaus von Knobelsdorff. Bereits 1747 wurde mit dem Bau begonnen, unterbrochen wurden die Arbeiten aber immer wieder wegen Geldmangels und aufgrund des Siebenjährigen Krieges. Im November 1773 wurde die St.-Hedwigs-Kathedrale als erste **katholische Kirche** Berlins der Schutzpatronin Schlesiens geweiht.

Dies galt als politischer Winkelzug Friedrichs II.: Immerhin war die katholische Gemeinde in Berlin nach dem 2. Schlesischen Krieg 1745 auf rund 10 000 Menschen angewachsen, denn Friedrich hatte das katholische Schlesien erobert und Preußen einverleibt. Somit war ein Zeichen religiöser Toleranz fällig – eine katholische Kirche.

Das Gotteshaus brannte während des Zweiten Weltkriegs aus und wurde in den Jahren 1952 bis 1963 wieder aufgebaut. Seit Juli 1994 ist die St.-Hedwigs-Kathedrale Zentrum des neu gegründeten Erzbistums Berlin.

Pariser Platz / Unter den Linden / Schlossbrücke

So schwungvoll wie ein Wiener Walzer: Wegen ihrer duften Kurven nennen die Berliner ihre Alte Bibliothek am Bebelplatz auch ›Kommode‹

7 Staatsoper Unter den Linden

Unter den Linden 7
S1, S3, S5, S7, S9, S25, S26 und
U6 Friedrichstraße; Bus 348

Hier sang schon Enrico Caruso.

Das Opernhaus, gegenüber der Alten Bibliothek, wurde von 1741–43 unter der Leitung des Architekten *Georg Wenzeslaus von Knobelsdorff* im klassizistischen Stil errichtet. In diesem Opernhaus, dem ersten großen Bauprojekt des Königs, wurde Musikgeschichte geschrieben: Hier fanden z. B. die *Uraufführungen* von Otto Nicolais ›Lustige Weiber von Windsor‹ (1849) und von Alban Bergs ›Wozzeck‹ (1925) statt, hier dirigierten u. a. Giacomo Meyerbeer, Richard Strauss und Herbert von Karajan, hier hat einst Enrico Caruso gesungen.

Von dem ursprünglichen Baukörper der ›Lindenoper‹ ist heute nicht mehr viel erhalten. Bereits 1788 waren Umbauten fällig, denn es sollte fortan auch das bürgerliche Publikum in den Genuss der Oper kommen – deshalb musste Platz ge-

Pariser Platz / Unter den Linden / Schlossbrücke

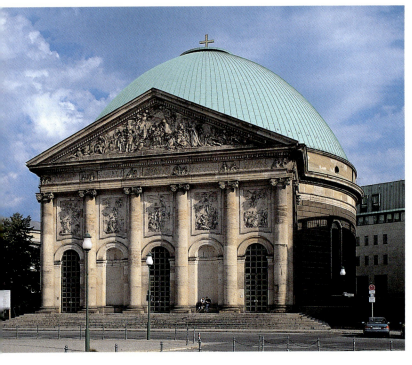

Ein bisschen Bella Italia in Berlin: Das römische Pantheon stand Pate für die St.-Hedwigs-Kathedrale, die erste katholische Kirche der Stadt

Modernes Musiktheater: Aufführung in der Deutschen Staatsoper Unter den Linden

schaffen werden. Nach einem Brand 1843 baute Carl Ferdinand Langhans das Gebäude wieder auf, nur der **Innenraum** wurde spätklassizistisch verändert. 1910 erfolgte der Aufbau der Hauptbühne, die Seitenbühnen wurden beim Umbau 1926–28 verändert. Schon damals hätte Berlin eine größere Oper benötigt, konnte sich diesen Bau aber nach dem Ersten Weltkrieg nicht leisten. 1993 feierte die Staatsoper ihr 250-jähriges Bestehen. Die künstlerische Leitung hat *Daniel Barenboim*, der inzwischen zum Chefdirigent auf Lebenszeit gewählt wurde.

Vor der Oper, auf dem Bebelplatz, verbrannten die Nazis am 10. Mai 1933 die Bücher bedeutender Schriftsteller. Ein in den Platz eingelassenes *Denkmal* erinnert heute an diese Untat.

8 Humboldt-Universität

Unter den Linden 8
S1, S3, S5, S7, S9, S25, S26 und
U6 Friedrichstraße; Bus 100

Die erste Universität in Berlin.

Den Abschluss des Forum Fridericianum bildet auf der gegenüberliegenden Seite des Boulevards Unter den Linden die

Pariser Platz / Unter den Linden / Schlossbrücke

Humboldt-Universität. Hier wollte Friedrich der Große ursprünglich ein neues Berliner Stadtschloss errichten. Mittlerweile aber hatte der König seine Liebe zu Potsdam entdeckt. So wurde hier das Gebäude nach Entwürfen des Baumeisters *Knobelsdorff* 1748–66 als Palais für Prinz Heinrich, einen Bruder Friedrichs des Großen, errichtet. Nach dessen Tod 1802 lebte in dem Palais seine Witwe. 1809 wurde das Gebäude der neu gegründeten Universität übergeben. Im Wintersemester 1809/10 wurden 247 Studenten an der Lehranstalt, der ›Friedrich-Wilhelm-Universität‹, immatrikuliert. Ihren heutigen Namen erhielt die Universität 1949 nach ihrem Gründer **Wilhelm von Humboldt**. Trotz der schweren Schäden an dem Gebäude wurde der Lehrbetrieb schon 1946 wieder aufgenommen. Heute studieren ca. 35 000 Studenten an dieser *drittgrößten* Universität in Berlin.

9 Prinzessinnen- und Kronprinzenpalais
Unter den Linden
Bus 100, 348

Kinderstube der Hohenzollern.

In unmittelbarer Nachbarschaft zur Oper steht das **Prinzessinnenpalais** (Nr. 5), erbaut 1733–37 von F. W. Diterichs, in dem die drei Töchter von Friedrich Wilhelm III. wohnten. 1961–63 wurde das Gebäude, das auch *Opernpalais* genannt wird, völlig neu aufgebaut. Nicht einmal die alten Ziegelsteine des ursprünglichen Gebäudes konnten wieder verwendet werden: Sie waren einst den leibeigenen Bauern abgerungen worden und daher von völlig unterschiedlicher Qualität. Heute ist das **Operncafé** mit seinem Garten ein beliebter Treffpunkt. Außerdem befinden sich im Palais eine Bar und zwei Restaurants. Durch einen Brückenbogen

Fürs Leben und für die nächste Prüfung lernen sie hier: Rund 35 000 Studenten sind an der Humboldt-Universität eingeschrieben, der ersten Hochschule Berlins

Pariser Platz / Unter den Linden / Schlossbrücke

Stadtkultur – eine stimmungsvolle Kulisse bieten der Deutsche Dom und das Schauspielhaus beim Berliner Klassik-Open-Air auf dem Gendarmenmarkt

ist das Prinzessinnenpalais seit 1811 mit dem Kronprinzenpalais verbunden.

Die Geschichte des **Kronprinzenpalais'** geht zurück auf das Jahr 1663, als hier ein hoher Staatsbeamter in unmittelbarer Nähe zum Schloss ein repräsentatives Gebäude errichten ließ. Seine barocke *Fassade* erhielt es durch den Umbau unter der Leitung Philipp Gerlachs. König Friedrich Wilhelm I., der das Haus in seinen Besitz übernommen hatte, ließ es dann als Wohnung für den Kronprinzen umbauen. Hier wurde am 27. Januar 1859 Wilhelm II., der letzte deutsche Kaiser, geboren. Der heutige Bau ist nach der totalen Zerstörung im Zweiten Weltkrieg eine Rekonstruktion aus den Jahren 1968/69, für die alte Stiche als Vorlagen dienten. Das Kronprinzenpalais wurde als *Gästehaus* der DDR-Regierung genutzt. Politische Bedeutung gewann es, als hier am 31. August 1990 der **Einigungsvertrag** zwischen der DDR und der Bundesrepublik Deutschland unterzeichnet wurde.

10 Neue Wache

Unter den Linden
U6 Französische Straße
Bus 100, 348

Schinkels Tempel als Gedenkstätte.

Auf der anderen Seite des Boulevards ist unschwer die Neue Wache mit ihrem nach altgriechischem Vorbild errichteten

Pariser Platz / Unter den Linden / Schlossbrücke

dorischen Säulenvorbau zu erkennen. *Karl Friedrich Schinkel* erbaute die Wache 1816–18. Gedacht war der Bau als Unterkunft für die Wachen, die die gegenüberliegenden Palais schützen sollten. Ab 1929 diente die Neue Wache als **Mahnmal** für die Gefallenen der Kriege. Doch jede Zeit ehrt andere Opfer: Ursprünglich eine Gedenkstätte für die Opfer des Ersten Weltkriegs wurde das Gebäude in der NS-Zeit zum Reichsehrenmal. Nach dem Ende des NS-Regimes errichteten die DDR-Machthaber hier ein Ehrenmal für die Opfer des Faschismus und des Militarismus. Am 14. November 1993, am Volkstrauertag, wurde die Neue Wache als **Zentrale Gedenkstätte der Bundesrepublik Deutschland** eingeweiht. Seitdem findet sich im Innern die überlebensgroße Pietà ›Trauernde Mutter mit totem Sohn‹ von Käthe Kollwitz.

Hinter der Neuen Wache steht das **Palais am Festungsgraben** (1751–53). Die heutige Fassade des ehem. Finanzministeriums geht auf den Umbau im Jahre 1861 zurück. Zwischen 1804 und 1807 lebte hier Karl Freiherr vom und zum Stein, der preußische Staatsmann.

11 Deutsches Historisches Museum

Unter den Linden 2
S3, S5, S7, S9 Hackescher Markt;
Bus 100, 348

Geschichte im bedeutendsten Barockbau Berlins.

Vor der Schlossbrücke findet sich der erste Großbau Berlins, das ehem. **Zeughaus**. Erbaut in den Jahren 1695 bis 1731

Pariser Platz / Unter den Linden / Schlossbrücke

von Johann Nering, Andreas Schlüter u. a., diente das Gebäude bis 1877 als Waffenarsenal, wobei im Obergeschoss Infanteriewaffen und Kriegstrophäen untergebracht waren. 1848 stürmten Berliner Handwerker das Zeughaus und bewaffneten sich für den Kampf um mehr Demokratie. 1871 wurde der 90×90 m große Gebäudekomplex zur Ruhmeshalle des Herrscherhauses umfunktioniert.

Die *Fassade* wird durch Gesimse, Balustraden und Bildwerke aus Sandstein gegliedert, die überwiegend von Guillaume Houlot stammen. 22 Masken sterbender Krieger im *Innenhof*, die Andreas Schlüter ausführte, dokumentieren die Schrecken des Krieges.

Bis September 1990 war im Zeughaus das 1952 gegründete Museum für Deutsche Geschichte der DDR eingerichtet. Daraus ist das Deutsche Historische Museum entstanden. Neben der ständigen Sammlung im Zeughaus (Wiedereröffnung 2004) gibt es den Neubau von I. M. Pei für Wechselausstellungen (Eröffnung Mai 2003).

Öffnungszeiten S. 173

12 Schlossbrücke

Unter den Linden
Bus 100, 348

Strahlende Nachfolgerin der ›Hundebrücke‹.

Den Abschluss des historischen Teils des Boulevards Unter den Linden bildet die Schlossbrücke mit ihren Skulpturen aus Carrara-Marmor und dem restaurierten gusseisernen Geländer. Vorgängerin war eine **Holzbrücke**, die auch ›Hundebrücke‹ genannt wurde, weil sich dort die Jäger mit ihren Hunden versammelten, um gemeinsam in den vor der Stadt liegenden Wildgarten zu ziehen. Entworfen wurde die Schlossbrücke, welche zu DDR-Zeiten *Marx-Engels-Brücke* hieß, von Karl Friedrich Schinkel. Auch die Entwürfe für die acht **Figurengruppen** stammen von ihm. Nach einer Bauzeit von zwei Jahren wurde die Brücke 1824 eingeweiht, obwohl sie nur mit einem Notgeländer gesichert war. Durch den Andrang von Schaulustigen kam es zur Katastrophe: Das Geländer brach, 22 Menschen ertranken. Während des Zweiten Weltkrieges wurden die Schinkel-Statuen ausgelagert. 1981 gab der Westberliner Senat die Bildwerke an die damalige DDR-Regierung zurück.

Rundum Schinkel-Design: Die von ihm erbaute Friedrichswerdersche Kirche

13 Friedrichswerdersche Kirche – Schinkelmuseum

Werderscher Markt
U2 Hausvogteiplatz; Bus 100, 147, 200, 348

Skulpturenmuseum im Gotteshaus.

Eine gute Ergänzung zum Spaziergang über den historischen Teil des Boulevards Unter den Linden bietet der Besuch der Friedrichswerderschen Kirche an der Nordseite des Werderschen Marktes. Erbaut wurde das Gotteshaus 1824–30 im neogotischen Stil nach Plänen von *Karl Friedrich Schinkel*. In seinem Entwurf folgte Schinkel der Einfachheit und Klarheit norddeutscher Bautradition. Während des Zweiten Weltkriegs wurde die Kirche stark beschädigt, die Restaurierung dauerte bis Ende der 80er-Jahre des 20. Jh.

Im *Innern* beherbergt die Kirche heute das Schinkelmuseum. Neben einer Dokumentation über diesen wichtigsten Berliner Baumeister werden klassizistische *Skulpturen* des 19. Jh. gezeigt.

Öffnungszeiten Schinkelmuseum *S. 174*

Pariser Platz / Unter den Linden / Schlossbrücke

Flair des Baumeisters, der Berlin zum ›Spree-Athen‹ machte: Klassizistische Skulpturen in der von Schinkel entworfenen Friedrichswerderschen Kirche

14 Gendarmenmarkt

U6 Französische Straße und Stadtmitte; Bus 147, 257

Wohl der schönste Platz Berlins, der mit dem Schauspielhaus, dem Französischen Dom und dem Deutschen Dom ein äußerst gelungenes geschlossenes Ensemble bietet.

Der 48 000 m² große Platz entstand bereits im 17. Jh. und wurde Gendarmenmarkt getauft, da hier in den Jahren 1736–82 ein Regiment der Gendarmen (Gens d'Armes) eine Kaserne, eine Wache sowie Stallungen hatte. Bereits 1701–05 wurde an der Nordseite des Platzes der **Französische Dom** errichtet. Er diente den im 17. Jh. eingewanderten französischen Hugenotten als Gotteshaus. Im 70 m hohen *Turm* der Kirche erklingt täglich um 12, 15 und 19 Uhr das über eine Klaviatur angeschlagene 60-teilige Glockenspiel. Im **Hugenottenmuseum** kann man sich über die Geschichte der Einwanderer informieren. Auch der Aufstieg zur *Aussichtsplattform* lohnt – zumal auf 20 m Höhe das Weinlokal ›Turmstuben‹ zu einer gemütlichen Rast einlädt.

Am südl. Ende des Platzes errichtete die deutsche Gemeinde den **Deutschen Dom**. Martin Grünberg erbaute die schlichte Kirche 1701–08, unter Friedrich dem Großen erhielt sie eine Säulenvorhalle sowie einen Kuppelturm, der von der 7 m hohen vergoldeten *Skulptur* ›Siegende Tugend‹ bekrönt wird. Seit 1996 ist der Dom wieder hergestellt. Die Fassade wurde original restauriert, und im Innern hat die Ausstellung **Fragen an die Deutsche Geschichte** des Deutschen Bundestages auf 1800 m² Platz gefunden.

Das französische Komödienhaus, das in der Mitte des Platzes stand, wurde nach einem Brand durch das klassizistische **Schauspielhaus** (1818–21) von Schinkel ersetzt. Im Zweiten Weltkrieg zerstört, wurde es ab 1967 originalgetreu rekonstruiert und 1984 als *Konzerthaus Berlin* wieder eröffnet.

Der Gendarmenmarkt selbst hat heute auch dank guter Restaurants und schöner Geschäfte sein vornehmes Flair als ein Mittelpunkt Berlins zurückerlangt.

Öffnungszeiten Hugenottenmuseum, Fragen an die Deutsche Geschichte ***S. 173***

Die Spreeinsel zwischen Lustgarten und Monbijoupark – preußische Pracht und protziger Prunk

Der Weg vom Boulevard Unter den Linden über die Schlossbrücke führt in einen der ältesten Teile Berlins. Nur leider haben die Bomben des Zweiten Weltkriegs und die Abrisswut der SED-Machthaber hier der Stadt ihren Stempel aufgedrückt. Das alte Berlin findet man mit dem **Alten Museum** am Lustgarten und dem **Berliner Dom**. Dessen Fassade spiegelt sich im **Palast der Republik**. Errichtet wurde dieser Vorzeigebau des SED-Staates auf jenem Gelände, auf dem bis 1950 das *Berliner Stadtschloss* der Hohenzollern stand. Der kulturhistorisch wichtige Bau wäre nach dem Zweiten Weltkrieg zu rekonstruieren gewesen, nur sollte – so der Wille der Machthaber im ersten deutschen Arbeiter- und Bauernstaat – in der Mitte des neuen Berlin nichts an die große Zeit der Preußen erinnern. Neben dem von der Bevölkerung wenig schmeichelhaft ›Palazzo Prozzo‹ getauften Palast der Republik befindet sich das ehem. **Staatsratsgebäude** der DDR auf dem einstigen Schlossareal.

15 Lustgarten

S3, S5, S7, S9 Hackescher Markt, U6 Friedrichstraße, U2 Hausvogteiplatz; Bus 100, 348

Vom Küchengarten zum Aufmarschplatz.

Der Name Lustgarten ist geblieben, obwohl die Funktion des Platzes unmittelbar an der Schlossbrücke mehrfach wechselte. Unweit dem Schloss legten die Hohenzollern hier 1573 einen **Küchengarten** an, in dem man 1649 erstmals eine fremdartige Frucht aus Übersee in Preußen anpflanzte: die *Kartoffel*. Dass diese Pflanze auf die Zeitgenossen überaus exotisch wirkte, lässt sich schon daran ersehen, dass im Jahr 1643 das Areal in einen Ziergarten umgewandelt worden war. Zeitweilig als Grünanlage zum Lustwandeln genutzt, diente das Areal unter Friedrich Wilhelm I. als Exerzierplatz.

War um 1830 hier noch vom Gartenarchitekten Peter Joseph Lenné eine herrliche **Parkanlage** geschaffen worden, wurde der beliebte Treffpunkt der Berliner 100 Jahre später zum nüchternen Platz, den erst die Nazis und danach die SED für Aufmärsche und Kundgebungen nutzten. Abgeschlossen wird der inzwischen wieder als Grünanlage hergerichtete Lustgarten durch das **Alte Museum** [s. S. 38]. Seine Vorhalle mit 18 mächtigen ionischen Säulen geben ihm das Aussehen eines griechischen Tempels. Die monumentale **Granitschale** (1827–30, Christian Gottlieb Cantian) vor der großen Freitreppe erhielt den Spitznamen ›die größte Suppenschüssel Berlins‹.

16 Berliner Dom

Lustgarten
S3, S5, S7, S9 Hackescher Markt, U6 Friedrichstraße, U2 Hausvogteiplatz; Bus 100, 348

Begräbnisstätte der Hohenzollern.

Mit seiner mächtigen, 74,8 m hohen **Kuppel** erhebt sich an der Ostseite des Lustgartens der Berliner Dom, der dem *Petersdom* in Rom nachempfunden ist. Durch seinen reichen Ornamentschmuck kann das Gebäude (1894–1905, Julius Raschdorff) als typisches Bauwerk der Regierungszeit Wilhelms II. gelten – bot man doch in der Ära des wilhelminischen Historismus viel fürs Auge. Der im Krieg

Die Spreeinsel zwischen Lustgarten und Monbijoupark

Imposant auch im Innern: Die Kaisertreppe im Berliner Dom – Landschaftsgemälde schmücken das sorgfältig restaurierte Treppenhaus

verwüstete Dom wurde ab 1974 wieder hergestellt, die Restaurierung des **Inneren** war 1993 abgeschlossen. Sehenswert sind hier die *Kaiserloge* gegenüber dem Altar, der *Taufstein* von Christian Daniel Rauch aus dem Jahr 1833 und die nach Schinkels Anregungen geschaffene *Altarwand*. Beeindruckend wirken auch die zahlreichen *Sarkophage*, denn der Dom diente als Begräbnisstätte der Hohenzollern. In der *Gruft* bzw. im Kirchenschiff finden sich rund 100 dieser Prunksärge aus fünf Jahrhunderten, darunter die Särge des Großen Kurfürsten, König Friedrichs I. und Kaiser Friedrichs III. – Ein besonderes Erlebnis sind die an Sommernachmittagen im Dom stattfindenden Orgelkonzerte.

17 Palast der Republik

Schlossplatz
S3, S5, S7, S9 Hackescher Markt, U6 Friedrichstraße, U2 Hausvogteiplatz; Bus 100, 348

Früher Tagungsort der DDR-Volkskammer und gern besuchte Freizeitstätte, heute unbewohnt.

Immer wieder entscheiden sich fotobegeisterte Berlinbesucher für dieses Motiv: Die Kuppel des Doms spiegelt sich in der Fassade des Palastes der Republik auf der gegenüberliegenden Straßenseite. Zumindest hier beweist der Bau, der am 23. April 1976 eröffnet wurde, noch seinen Nutzwert. Ansonsten ist das 180 m lange und 85 m breite Gebäude, in dem zu DDR-Zeiten die Volkskammer (Parlament) tagte, verwaist. Nach dem Fall der Mauer sollte der Palast als *Kulturzentrum* weiterbestehen, doch führten Asbestfunde in der Bausubstanz im September 1990 zur Schließung der Anlage.

Seitdem tobt die Diskussion: Abriss – ja oder nein? Immerhin befindet sich der Palast der Republik auf dem Gelände, auf dem bis 1950 das Berliner **Stadtschloss** stand. Von Juni 1993 bis September 1994 ließ ein originalgroßer ›**Schlossvorhang**‹ die Fassade des Palastes wieder aufleben. Im Juli 2002 sprach sich der Bundestag dann für die Teilrekonstruktion des Stadtschlosses aus: Auf altem Grundriss wird ein moderner Bau mit originalgetreuer Barockfassade entstehen.

Das Berliner Stadtschloss war übrigens eine der ersten Residenzanlagen Europas. 1443 legte Kurfürst Friedrich II. den Grundstein für das Hohenzollernschloss. Bis ins Jahr 1716 wurde es ständig erweitert und umgebaut, sodass das Gebäude mit seinen rund 1300 Zimmern zahlreiche Stilrichtungen in sich aufnahm. 192 m lang und 116 m breit war der Bau in seiner letzten Ausführung. Nach 1918 wurde das Schloss als **Museum** genutzt, außerdem kamen hier 15 Privatmieter unter. Am 3. Februar 1945, beim letzten großen Bombenangriff auf

Die Spreeinsel zwischen Lustgarten und Monbijoupark

Ins sanfte Licht der blauen Stunde getaucht: Die Spreeufer laden zum abendlichen Bummeln ein, dahinter thront der Berliner Dom im Gewand der Neorenaissance

Berlin, wurde das Schloss schwer getroffen, wäre aber wieder zu restaurieren gewesen. Das endgültige Aus erfolgte mit dem Beschluss des 3. Parteitag der SED 1950: Am 30. Dezember wurde der letzte Rest des Bauwerks dem Erdboden gleichgemacht. Einzige Erinnerung an das bedeutende Schloss: das Portal IV am ehem. DDR-Staatsratsgebäude.

18 Ehem. Staatsratsgebäude
Schlossplatz 1
S3, S5, S7, S9 Hackescher Markt;
Bus 100, 348

Letzte Erinnerung an das Stadtschloss.

Das Gebäude am Südende des Schlossplatzes wurde 1962–64 von Roland Korn und Hans-Erich Bogatzky für den Staatsrat der DDR errichtet. Hier hatte Erich Honecker seinen Dienstsitz. In die Hauptfront des Gebäudes integriert ist das **Portal IV** vom Nordflügel des abgerissenen Schlosses. Dieser Torbau stammt aber nicht, wie oft behauptet, von Andreas Schlüter, sondern wurde um 1710 von Johann Friedrich Eosander von Göthe geschaffen. Die Säulen mit den Atlanten sind ein Werk des großen Dresdner Bildhauers Balthasar Permoser.

Warum wurde ausgerechnet dieses Portal des Stadtschlosses gerettet? Ganz einfach: Vom dazugehörigen *Balkon* rief Karl Liebknecht am 9. November 1918 die freie sozialistische Republik aus. Damit konnte das Portal des feudalen Bauwerks zum Traditionsbestand der Arbeiterbewegung deklariert werden.

Im Staatsratsgebäude, das 1999–2001 als *Bundeskanzleramt* diente, wird ab 2004 die Elite-Hochschule *European School of Management and Technology* ihren Sitz haben.

19 Breite Straße
U2 Spittelmarkt;
Bus 147, 257

Die alte Hauptstraße Berlins.

Die Breite Straße, die in südöstl. Richtung vom Schlossplatz abgeht, war die repräsentative Hauptstraße der Stadt *Cölln* und auch des frühen Berlin, bevor sie vom Boulevard Unter den Linden in dieser Funktion abgelöst wurde.

Von der alten Bausubstanz sind allerdings nur noch wenige Reste sichtbar. An der Breiten Straße Nr. 36/37 trifft man

Die Spreeinsel zwischen Lustgarten und Monbijoupark

auf den einzigen erhaltenen Frühbarockbau Berlins, den **Alten Marstall**. Er wurde 1670 fertig gestellt.

Bei Nr. 35 ist das **Ribbeck-Haus** von 1624 zu sehen, der älteste Renaissancebau Berlins. 1960 wurde das Portal durch eine Kopie im sog. Knorpelstil der Entstehungszeit ersetzt. Seinen Namen erhielt das Haus nach seinem Erbauer und ersten Besitzer Hans Georg von Ribbeck.

Eingefasst sind der Alte Marstall und das Ribbeck-Haus vom **Neuen Marstall**, der 1898–1900 unter Verwendung von Barock-Elementen erbaut wurde.

Nebenan (Nr. 34) befindet sich die **Berliner Stadtbibliothek**, die 1901 gegründet wurde. Im schmiedeeisernen Portal ist 117-mal der Buchstabe A variiert.

20 Brüderstraße

U2 Spittelmarkt;
Bus 147, 148

Barocke Wohnhäuser mit Erinnerungswert.

In der zur Breiten Straße parallel verlaufenden Brüderstraße interessieren zwei barocke Wohnhäuser.

Das **Galgenhaus** (Nr. 10) stammt vom Ende des 17. Jh. Es weist aber in der Fassade klassizistische Überarbeitungen aus dem Jahr 1805 auf.

Das **Nicolaihaus** (Nr. 13) ist benannt nach seinem Besitzer Friedrich Nicolai, der mit seiner berühmten *Verlagsbuchhandlung* im Jahr 1787 hier einzog. Carl Friedrich Zelter, ein einflussreicher Komponist und Freund Goethes, ließ das Gebäude im 19. Jh. umgestalten. Die *Barocktreppe* des Vorderhauses ist Originalbestand, im Hinterhaus dagegen findet sich eine Treppe im Stile Schinkels aus der Zeit um 1830, die 1977 eingebaut wurde. An der *Fassade* erläutern Tafeln die besondere kulturhistorische Bedeutung des Hauses und erinnern an seine Bewohner und Gäste.

Über die Sperlingsgasse oder die Scharrenstraße erreicht man den **Spreearm**, der das alte Stadtgebiet Cöllns gegen das westlich vorgelagerte Friedrichswerder abgrenzte. Zwei Brücken führen hinüber: Die **Jungfernbrücke** von 1798 mit der unverändert erhaltenen technischen Konstruktion als Klappbrücke und die **Gertraudenbrücke** mit dem Standbild der hl. Gertraud, die einem Wanderburschen einen Trunk reicht – ein *Bronzedenkmal*, das an das 1881 abgebrochene Gertraudenhospital erinnern soll.

21 Museumsinsel

Kupfergraben
S3, S5, S7, S9 Hackescher Markt, U6 Friedrichstraße;
Bus 100, 147, 200, 257, 348;
Straßenbahn 1–5, 13, 15, 50, 53

Weltzentrum der Kunst.

Zwischen Spree und Kupfergraben liegt die weltberühmte Museumsinsel, deren exzellente Sammlungen mit jenen des Pariser Louvre, der Uffizien in Florenz oder auch der Eremitage in St. Petersburg konkurrieren können. Seit Ende 1999 ist der Komplex auch Weltkulturerbe der UNESCO. Es wird aber noch Jahre dauern, bis alle Kunstwerke, die durch Krieg und Teilung in der ganzen Stadt verstreut wurden, wieder in an ihren ursprünglichen Standort zurückgekehrt sind, denn einige Bauten der Museumsinsel werden zur Zeit umfassend restauriert.

Ausgangspunkt der Entwicklung der Museumsinsel ist das **Alte Museum**. Schinkel baute es zwischen 1825 und 1830 im klassizistischen Stil und schuf mit diesem ersten reinen Museumsbau in Berlin eines seiner bedeutendsten Werke. König Friedrich Wilhelm III. machte in diesem ältesten Ausstellungsgebäude Berlins Kunstschätze, die bis dahin in den Schlössern untergebracht waren, für die Öffentlichkeit zugänglich. Friedrich

Meisterwerk en miniature: Das indische Bild ›Die Siesta des Kaisers‹ im Museum für Islamische Kunst im Pergamon-Museum

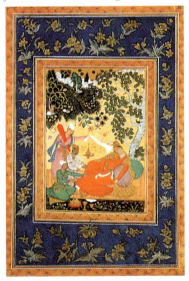

Die Spreeinsel zwischen Lustgarten und Monbijoupark

Wilhelm IV. bestimmte 1841 das Inselgelände hinter dem Alten Museum ebenfalls für die Kunst. Ergebnis war das 1843–55 nach den Plänen des Schinkel-Schülers Friedrich August Stüler erbaute **Neue Museum**. In den Jahren 1866–76 wurde die Nationalgalerie, heute **Alte Nationalgalerie**, errichtet. Jenseits der Stadtbahn, auf der Spitze der Insel, wurde 1904 das *Kaiser-Wilhelm-Museum* eingeweiht. 1912 begann man dann zwischen Neuem Museum und Kaiser-Wilhelm-Museum das **Pergamon-Museum** zu errichten, das erst 1930 vollendet werden konnte. Wilhelm von Bode, der 1872–1920 den Museen vorstand, führte die Sammlungen auf der Museumsinsel zu Weltgeltung. Ihm zu Ehren wurde das Kaiser-Wilhelm-Museum 1956 in **Bode-Museum** umbenannt.

Im Zweiten Weltkrieg wurden die Gebäude bis zu 70% zerstört. Da man die Kunstgegenstände rechtzeitig ausgelagert hatte, blieben sie zum Großteil erhalten, wurden jedoch durch die Teilung Berlins weit verstreut. Zur Zeit werden die Sammlungen neu zusammengestellt.

Altes Museum

Bodestraße 1–3, Eingang vom Lustgarten

Das als ›Königliches Museum‹ gedachte Gebäude wurde 1825–30 im Stil eines griechischen Tempels mit 18 ionischen Säulen an der Vorhalle errichtet.

Im Zweiten Weltkrieg schwer beschädigt, baute man das Museum in den Jahren 1960–66 wieder auf. Besonders eindrucksvoll ist im *Innern* die dem römischen Pantheon nachempfundenen **Rotunde** mit korinthischen Säulen und Skulpturen antiker Götter.

Im Hauptgeschoss des Alten Museums wurde 1998 die **Antikensammlung** mit

Die Spreeinsel zwischen Lustgarten und Monbijoupark

Eiland der glückseligen Kunstfreunde: Die Museumsinsel, inzwischen zum Weltkulturerbe der UNESCO erklärt, wird derzeit fein herausgeputzt; rechts die Rückseite des Pergamon-Museums und links das Bode-Museum (mit Kuppel)

Meisterwerken der etruskischen, griechischen und römischen Kunst wieder eröffnet, die schon früher auf der Museumsinsel beheimatet war und bis in die 90er-Jahre des 20. Jh. in Charlottenburg eine Bleibe gefunden hatte. Im Obergeschoss sind zzt. *Skulpturen des 19. Jh.* ausgestellt, sie stammen u.a. von Johann Gottfried Shadow, Bertel Thorvaldsen und Adolf Hildebrand.

Öffnungszeiten S. 172

Neues Museum
Eingang Bodestraße

Das Neue Museum (1843–47) wurde im Krieg am schwersten beschädigt und die ersten *Restaurierungsarbeiten* begannen 1986. Die endgültige Neueröffnung wird gleichwohl noch auf sich warten lassen (voraussichtlich 2007). Danach soll in dem Gebäude wieder das durch den Krieg zweigeteilte **Ägyptische Museum** [Nr. 102] Platz finden.

Alte Nationalgalerie
Eingang Bodestraße

Die Alte Nationalgalerie entstand 1866–76 nach Plänen Stülers. Nach seinem Tod wurde das Museum von Johann Heinrich Strack als korinthischer Tempel mit einer doppelläufigen Freitreppe vollendet. Ein bronzenes *Reiterstandbild Friedrich Wilhelms IV.* über dem Eingangsportal schuf Alexander Calandrelli im Jahr 1866.

Die Spreeinsel zwischen Lustgarten und Monbijoupark

Dieses Mumienbild eines jungen Mannes (um 130 n. Chr.) gehört zur Ägyptischen Abteilung, die derzeit geschlossen und erst in einigen Jahren im Neuen Museum wieder zu besichtigen ist

Schlimmer als die Bomben des Zweiten Weltkriegs trafen die Sammlungen der Alten Nationalgalerie die Kunstdogmen der Nationalsozialisten. Ein Teil der Sammlung wurde als ›Entartete Kunst‹ nach München ausgelagert bzw. zu Billigpreisen weltweit verkauft. Weitere expressionistische Werke wurden später in ihrem Auslagerungsort, dem Friedrichshain-Bunker, durch Brand zerstört.

Die Alte Nationalgalerie, die **Kunst des 19. Jh.** präsentiert, wurde nach der Restaurierung 2001 wieder eröffnet. Die Sammlung umfasst Meisterwerke der Romantik z.B. von Caspar David Friedrich und Adolph Menzel, Arbeiten französischer Impressionisten wie Manet, Cézanne, Monet und Degas sowie bedeutende Gemälde des Expressionismus. Die *Skulpturen* der Epoche sind vorläufig noch im Alten Museum zu besichtigen.

Öffnungszeiten S. 172

Bode-Museum

Kupfergraben/Monbijoubrücke

Das Bode-Museum ist in einem beeindruckenden *Neobarockbau* (1897–1904) von Ernst von Ihne untergebracht. Das Gebäude passt sich in seinem Grundriss der Spitze der Museumsinsel an und sorgt so für einen gelungenen Abschluss des Ensembles. Dem Museum integriert ist eine *Basilika*, die nach dem Vorbild von San Salvatore al Monte in Florenz gestaltet wurde. Im Zuge der Museen-Umstrukturierung ist auch das Bode-Museum größeren Veränderungen unterworfen. Seit seiner Schließung Mitte 1999 wird es umgebaut, eine Wiedereröffnung ist erst für das Jahr 2005 geplant. Bislang geteilte Sammlungen, die **Skulpturensammlung** mit Werken vom Mittelalter bis ins 18. Jh., das **Münzkabinett** sowie das **Museum für Spätantike und Byzantinische Kunst**, die vorher im Museumskomplex Dahlem bzw. im Bode-Museum aufbewahrt wurden, sollen in Zukunft hier gezeigt werden. Die Gemäldegalerie hingegen, die einst ebenfalls zu Teilen im Bode-Museum ansässig war, ist bereits 1998 in die neue *Gemäldegalerie* [Nr. 73] am Kulturforum umgezogen. Auch die einst hier gezeigten Bestände des *Ägyptischen Museums* werden umgelagert, ab 2007 sind sie im Neuen Museum zu sehen.

Öffnungszeiten S. 172

Pergamon-Museum

Am Kupfergraben 12

Das im Zentrum der Museumsinsel gelegene Pergamon-Museum wurde 1912–30 im neoklassizistischen Stil nach den Plä-

Kurvenreiche Aussichten: Die Kuppel des Bode-Museums einmal von innen betrachtet

Die Spreeinsel zwischen Lustgarten und Monbijoupark

Museales Highlight: Der weltberühmte Pergamonaltar (2. Jh. v. Chr.) galt schon in der Antike als Weltwunder und bietet noch heute einen überwältigenden Anblick

nen von Alfred Messel und Ludwig Hoffmann erbaut. Aus dem Jahr 1982 stammt die Eingangshalle.

TOP TIPP Absolutes Highlight des Museums ist der **Pergamonaltar** (2. Jh. v. Chr.), der 1878–86 vom deutschen Ingenieur Carl Humann in mehreren Grabungskampagnen freigelegt wurde. Der Altar stammt aus Pergamon, einer der bedeutendsten antiken Ausgrabungsstätten an der türkischen Westküste.

Weitere Sehenswürdigkeiten sind das *Markttor von Milet* (165 v. Chr.) in der Antikensammlung, Teilstücke der Fassade des *Wüstenschlosses Mschatta* (8. Jh.) aus dem heutigen Jordanien im Museum für Islamische Kunst sowie das *Ischtar-Tor* und die *Prozessionsstraße von Babylon* (7./6. Jh. v. Chr.) im Vorderasiatischen Museum.

Öffnungszeiten S. 172

Unter die Lupe genommen: Detail des Pergamonaltars, den man Ende des 19. Jh. ausgegraben und rekonstruiert hatte. Der Altar wurde zu Ehren von Zeus und Athene geschaffen

Vom Scheunenviertel zur Chausseestraße – der Hinterhof Berlins mausert sich

Im Scheunenviertel lebten bis in die 30er-Jahre des 20. Jh. Gauner, Ganoven, Prostituierte und arme Leute, weshalb dieses Viertel auch als **Hinterhof Berlins** galt. In diesem Areal lebten außerdem rund 50 000 osteuropäische Juden, die nach dem Ersten Weltkrieg zugewandert waren. Von den jüdischen Geschäften, Gaststätten und Synagogen blieben nach den Pogromen der Nazis nur Teile der Neuen Synagoge sowie die ehem. Gaststätte Zum Weißen Elefanten übrig. Und nichts erinnert heute mehr an die **Scheunen** und **Ställe**, die hier im 18. Jh. standen und dem Viertel seinen Namen gaben. Dennoch lohnt eine Besichtigung – es gilt seine Mischung aus Kiez, Kunst und Ostberliner Flair zu bewundern. Im Scheunenviertel spielten übrigens viele Szenen des legendären Romans ›Berlin Alexanderplatz‹ von Alfred Döblin. Zudem finden sich in der weiter westl. gelegenen einstigen **Friedrich-Wilhelm-Stadt** Friedhöfe, die viel über die Geschichte Berlins erzählen und an große Persönlichkeiten wie Fichte und Hegel, Schinkel oder Brecht erinnern.

22 Volksbühne

Rosa-Luxemburg-Platz
U2 Rosa-Luxemburg-Platz;
Bus 100, 200, 143, 340, 348

Spargelder des 1890 gegründeten Theatervereins Freie Volksbühne ermöglichten den Bau des ersten modernen Theaters in Berlin.

Die Volksbühne steht im Zentrum des einstigen Scheunenviertels, auf dem 1906 angelegten Bülowplatz, heute **Rosa-Luxemburg-Platz**. Mit der Flächensanierung und dem Bau des Theaters 1914 (Architekt: Oskar Hoffmann) hofften die Stadtväter, das zwielichtige Milieu aus dem Viertel zu drängen.

Der Name des Theaters geht auf die *Volksbühnenbewegung* zurück, die den Arbeitern zeitgenössisches Schauspiel näher bringen wollte. Dass es sich bei der Volksbühne nicht nur um ein soziales Projekt handelte, erwies sich, als das Haus durch seine außergewöhnlichen Inszenierungen zu einer **Kultstätte** des Sprechtheaters wurde. Erster Intendant war *Max Reinhardt* (1915–18), einer seiner Nachfolger *Erwin Piscator* (1924–27).

Der ursprünglich 2000 Zuschauer fassende Theaterraum brannte 1943 aus und wurde zwischen 1952 und 1954 vereinfacht wieder aufgebaut, sodass das Haus heute 849 Plätze bietet. Unter dem Intendanten *Frank Castorf* sorgt das Theater als ›aufregendste Bühne Deutschlands‹ immer wieder für Schlagzeilen.

An der nordöstl. Seite des Platzes steht das **Karl-Liebknecht-Haus** (1920), in dem das Zentralkomitee der KPD 1926–33 seinen Sitz hatte. Das Gebäude wurde 1949 wieder aufgebaut.

23 Hackesche Höfe

Rosenthaler Straße Nr. 40/41
S3, S5, S7, S9 Hackescher Markt

Typische Mischstruktur von Wohnen und Arbeiten aus der Industrialisierungsphase des 19. Jh.

Die Hackeschen Höfe sind mit ihren 10 000 m² der größte Hofkomplex seiner Art in Europa. Die Pläne für die acht Wohn- und Gewerbehöfe entwarf August Endell im Jahr 1906. Von besonderem kunsthistorischen Wert ist der erste Hof zur *Rosenthaler Straße* hin. Er steht wegen seiner bunt glasierten Jugendstilfassade unter Denkmalschutz. 1991 wurde die Gesellschaft Hackesche Höfe e.V.

Vom Scheunenviertel zur Chausseestraße

Gelungenes Vorzeigeprojekt – die prachtvollen Jugendstilfassaden der Hackeschen Höfe

gegründet, die darum bemüht ist, bestehende Strukturen und die damit verbundene Mischnutzung zu erhalten. Heute ziehen die Cafés, Bars und Restaurants, die Galerien und Modegeschäfte das schicke Berliner Publikum an. Ein fester Bestandteil der Berliner Szene ist das **Chamäleon Varieté**, das einen Saal mit 250 Plätzen bietet. Die Gäste erfreuen sich an einem regelmäßig wechselnden Varieté- und Kabarett-Programm, besonders beliebt ist die ›Mitternachtsshow‹ mit Überraschungsauftritten verschiedener Künstler.

It's Showtime! Varieté und Kabarett präsentiert das Chamäleon, ein Theater in den Hackeschen Höfen. Es ist seit langem fester Bestandteil der Berliner Szene

Vom Scheunenviertel zur Chausseestraße

24 Sophienstraße

Zugang über Große Hamburger Straße
U8 Weinmeisterstraße

Gut erhaltenes gründerzeitliches Wohnhausensemble mit der von Königin Sophie Luise, der dritten Gemahlin Friedrichs I., gestifteten ersten Pfarrkirche der Spandauer Vorstadt.

Die Sophienstraße ist einer der wenigen gut erhaltenen Straßenzüge aus dem späten 19. Jh. und vermittelt mit ihren restaurierten Häusern, den kleinen Kneipen und Läden, vor denen alte Zunftzeichen hängen, einen guten Eindruck von der damaligen Atmosphäre.

Mit dem Haus **Nr. 18** hatte der Berliner Handwerkerverein (gegründet 1844 und verboten 1850–59) um 1900 einen repräsentativen Vereinssitz erbaut, das Vorderhaus war bereits 1830–40 entstanden. Man beachte das prunkvolle *Doppelportal* mit Terrakotta-Dekorationen. Hinter der historisierenden gotischen Fassade des Wohnhauses **Nr. 22/22a** (1898/99, Gebert & Söhne) verbergen sich erstklassig erhaltene *Jugendstil-Treppenhäuser*. Das älteste Haus ist **Nr. 11**. Es stammt aus der Zeit um 1780.

Dominiert aber wird die Straße von der **Sophienkirche**. 1712 als schlichter Saalbau errichtet, wurden ihr im Jahr 1834 zwei Sakristeien angefügt. Der Turm, der einzige noch original erhaltene *Barockturm* Berlins, wurde von Johann Heinrich Grael 1732–34 erbaut. Sehenswert im Innenraum, der 1892 von Adolf Heyden und Kurt Berndt im neobarocken Stil verändert wurde, ist die *Orgel* von Ernst Max aus dem Jahr 1790.

25 Alter Jüdischer Friedhof

Große Hamburger Straße 26
S3, S5, S7, S9 Hackescher Markt

Gedenkgrab für Moses Mendelssohn.

Wo die Sophienstraße auf die Große Hamburger Straße trifft, befand sich einst das Zentrum des jüdischen Gemeindelebens. Am Gebäude Große Hamburger Straße Nr. 27, der ehem. **Knabenschule der Jüdischen Gemeinde**, erinnert eine Gedenktafel an Moses Mendelssohn. Er war Mitbegründer dieser ersten jüdischen Schule Berlins, die 1778 eröffnet wurde. Die Knabenschule und das benachbarte jüdische *Altersheim*, das im Krieg zerstört wurde, hatten die Nazis als Sammelstelle für 55 000 Berliner Juden genutzt, um sie von dort aus in die Vernichtungslager von Auschwitz und Theresienstadt zu deportieren. Eine *Figurengruppe* aus Bronze (1957, Will Lammert) dient dem Gedenken.

Hinter dem Denkmal befindet sich der Alte Jüdische Friedhof Berlins, der beinahe gleichzeitig mit der Gründung der ersten Jüdischen Gemeinde der Stadt im Jahr 1672 angelegt wurde. Bis 1827 wurde der Friedhof genutzt, danach bestatte-

Die Vergangenheit blüht im Verborgenen: Denkmalgeschützte Häuserfassade in der Sophienstraße und eine vom Aussterben bedrohte Automarke namens Trabant

te man die Mitglieder der Jüdischen Gemeinde auf dem Friedhof an der Schönhauser Allee. 1943 verwüsteten die Nazis den Alten Jüdischen Friedhof. Mit Traktoren pflügten sie die 3000 Gräber um, darunter auch die Ruhestätte des mit Lessing befreundeten Philosophen der Aufklärung, *Moses Mendelssohn* (gest. 1786), sowie die Grabstätte des Hofbankiers von König Friedrich II., Veitel Heine Ephraim (gest. 1775). So ist heute von dem Friedhof nur noch eine Grünfläche mit wenigen Grabsteinen zu sehen. Auch das Grabmal von Mendelssohn ist eine Nachbildung. An der Friedhofsmauer finden sich noch rund 20 eingelassene *Tafeln*, darunter eine über 100 Jahre alte Gedenktafel für Gumpericht Jechiel Aschkenasi, der 1672 als erster auf dem Friedhof beigesetzt wurde.

Am nördl. Ende der Großen Hamburger Straße liegt der **Koppenplatz**, benannt nach einem wohlhabenden und sozial engagierten Bürger, Christian Koppe. Er stiftete 1705 auf einem seiner Grundstücke an der Auguststraße 59 zuerst einen Armen- und Waisenfriedhof, später ein *Armenhaus* (1708), das 1739 in ein Hospital umgewandelt wurde. An der Ecke Auguststraße/Große Hamburger Straße steht ein von der Stadt Berlin 1855 gestiftetes, von August Stüler entworfenes *Denkmal* aus Sandstein und Granit, das Christian Koppe darstellt.

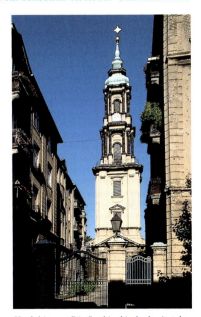

Hoch hinaus: Die Sophienkirche besitzt den einzigen Original-Barockturm Berlins

26 Oranienburger Straße

S3, S5, S7, S9 Hackescher Markt, S1, S25, S26 Oranienburger Straße, U6 Oranienburger Tor

Ein Straßenzug voller Widersprüche: Tagsüber Touristentreff, nachts bevölkert von Vergnügungssüchtigen und Prostituierten.

Treffpunkt von ›Szene‹ und Touristen gleichermaßen ist die Oranienburger Straße mit ihren zahlreichen Kneipen, den z.T. noch sehr heruntergekommenen und wild bemalten Fassaden sowie der aufpolierten Neuen Synagoge.

An der Südseite der Straße zieht sich der **Monbijoupark** entlang – ein Freizeitareal mit einem kleinen Schwimmbecken. Hier stand einst das von Johann Friedrich Eosander von Göthe entworfene *Lustschloss Monbijou*, zu Deutsch ›Mein Juwel‹ (1708), welches umgeben war von einem kurfürstlichen Garten. Die Hohenzollern bewohnten es jedoch nur bis 1757, und 30 Jahre später brachte man in dem Gebäude Kunstsammlungen unter. Im Zweiten Weltkrieg wurde das Schlösschen völlig zerstört, doch der Park ist nach wie vor als kleine grüne Oase im Großstadtgetümmel beliebt.

Hier ruht der große Aufklärer: Grab von Mendelssohn auf dem Jüdischen Friedhof

Vom Scheunenviertel zur Chausseestraße

27 Neue Synagoge

Oranienburger Straße 30
S1, S25, S26 Oranienburger Straße

Hauptwerk der orientalisierenden Stilrichtung.

Die Restaurierung war ein voller Erfolg: In neuem Gold strahlt die 50 m hohe *Mittelkuppel* der Neuen Synagoge. Minarettartige *Seitentürmchen* unterstreichen den maurischen Stil der pittoresken Fassade. Von 1988 bis 1995 dauerte der Wiederaufbau des nur noch in Teilen erhalten gebliebenen Gotteshauses: ebenso lange, wie einst seine Errichtung nach einem Entwurf von Eduard Knoblauch (1859), der 1866 von Friedrich August Stüler vollendet wurde. In Anwesenheit von Kanzler Bismarck wurde die Synagoge eingeweiht, und 1930 gab hier *Albert Einstein* ein Geigenkonzert.

Das jüdische Gotteshaus war einst die größte Synagoge Deutschlands und die zweitgrößte Europas. Die Jüdische Gemeinde hatte den prachtvollen Bau als Symbol der Gleichberechtigung errichten lassen. In der *Reichskristallnacht* 1938 wurde das Versammlungshaus von den Nazis geschändet. 1943 brannte der Bau aus, 1958 schließlich sprengte man die Hauptsynagoge. Erst zum 50. Jahrestag der Pogrome setzte man den Wiederaufbau durch.

Verweile doch, hier ist es schön! Das Scheunenviertel, der einstige ›Hinterhof‹ Berlins, lädt zu Entdeckungstouren ein. Und für eine Rast gibt es jede Menge originelle Cafés und urige Kneipen

Im Mai 1995 wurde zusammen mit der Neuen Synagoge auch das **Centrum Judaicum** der heute etwa 11 000 Mitglieder zählenden Jüdischen Gemeinde von Berlin eröffnet. Hier gibt es neben einem Archiv und einer Bibliothek ein *Museum*, in dem als Dauerausstellung die Geschichte der Synagoge dokumentiert wird. Nebenan bietet das Restaurant *Oren* koscheres Essen.

Nur ein paar Schritte entfernt und ebenso auffällig wie die Neue Synagoge präsentiert sich das ehem. **Postfuhramt** (Oranienburger Straße/Tucholskystraße) – einer der repräsentativsten Behördenbauten Berlins. Das Amt wurde nach Entwürfen von Carl Schwatlo in den Jahren 1875–81 errichtet. Die schöne *Fassade* mit Terrakotta-Dekor zeigt Motive, die den Postdienst und berühmte Reisende der Weltgeschichte darstellen. Auf dem *Hof* befanden sich einst Ställe für 240 Pferde, Remisen für Postkutschen und Räume für die Postillons.

Öffnungszeiten Neue Synagoge *S. 174*

28 Kulturzentrum Tacheles

Oranienburger Straße 54–56a
U-Bahn Oranienburger Tor

Kunst und Kultur in einer Kaufhausruine.

Dem jiddischen Namen alle Ehre gemacht: Das Kulturzentrum Tacheles (›offene Rede‹) bietet in der Ruine eines um 1900 erbauten **Kaufhauses** jede Menge Künstlerisches und interessante alternative Veranstaltungen.

Errichtet wurde diese Einkaufspassage ursprünglich, um Profit einzufahren: Franz Ahrens hielt sich beim Bau stilistisch an den Kaufhaustyp des Architekten Messel, der auch das Kaufhaus Wertheim an der Leipziger Straße entwarf. Die Auftraggeber des Komplexes waren Einzelhändler: Sie hofften, wenn sie sich unter einem Dach ansiedelten, den großen Kaufhäusern Paroli bieten zu können. Ein großer und teurer Irrtum, wie sich in der Folge herausstellen sollte, denn nach und nach mussten die Geschäfte mangels Umsatz schließen, und das Gebäude verfiel. Von der riesigen *Kuppel* des Einkaufszentrums, 50 m hoch und mit einem Durchmesser von 28 m, ist nichts erhalten geblieben.

Der Trakt an der Oranienburger Straße, heute denkmalgeschützt, wurde

Aufpoliert – die Synagoge an der Oranienburger Straße wurde sieben Jahre lang restauriert. Vor allem die goldglänzende Kuppel prägt das Stadtbild

1990 besetzt. Inzwischen hat sich hier eine **Künstlerinitiative** etabliert. Senatsmittel machten Experimente in den Bereichen Theater, Musik, Kino und Kunst möglich. Allerdings ist nicht sicher, ob das Tacheles weiterhin gefördert wird.

Die Zukunft des Areals ist inzwischen geklärt: Nach Entwürfen des amerikanischen Architekturbüros Duany sollen auf dem Grundstück der Kaufhauspassage bis 2005 Büro-, Geschäfts- und Wohnblöcke mit einem Hotel errichtet werden, in die der Altbau integriert wird.

Auf der anderen Straßenseite locken zahlreiche Cafés, Restaurants und Galerien. Hier hat sich eine junge schrille Szene herausgebildet, die selbst in Berlin ihresgleichen sucht.

29 Deutsches Theater und Kammerspiele

Schumannstraße 13a
U6 Oranienburger Tor und Friedrichstraße

Theatergeschichte pur.

TOP TIPP Unter den zahllosen Bühnen der Stadt nehmen das **Deutsche Theater** (1849/50, Eduard Titz) und die Kammerspiele vorderste Plätze ein. Einen hervorragenden Ruf hatten sie schon zu Beginn des 20. Jh., als der österreichische Intendant und Regisseur *Max Reinhardt* (1873–1943) die Leitung des Deutschen Theaters übernahm und 1906 die **Kammerspiele** gründete. Viele bedeu-

Girls, Girls, Girls: Glitzer, Glamour und Gigi bei einer Revue im Friedrichstadtpalast

Zwischen Lido und Copacabana

Kaum zu glauben, dass sich hinter der großflächigen Fassade im geschönten Plattenbaustil in der Friedrichstraße 107 eines der modernsten Revuetheater Europas verbirgt – der **Friedrichstadtpalast**. *Das prächtige, mit modernster Bühnentechnik ausgestattete Theater bietet Platz für 1900 Zuschauer, die hier nicht nur Tanzshows, sondern sogar mitunter* **Unterwasser- und Eisrevuen** *sehen können.*

Die Anfänge des Friedrichstadtpalastes reichen ins 19. Jh. zurück, als an dieser Stelle 1865–68 die erste Markthalle Berlins errichtet wurde. Sie wurde später als Zirkus genutzt und 1919 zum Schauspielhaus umgebaut. 1985 musste das Gebäude jedoch wegen Baufälligkeit abgerissen werden. Etwas nordöstl. versetzt entstand dann 1985/86 die neue Anlage.

Zu DDR-Zeiten war der Friedrichstadtpalast mit seinen **Revue-Girls** *(›die längste Girl-Reihe der Welt‹) ein Dorado für Fans von Shows, Varietés und Zirkusdarbietungen. Künstler von Rang und Namen traten hier auf. Nach einem finanziellen Tief nach der Wiedervereinigung ist der Friedrichstadtpalast heute wieder das, was er war: eine Mischung aus Pariser Lido und Rio de Janeiros Copacabana.*

Vom Scheunenviertel zur Chausseestraße

Kunst und Klartext: Auf dem Gelände des Tacheles an der Oranienburger Straße regierte einst König Mammon – heute hat sich hier ein florierendes Kulturzentrum etabliert

tende Schauspieler wie Elisabeth Bergner, Fritz Kortner und Käthe Dorsch standen hier auf der Bühne. Reinhardt, der auf theatralische Experimente und moderne Inszenierungsmittel setzte, wirkte an beiden Bühnen 27 Jahre lang. 1933 musste er als Jude die Theater, die ihm persönlich gehörten, abgeben.

Zum 100. Geburtstag des Deutschen Theaters im Jahr 1983 wurde das Gebäude restauriert und glanzvoll herausgeputzt. Besonders sehenswert ist das original erhaltene *Rangfoyer* aus dem späten 19. Jh. im Stil der italienischen Renaissance. Neueren Datums ist die **Baracke** in einer ehem. Probebühne direkt neben-

Ruhe vor dem großen Sturm: Der Innenraum des Deutschen Theaters stammt aus dem späten 19. Jh. und wurde im Stil der italienischen Spätrenaissance gestaltet

Vom Scheunenviertel zur Chausseestraße

So viel Kunst muss sein: Ihren exzellenten Ruf haben sich Kammerspiele und Deutsches Theater bis heute erhalten können

an: ein experimenteller Theaterraum, der vor allem junges Publikum anzieht.

Eine weitere Kultstätte der Theaterwelt ist das südöstl. vom Deutschen Theater gelegene **Berliner Ensemble** am Bertolt-Brecht-Platz. Max Reinhardt, der 1903 an dieses Theater gekommen war, setzte im Sinne seiner Theaterreform hier die berühmt gewordene *Drehbühne* durch. Damals hieß das 1891/92 erbaute Haus noch *Neues Theater am Schiffbauerdamm*. 1928 feierte Brecht hier mit seiner ›Dreigroschenoper‹ eine glanzvolle Uraufführung. Brecht kehrte aus dem Exil 1954 mit seinem neu gegründeten Berliner Ensemble wieder an die alte Wirkungsstätte zurück. Nach seinem Tod 1956 führte seine Frau Helene Weigel das Theater als Prinzipalin bis 1971 weiter. Aufführungen wie Brechts ›Mutter Courage‹ oder ›Der aufhaltsame Aufstieg des Arturo Ui‹ machten auch international Furore. Seinen guten Ruf hat sich das Berliner Ensemble bis heute bewahrt, seit 1999 ist *Claus Peymann* Intendant.

30 Ehem. Tierarzneischule
Luisenstraße 56
S1, S3, S5, S7, S9, S25, S26 und U6 Friedrichstraße

Tierisches Theater.

Das Gebäude der ehem. Tierarzneischule (1839/40, Ludwig Hesse) ist eine dreigeschossige Dreiflügelanlage um einen Ehrenhof. Dicht dahinter in einem kleinen Park steht das **Anatomische Theater** der Tierarzneischule, 1789 von Carl Gotthard Langhans entworfen. Sehenswert ist der kreisrunde *Hörsaal:* Mit seinen steil ansteigenden Sitzreihen erinnert er an ein antikes Theater.

31 Charité
Schumannstraße 20–21
S1, S3, S5, S7, S9, S25, S26 Friedrichstraße, U6 Friedrichstraße und Oranienburger Tor

Ganz der Gesundheit gewidmet: 17,7 ha großes Gelände der Universitätsklinik.

Als Nachrichten über eine Pestepidemie in Berlin eintrafen, ließ Friedrich I. 1710 am nordwestl. Ende der Stadt ein *Pestkrankenhaus* errichten. Die Pest blieb aus, die Räume wurden als Armen- und

Arbeitshaus genutzt und erst 1726 zu einer Krankenheilanstalt, der Charité (frz. Nächstenliebe), erweitert.

In dem seit 1810 der Universität angegliederten Zentrum wirkten große Mediziner, Wissenschaftler und Ärzte wie Robert Koch, Iwan P. Pawlow, Albrecht von Graefe und Ferdinand Sauerbruch und machten die Charité zum berühmtesten und bedeutendsten Krankenhaus Deutschlands.

Zwischen 1897 und 1913 erfolgte auf Veranlassung des Ministerialdirektors Friedrich Althoff eine vollständige **Neubebauung**: Es entstand ein durch Grünanlagen aufgelockertes Areal mit separaten Spezialklinik-Bauten im Stil der märkischen Backsteingotik. Nach den Bombardements des Zweiten Weltkriegs musste die Charité weitgehend erneuert werden. Das **Hochhaus** des Chirurgischen Zentrums auf der Ostseite des Robert-Koch-Platzes entstand erst ab 1981.

32 Hamburger Bahnhof – Museum für Gegenwart Berlin

Invalidenstraße 50–51
S3, S5, S7, S9 Lehrter Bahnhof

Sammlung Marx und zeitgenössische Kunst.

Der 1847 erbaute Kopfbahnhof hatte bereits nach vier Jahrzehnten ausgedient. Es gab günstiger gelegene Bahnhöfe in der Stadt. Das schöne klassizistische Bahnhofsensemble wurde dann zu Beginn des 20. Jh. in ein Museum für Verkehr und Bau umfunktioniert. Der Bombenhagel im Zweiten Weltkrieg zerstörte das Gebäude, wieder aufgebaut wurde es erst in den 80er-Jahren des 20. Jh.

Seit November 1997 gehört der Hamburger Bahnhof, bzw. das neu gegründete Museum für Gegenwart Berlin zu den aufregendsten Bühnen der Gegenwartskunst in Deutschland. Denn der Kunstliebhaber *Erich Marx* brachte hier seine Privatsammlung mit Werken von Größen wie Andy Warhol, Joseph Beuys, Roy Lichtenstein und Anselm Kiefer als Dauerleihgabe ein. Und hier fanden auch die überquellenden Bestände der Neuen Nationalgalerie zusätzlichen Ausstellungsraum. Außerdem wurde ein *Medienarchiv* über Joseph Beuys entwickelt. Das Museumskonzept sieht wechselnde Ausstellungen aus dem Fundus der Sammlung und viel Lust am Experiment vor.

Öffnungszeiten S. 173

33 Museum für Naturkunde

Invalidenstraße 43
U6 Zinnowitzer Straße

Das größte Saurierskelett der Welt.

Man muss nicht unbedingt ins Kino gehen, um Saurier zu sehen. Im Museum für Naturkunde sind sie in Originalgröße vertreten, so das **größte Saurierskelett** der Welt, ein rekonstruierter Brachiosaurus brancai, es ist 12 m hoch und 23 m lang. In dem Gebäude-Ensemble sind außer der Paläontologischen Abteilung auch eine Mineralogische und Zoologische Sammlung untergebracht. Im Lichthof erinnert ein *Denkmal* an Albrecht Daniel Thaer (1752–1828), der die Landwirtschaftslehre in Preußen begründete.

Folgt man der Invalidenstraße in östl. Richtung, stößt man auf den **Friedhof II der Sophiengemeinde** (Bergstraße 29). Im Volksmund wird diese Begräbnisstätte schlicht ›Musikerfriedhof‹ genannt, weil hier zahlreiche Musiker und Komponisten beerdigt wurden: Wilhelm Friedrich Bach (gest. 1845) – Nachkomme von Johann Sebastian Bach –, Albert Lortzing (gest. 1851), der Klavierfabrikant Carl Bechstein (gest. 1900) sowie der Komponist Walter Kollo (gest. 1940).

Öffnungszeiten S. 174

Die Universitätsklinik Charité kann auf eine lange Tradition zurückblicken – im Hochhaus ist das Chirurgische Zentrum untergebracht

Vom Scheunenviertel zur Chausseestraße

In bester Gesellschaft – auf dem Dorotheenstädtischen Friedhof ruht neben anderen Persönlichkeiten auch Schinkel

34 Dorotheenstädtischer Friedhof

Chausseestraße 126
U6 Oranienburger Tor und Zinnowitzer Straße

Berühmtheiten zur letzten Ruhe versammelt.

Klein, romantisch und voller Persönlichkeiten: Auf dem Dorotheenstädtischen Friedhof (1762 angelegt, 1814–26 erweitert) fanden **Dichter, Denker** und **Künstler**, die das kulturelle und wirtschaftliche Leben Deutschlands prägten, ihre letzte Ruhestätte: die Philosophen Johann Gottlieb Fichte (gest. 1814) und Georg Wilhelm Friedrich Hegel (gest. 1831), die Industriellen August Borsig (gest. 1854), der Erfinder der Litfaßsäule Ernst Litfaß (gest. 1874), die Bildhauer und Baumeister Karl Friedrich Schinkel (gest. 1841), Christian Daniel Rauch (gest. 1857) und Johann Gottfried Schadow (gest. 1850).

Auch Namen bekannter Schriftsteller, Literaten und Künstler neuerer Zeit (ab 1945) sind auf den Grabsteinen zu lesen: Die Schriftsteller Heinrich Mann (gest. 1950) und Johannes R. Becher (gest. 1958), der Komponist Hanns Eisler (gest. 1962), John Heartfield (gest. 1968) – Erfinder der zeitkritischen Fotomontage –, sowie die Schriftsteller Anna Seghers (gest. 1983), Arnold Zweig (gest. 1968) und Heiner Müller (gest. 1996). Viel besucht sind vor allem die schlichten Gräber des Künstlerpaars Bertolt Brecht (gest. 1956) und Helene Weigel (gest. 1971).

Die letzte Arbeits- und Wohnstätte von Brecht und Weigel (1953–71) grenzt direkt an die Friedhofsmauer: Im spätklassizistischen **Brecht-Haus** (Chausseestraße 125) sind seit 1978 das Bertolt-Brecht- und Helene-Weigel-Archiv sowie eine *Brecht-Gedenkstätte* untergebracht. Zu sehen sind die noch original eingerichteten Räume der beiden Künstler.

Wer ein uriges Gastronomie-Erlebnis sucht, ist im *Kellerrestaurant* des Brecht-Hauses richtig (Tel. 2 82 38 43, tgl. ab 18 Uhr). Hier gibt es echte Wiener Küche nach Rezepten von Helene Weigel.

Öffnungszeiten Brecht-Haus *S. 172*

Auch als Saurier-Skelett noch attraktiv – Brachiosaurus brancai im Naturkunde-Museum

Zwischen Alexanderplatz und Märkischem Ufer – viel Kunst, viele Kneipen

In dem Gebiet zwischen Alexanderplatz und Märkischem Ufer findet der Besucher einen interessanten Querschnitt der Berliner **Stadtgeschichte**: mittelalterliche Bauten der alten Residenzstadt Berlin-Cölln, Rokoko-Palais reicher Bürger, repräsentative Verwaltungsgebäude aus der Zeit der Industrialisierung, DDR-Plattenbauten und mit dem **Nikolaiviertel** den Versuch, ein altes Stück Berlin wieder aufleben zu lassen. Und auch das leibliche Wohl kommt bei der Erkundungstour nicht zu kurz: Zahlreiche Lokale laden zum Verweilen ein.

35 Alexanderplatz

S3, S5, S7, S9, S75 und
U2, U5, U8 Alexanderplatz;
Bus 142, 143, 148, 200

Der ›Alex‹ – berühmt, berüchtigt, beliebt.

Der Alexanderplatz war im 17. Jh. Ackerland, dann Vieh- und Wollmarkt, später Exerzierplatz. Erst mit dem Bau der *Stadtbahn* 1882 entwickelte sich der Platz zum größten **Verkehrsknotenpunkt** des Berliner Ostens: Angelegt wurde hier ein Bahnhof für Fern- und S-Bahn sowie für U-Bahn-, Straßenbahn- und Buslinien. In den 20er-Jahren des 20. Jh. setzte *Alfred Döblin* dem lebhaften Zentrum der Metropole mit seinem sozialkritischen Roman ›Berlin Alexanderplatz‹ ein literarisches Denkmal.

Die Bomben des Zweiten Weltkriegs machten den ›**Alex**‹ zum Trümmerfeld. In den 60er-Jahren des 20. Jh. versuchte dann der Ostberliner Magistrat dem Platz durch eine Reihe von **Hochhäusern**, Haus des Lehrers, Haus des Reisens, Haus der Elektroindustrie, ein neues Hauptstadt-Flair zu geben. Seitdem ist der Alex auch *Fußgängerzone* und der Verkehr fließt um ihn herum.

1993 legte der Architekt Hans Kollhoff einen **Masterplan** für die zukünftige Bebauung des Platzes vor: Er sieht zwölf Hochhäuser von mindestens 150 m Höhe für Büros und Apartments vor sowie den Abriss der tristen DDR-Blöcke bis auf das Haus des Lehrers und die älteren denkmalgeschützten Behrens-Häuser. Auch der folkloristische bunte **Brunnen der Völkerfreundschaft** (1969) soll dem Plan zufolge verschwinden. Dessen Realisierung ist allerdings immer noch ungewiss.

Der Alexanderplatz, der seinen Namen nach einem Besuch des russischen Zaren Alexander I. 1805 erhielt, war auch einer der Brennpunkte Berliner **Geschichte**: Hier gab es während der bürgerlichen Revolution 1848 Barrikadenkämpfe, 1918/19 kam es zu Tumulten

Back to the Seventies: Musikalischer Alleinunterhalter auf dem Alexanderplatz

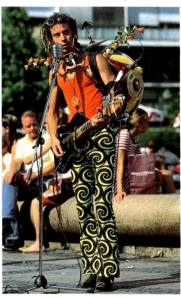

Zwischen Alexanderplatz und Märkischem Ufer

zwischen Polizei und Arbeitern, und am 4. November 1989 demonstrierten hier 500 000 Menschen für eine demokratische Neuordnung der DDR.

Die **Behrens-Häuser** an der Südseite des Platzes, das Alexander- und Berolinahaus (1928–31), sind Spätwerke des Architekten Peter Behrens im Stil der Neuen Sachlichkeit. Ganz in der Nähe stand ab 1895 das Wahrzeichen der Stadt, die in Kupfer getriebene, von allen Berlinern geliebte Statue ›Berolina‹ von Emil Hundrieser. Sie wurde erstmals 1927 abgetragen, landete auf dem Schrott, wurde von den Nazis 1933 wieder aufgestellt und schließlich 1944 eingeschmolzen. An derselben Stelle findet man heute die 10 m hohe **Weltzeituhr** (1969) aus Stahl, Aluminium und Email. Die Nordseite des Platzes beherrscht das **Forum Hotel Berlin** (1967–70), 122 m hoch und mit 37 Geschossen.

Unten: Städtebaulicher Sündenfall: Der Alexanderplatz mit Fernsehturm und Weltzeituhr, noch immer beliebter Treffpunkt im Ostteil der Stadt, soll in den kommenden Jahren umgestaltet werden

 36 Fernsehturm
Alexanderplatz
S3, S5, S7, S9, S75 und U2, U5, U8 Alexanderplatz;
Bus 142, 143, 148, 200

Mit seinen 365 m das höchste Gebäude Berlins und gleichzeitig der dritthöchste Fernsehturm Europas.

Der 1969 eröffnete Fernsehturm, ›Telespargel‹ genannt, steht auf ehemals dicht bebautem Gebiet von *Alt-Berlin* und ist der einzige Fernsehturm Europas mitten in der Stadt. Das Konzept entwickelten Hermann Henselmann und Jörg Streitparth, Pläne und Bauleitung übernahmen ab 1965 Fritz Dieter und Günter Franke. Keine leichte Aufgabe, denn bis zu dieser Zeit gab es keine städtebaulichen und technischen Erfahrungen mit solch hohen Türmen im Innenstadtbereich. Die verglaste **Kugel** von 32 m Durchmesser wiegt 4800 t. In ihr befinden sich auf zwei Ebenen ein **Aussichtspunkt** (203 m)

Zwischen Alexanderplatz und Märkischem Ufer

und das **Telecafé** (207 m). Es dreht sich innerhalb von 59 Minuten einmal um die eigene Achse. Bei guter Sicht kann man 40 km weit sehen.

Die Gebäude am Fuß des Fernsehturms wurden erst 1973 fertig gestellt, es sind **Pavillons** für Wechselausstellungen und verschiedene gastronomische Einrichtungen.

Eine Treppenanlage mit Wasserspielen und Lichteffekten nimmt die Form der Pavillons wieder auf. Davor eine Freianlage, deren Zentrum der 10 m hohe **Neptun-Brunnen** ist, den Reinhold Begas nach Berninis Tritonen- und Vierströmebrunnen (Rom) entwarf. Der Meeresgott ist umgeben von einem Hofstaat und sieht herab auf vier Frauengestalten. Sie verkörpern Elbe, Weichsel, Oder und Rhein. Das Brunnenbecken aus rotem Granit hat 18 m Durchmesser. Es wurde 1891 erstmals auf dem Platz an der Südseite des Stadtschlosses aufgestellt und nach seiner Restaurierung 1969 an den jetzigen Standort verlegt.

Perfekt auf Nostalgie getrimmt und eine Art Disneyland mitten in Berlin: Das Nikolaiviertel mit historischen Häusern und der Nikolaikirche. Im Hintergrund sieht man das Rote Rathaus und den Fuß des ›Telespargel‹ genannten Fernsehturms

37 Berliner Rathaus
Rotes Rathaus
Rathausstraße/Spandauer Straße
U2 Klosterstraße; Bus 143, 148, 257

Ein Neorenaissancebau, wegen seiner Backsteinmauern auch ›Rotes Rathaus‹ genannt – hier regiert der Bürgermeister.

Seit 1991 weht am Turm des Berliner Rathauses eine Fahne mit dem Wappen der Stadt – dem *Berliner Bär*. Hier ist seitdem die **Senatskanzlei** mit dem Büro des Bürgermeisters untergebracht. Zu DDR-Zeiten diente das Gebäude als Sitz des Magistrats von Berlin-Ost und der Stadtverordneten-Versammlung.

Zwischen Alexanderplatz und Märkischem Ufer

Zeit fürs Sonnenbad, während der Regierende Bürgermeister im Roten Rathaus schuften muss: Der Meeresgott und sein Gefolge bevölkern den Neptun-Brunnen

1861–69 ließen die Stadtväter nach Plänen von Hermann Friedrich Waesemann, Baurat von Friedrich Wilhelm IV., auf einem Geviert von 99 x 88 m eine Mehrflügelanlage mit drei *Innenhöfen* und einem 74 m hohen **Turm** errichten, der an den Big Ben in London erinnert. Am Gebäude stellt ein *Relieffries* aus 36 Terrakottatafeln die Geschichte Berlins von den Anfängen bis zur Reichsgründung 1871 dar.

Die starken Kriegsschäden am Rathaus waren 1958 endgültig beseitigt: Vor dem Haupteingang erinnern zwei *Bronzefiguren* von Fritz Cremer, ›Trümmerfrau‹ und ›Aufbauhelfer‹ (beide 1958), an die Mühsal der Aufbauarbeit nach dem Zweiten Weltkrieg.

38 Marienkirche

Karl-Liebknecht-Straße 8
S3, S5, S7, S9, S75 und U2, U5, U8 Alexanderplatz; Bus 142, 143, 148, 200

Zweitälteste Pfarrkirche Berlins und Erinnerung an das Mittelalter. Hier findet man bedeutende Schätze der Berliner und brandenburgischen Sakralkunst.

Die Marienkirche, eines der letzten Zeugnisse aus dem Berlin des Mittelalters, ist gleich dreifach geweiht: der Jungfrau Maria, der hl. Anna und dem hl. Mauritius. Ihr Bau begann ab 1270 im Zuge der *Stadterweiterung* am Neuen Markt. Urkundlich erwähnt wurde sie erstmals 1294. Nach einem Stadtbrand musste 1380–1405 die lang gestreckte dreischiffige *Halle* erstmals erneuert werden. Der 90 m hohe **Westturm** wurde von Carl Gotthard Langhans 1789/90 gestaltet, nachdem der frühere Turm abgebrannt war. Er stellt eine Stilmischung aus Gotik und Klassizismus dar.

Zwischen Alexanderplatz und Märkischem Ufer

Die **Innenausstattung** der Marienkirche ist bemerkenswert. Bei dem berühmten ›*Totentanz*‹ etwa handelt es sich um ein 22 m langes und 2 m hohes Fresko eines unbekannten Künstlers, das wohl nach einer Pest im Jahre 1484 entstanden ist und erst bei der Renovierung der Turmhalle 1860 durch Friedrich August Stüler freigelegt wurde. In 28 Szenen ist die Personifikation des Todes mit Vertretern verschiedener Stände dargestellt. Ein bronzenes *Taufbecken* (1437) sowie die marmorne *Barock-Kanzel* an einem nördlichen Langhauspfeiler von Andreas Schlüter (1703) sind weitere Attraktionen. Die *Orgel* des Gotteshauses wurde von Joachim Wagner (1720/21) gebaut. Auf ihr spielte 1747 *Johann Sebastian Bach* anlässlich seines Besuches bei Friedrich II. Das *Sühnekreuz* beim Hauptportal erinnert an die Ermordung des Propstes Nikolaus von Bernau im Jahre 1325.

Westl. der Marienkirche erstreckt sich das ehem. *Marx-Engels-Forum* – heute **Rathausstraße**. Bis 1950 umfasste das Forum auf Alt-Cöllner Seite das Areal zwischen Schloss und Lustgarten, auf Alt-Berliner Seite das Areal zwischen Spree, Karl-Liebknecht-Straße, S-Bahn-Trasse und Rathausstraße. Auf diesem Gebiet gab es einst eine dichte mittelalterliche Bebauung. Für einen räumlich ›großzügigen‹ Wiederaufbau der sozialistischen Hauptstadt wurde jedoch alles abgerissen und damit eine jahrhundertealte Stadtstruktur endgültig vernichtet.

An das Mittelalter erinnert nur noch die **Heiliggeistkapelle** (Spandauer Straße) neben dem Radisson-Plaza Hotel. Urkundlich erwähnt wurde die Kapelle erstmals 1313. Sie gehörte zum 1825 abgebrochenen *Heiliggeist-Hospital*, das sich hier seit 1272 befand. Zwischen 1655 und 1703 diente sie als Garnisonskirche, später sogar als Hörsaal der Wirtschafts-Hochschule Berlin. Seit der Restaurierung 1978/79 ist im profanierten Inneren die **Mensa** der Humboldt-Universität untergebracht – unter spätgotischem Sterngewölbe (1746).

Auf der Grünfläche des Forums befindet sich eine **Denkmalgruppe**, die Karl Marx und Friedrich Engels zeigt – beide, wen wundert's, mit festem Blick gen Osten schauend. 174 Fotomotive auf Doppelstelen dokumentieren die Geschichte der Arbeiterbewegung. Eine fünfteilige *Marmorreliefwand* mit sozia-

Himmlische Schönheiten: Die Marienkirche in der Nähe des Alexanderplatzes fasziniert wegen ihrer reichen Innenausstattung. Besonders wertvoll ist die marmorne Barock-Kanzel von Andreas Schlüter (links)

listischem Gedankengut gehört ebenso zum Ensemble. Diese Anlage soll in Zukunft einmal umgestaltet werden.

39 Nikolaiviertel und Nikolaikirche

Zwischen Spreeufer (Bergstraße), Mühlendamm und Spandauer Straße
U2 Klosterstraße; Bus 143, 148, 257

Auf dem Reißbrett wieder erstandenes historisches Viertel Berlins mit dem ältesten Baudenkmal der Stadt, der Nikolaikirche.

Das Nikolaiviertel ist eine *der* Touristenattraktionen in Berlin-Mitte. Nicht etwa, weil sich hier der Kern des alten Berlin befand, die östliche Hälfte der Doppelstadt Berlin-Cölln. Nein, hier finden die

Zwischen Alexanderplatz und Märkischem Ufer

Passender Platz für eine Pause: Im idyllischen Nikolaiviertel mit Nikolaikirche scheint die Zeit stehen geblieben zu sein

Besucher etwas, was es sonst in dieser Gegend nicht gibt: **Alt-Berliner Milieu** mit zahlreichen Gaststätten, Weinstuben, Kunstgewerbe- und Andenkenläden. Allerdings mit gewachsenen Strukturen hat dieses Viertel, in dem sich schon Anfang des 13. Jh. eine erste Siedlung befand, heute nichts mehr zu tun. Vielmehr wurde das Nikolaiviertel zur 750-Jahr-Feier 1987 vom Architekten Günter Stahn auf dem Reißbrett geplant und neu errichtet.

Der Volksmund nennt es spöttisch ›sozialistisches Disneyland‹. Einige alte Häuser wurden zwar restauriert, die meisten jedoch historisierend neu gestaltet. Zudem versetzte man historische Denkmäler aus anderen Vierteln hierher.

Das Herz dieses Ensembles, die **Nikolaikirche** [s. S. 174], zeigt sich jedoch noch im Originalzustand. Sie ist die älteste Pfarrkirche Berlins. Darüber hinaus war sie Schauplatz wichtiger Ereignisse der Berliner **Stadtgeschichte**: So traten hier am 2. November 1539 Rat und Stadt Berlin zum lutherischen Glauben über, hier wurde am 6. Juli 1809 der erste Berliner Magistrat vereidigt. Nach der Wiedervereinigung kam am 11. Januar 1991 in diesem Gotteshaus der erste frei gewählte Berliner Senat zu seiner konstituierenden Sitzung zusammen.

Die *Ursprünge* der Kirche reichen bis ins 13. Jh. zurück. Um 1230 errichtete man hier eine dreischiffige, kreuzförmige Feldsteinbasilika, um 1260/70 wurde sie zur gotischen Hallenkirche umgebaut. Der Backsteinbau erhielt seine endgültige Gestalt mit den 84 m hohen **Doppeltürmen** durch den Umbau unter dem Stadtbaurat Hermann Blankenstein 1877–79. Die Kirche wurde 1944/45 bis auf die Außenmauern und die Turmstümpfe zerstört. Das Gewölbe stürzte 1949 ein. 1981 begann man mit dem Wiederaufbau. Seit 1987 beherbergt die Nikolaikirche als Unterabteilung des **Märkischen Museums** [Nr. 47] die mittelalterliche Sammlung mit dem Titel ›Berlin zwischen 1237 und 1648‹ sowie sakrales Kunsthandwerk und Skulpturen. Ebenso zu sehen sind Reste ihrer einst reichen Ausstattung, u.a. die *Grabkapelle* des Finanzministers Johann Andreas von Krauth (1725) sowie die ›*Todespforte*‹ von Andreas Schlüter – ein eindrucksvolles Denkmal für den Hofgoldschmied Daniel Männlich.

Im Haus **Nikolaikirchplatz Nr. 10** (rekonstruiert) wohnte 1752–55 *Gotthold Ephraim Lessing*, der hier seine ›Minna von Barnhelm‹ schrieb. Auf der gegenüberliegenden Seite der Kirche, an der Stelle der Propstei, befindet sich die historische Altberliner Gaststätte **Am Nussbaum**, einst Stammlokal von Otto Nagel und Heinrich Zille. Das Lokal

Berliner Bummelmeile: Das Nikolaiviertel lädt zum Schauen und Kaufen ein. Und in historischen Lokalen stärkt man sich für neue Taten!

wurde übrigens von der Fischerinsel hierher versetzt.

Gegenüber steht ein Nachbau der mittelalterlichen **Gerichtslaube**, die man 1871 abriss und zunächst im Park von Schloss Babelsberg rekonstruierte.

Direkt am Spreeufer, in der Burgstraße, befindet sich die bronzene Reiterstatue des **Hl. Georg**, 1849 von August Kiß entworfen. Es ist bereits ihr dritter Standort, denn das Werk, ein Geschenk des Künstlers an König Wilhelm I., befand sich 1865–1950 im ersten Hof des Berliner Stadtschlosses und danach bis 1987 im Volkspark Friedrichshain.

40 Palais Ephraim
Poststraße 16
U2 Klosterstraße; Bus 143, 148, 257

Schönstes bürgerliches Privathaus Berlins aus dem 18. Jh. – das architektonische Juwel im Nikolaiviertel.

Bedeutendstes historisches Wohnhaus im Nikolaiviertel ist das Palais Ephraim. Das Rokoko-Bauwerk mit seiner abgerundeten Eckfassade ist nach *Veitel Heine Ephraim*, Hofjuwelier und Münzpächter Friedrichs des Großen, benannt und wurde nach einem Entwurf von Friedrich Wilhelm Diterichs 1761–64 errichtet. Die wertvolle *Fassade* wurde 1935/36 aus verkehrstechnischen Gründen abgetragen, ihre 2493 Teile lagerten in Westberlin. 1985–87 baute man das Gebäude mit diesen originalen Bauteilen wieder auf, versetzte es jedoch um 16 m in die Poststraße.

Das modern gestaltete Innere beherbergt Sammlungen des **Märkischen Museums** [Nr. 47] und wird außerdem für temporäre Ausstellungen genutzt. Einen der Repräsentationsräume des 1. Stocks ziert die Kopie einer *Stuckdecke* nach Entwürfen Andreas Schlüters von 1704.

Ein weiteres Rokoko-Gebäude steht schräg gegenüber in der Poststraße 23: Das **Knoblauchhaus** (1759/60) mit frühklassizistischem Rankendekor aus der Zeit um 1800. Es gehörte dem jüdischen Nadlermeister Johann Christian Knoblauch und war Treffpunkt bedeutender Persönlichkeiten wie Lessing, Wilhelm von Humboldt, Moses Mendelssohn und Freiherr vom Stein. In den zwölf Räumen ist eine ständige Ausstellung des **Märkischen Museums** [Nr. 47] zur Berliner Stadtgeschichte im 19. Jh. untergebracht.

Viele Exponate erzählen von der Geschichte der Familie Knoblauch, die das Haus bis 1928 besaß.

Öffnungszeiten Palais Ephraim, Knoblauchhaus **S. *173*, *174***

41 Palais Schwerin
Molkenmarkt 1–3
U2 Klosterstraße; Bus 143, 148, 257

Barockes Palais mit wechselvoller Geschichte.

Der **Molkenmarkt** ist die Keimzelle Berlins: Hier siedelten die ersten Bewohner, hier stand das erste Rathaus der Stadt. Zu den wenigen erhaltenen historischen Gebäuden an diesem Platz gehört das Palais Schwerin, 1704 von Jan de Bodt für den Staatsminister Otto von Schwerin errichtet. Das Palais wurde 1935 in den Neubau der *Reichsmünze* einbezogen, wobei man die Fassade zurücksetzte. Zu Zeiten der DDR diente es als Sitz des Ministeriums für Kultur, heute sind hier diverse Verwaltungsabteilungen von Stadt und Land untergebracht.

Über den Hauptgeschossfenstern finden sich Lünetten mit Puttenreliefs, an der Fassade sieht man außerdem eine Kopie des *Relieffrieses* (um 1800) von Gottfried Schadow, der sich an der 1886 abgerissenen Münze auf dem Werderschen Markt befand. Der originale Sandsteinfries, eines der bedeutendsten Werke des Berliner Klassizismus, schmückt jetzt ein Haus am Spandauer Damm 42–43 in Charlottenburg.

42 Altes Stadthaus
Klosterstraße 47
U2 Klosterstraße

Repräsentativer Verwaltungsbau des frühen 20. Jh.

Kaum war das Rote Rathaus 1869 vollendet, erwies es sich schon als zu klein. Und so riss man für einen zusätzlichen Verwaltungsbau am Molkenmarkt ein ganzes Stadtviertel ab und ließ 1902–11 von Ludwig Hoffmann ein Gebäude errichten, das zugleich auch repräsentative Funktionen erfüllen konnte. Bis 1990 war das Alte Stadthaus Amtssitz des Ministerrates der DDR. Heute sind hier Außenstellen diverser *Ministerien* untergebracht.

Zwischen Alexanderplatz und Märkischem Ufer

Wer so schön ist, darf sich ruhig von der Nähe zeigen – das Palais Ephraim im Nikolaiviertel. Die Räume des ›goldigen‹ Gebäudes beherbergen Sammlungen des Märkischen Museums

Die Pläne des Stadtbaumeisters Hoffmann basieren auf einem trapezförmigen Grundriss mit vier *Innenhöfen*. Drei Elemente bestimmen das Äußere: zunächst der stark plastische, hohe Rustika-Sockel aus grauem Muschelkalkstein, dann die sich ins Wuchtige steigernden Säulen sowie der auf den Westflügel gesetzte 101 m hohe *Turm*. Seine Gestaltung erfolgte in Anlehnung an die Gontardschen Türme auf dem Gendarmenmarkt.

In der benachbarten Parochialstraße steht das **Neue Stadthaus** (1937–39, Franz Arnous, Günther Starck). Bis 1948 tagte hier der Gesamtberliner Magistrat, dann inszenierte die SED den sog. Stadthausputsch. Die Folge: Auszug der Westberliner Abgeordneten und Bildung einer Ostberliner Stadtregierung.

Ganz in der Nähe befindet sich der **U-Bahnhof Klosterstraße**, an dem die letzten Reste des *Berliner Festungsrings*

Zwischen Alexanderplatz und Märkischem Ufer

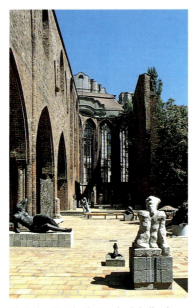

Wo früher Berühmtheiten die Schulbank drückten: Das ehem. Franziskanerkloster ist heute Mahnmal gegen den Krieg

43 Parochialkirche
Kloster-/Parochialstraße
U2 Klosterstraße

Ältester Sakralbau des Barock in Berlin.

Der erste barocke Sakralbau in Berlin, die Parochialkirche, wurde 1695 nach holländischem Vorbild von Johann Arnold Nering begonnen und von Hofbaumeister Grünberg verändert weitergeführt. Neben der Sophienkirche [s. S. 44] ist das Gotteshaus heute die einzig erhaltene Barockkirche Berlins. Im Glockengeschoss des **Turms** (1713/14, Jan de Bodt, Philipp Gerlach) ertönte 1715 zum ersten Mal das Geläut von *37 Glocken*. Die Kirche brannte 1944 aus, der Turm blieb jedoch erhalten. Die Wiederherstellung der evangelischen Kirche begann 1991 und wird noch Jahre in Anspruch nehmen. Im **Gemeindehaus** ist ein reizvolles *Modellhaus* aus der Bauzeit des Glockenturms zu sehen. Es ist das letzte in Berlin erhaltene Modell aus dieser Epoche.

Links der Kirche, in der Klosterstraße 68, steht das **Palais Podewils**, ein Barockbau von 1701–04 nach Plänen Jan de Bodts. Nach schweren Kriegsschäden 1952 wieder hergestellt, brannte das Gebäude 1966 aus, wurde aber bis 1970 dem Original entsprechend restauriert.

Die **Waisenstraße**, die zu den ältesten Straßen der Stadt gehört, zeigt noch schlichte Traufenhäuser aus dem 18. Jh. zu sehen sind. Außerdem sind die Wandfliesen in der Eingangshalle des U-Bahnhofs der *Prozessionsstraße von Babylon* im Pergamon-Museum [s. S. 41] nachempfunden. Und ein alter Waggon der 3. Klasse sorgt für ein wenig Bahnhofsnostalgie.

Hier zischt man seit über 400 Jahren ein kühles Bier! In der Waisenstraße kehrte schon Heinrich Zille ein. Ob er auch Eisbein, die Spezialität der ›letzten Instanz‹, schätzte?

Zwischen Alexanderplatz und Märkischem Ufer

Villa Kunterbunt: Gotik, Barock und Jugendstil wurden für dieses imposante Treppenhaus im Amtsgericht Mitte vermischt

Sie wurden 1960 umfassend restauriert. Die Häuser sind erbaut auf Resten der einst etwa 4 m hohen Stadtmauer aus dem 13./14. Jh., die Berlin und Cölln umgab. In Haus Nr. 14–16 befindet sich die historische Gaststätte **Zur letzten Instanz** (Tel. 2 42 55 28, tgl. ab 12 Uhr). Ein Ausschank an dieser Stelle wurde schon Mitte des 16. Jh. erwähnt.

44 Ehem. Franziskaner- klosterkirche

Kloster-/Grunerstraße
U2 Klosterstraße; Bus 142, 257

Ruine als Mahnmal gegen den Krieg.

Die Franziskaner-Klosterkirche galt bis zu ihrer Zerstörung im Zweiten Weltkrieg als eines der wichtigsten Bauwerke der märkischen Backsteingotik in Berlin. Die Basilika mit niedrigen Arkaden und noch romanisch gedrungenen Pfeilern entstand um 1300. Die Ruine wurde – wie die Gedächtniskirche – zum **Mahnmal** gegen den Krieg. Die ebenfalls kriegszerstörten Klostergebäude auf der Nordseite riss man 1968 ab. Sie beherbergten einst Berlins berühmteste Bildungsstätte, das 1574 gestiftete *Gymnasium zum Grauen Kloster*. Bedeutende Persönlichkeiten drückten hier die Schulbank: Karl Friedrich Schinkel, Gottfried Schadow und Otto von Bismarck. Turnvater Friedrich Ludwig Jahn war hier nicht nur Schüler, sondern später auch Lehrer. In der **Parkanlage** befinden sich übrigens zwei Säulenkapitelle aus dem Stadtschloss.

45 Amtsgericht Mitte

Littenstraße 13–17
U2, U5, U8 Alexanderplatz;
Bus 142, 257

Justizpalast par excellence: Architektonisches Vorbild für andere Berliner Gerichtsgebäude.

Das Amtsgericht Mitte wurde 1896–1905 erbaut und galt als Vorbild für die Gerichtsgebäude in Moabit, Schöneberg, Lichtenberg und Pankow. Der Nordflügel wurde 1968/69 mitsamt seinem imposanten Treppenhaus wegen der Verbreiterung der Grunerstraße abgerissen.

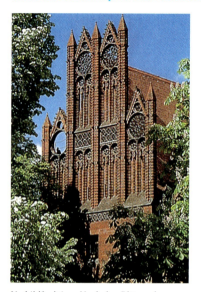

Vorbildfunktion: Nach den Plänen des Amtsgerichtes Mitte wurden auch andere Berliner Gerichtsgebäude entworfen

Heute noch sehenswert ist das repräsentative **Treppenhaus** in der Littenstraße – eine Synthese aus Gotik, Barock und Elementen des Jugendstil. Die umfassende Restaurierung des Gebäudes, in dem bis 1990 das Oberste Gericht der DDR untergebracht war, wird wohl noch einige Jahre dauern.

46 Ermeler Haus

Märkisches Ufer 10
S3, S5, S7, S9 und U8 Jannowitzbrücke, U2 Märkisches Museum

Einst innenarchitektonisches Juwel.

Das Bürgerpalais Ermeler Haus (1760–62), das bis 1968/69 in der Breiten Straße stand und am Märkischen Ufer wieder aufgebaut wurde, war vor dem Zweiten Weltkrieg wegen seiner Innenausstattung berühmt. Heute zeugen nur noch *Festsaal* und *Schlafzimmer* von der graziösen Rokoko-Ausstattung, die sich der wohlhabende Wilhelm Ferdinand Ermeler leistete, als er 1824 einzog. An seinem neuen Standort erhielt das Palais ein zusätzliches Kellergeschoss und eine große Freitreppe. Der klassizistische Stuck der *Fassade* mit seinen Ranken und Palmetten stammt jedoch noch von 1805. In dem Haus ist heute eine Gaststätte untergebracht.

Weitere Sehenswürdigkeiten in unmittelbarer Nachbarschaft sind das **Zille-Denkmal** (1965) von Heinrich Drake zu Ehren des Berliner ›Milljöh-Malers‹ Zille sowie der **Wusterhausener Bär**, ein Rundturm der Stadtbefestigung von 1718, der 1893 hierher versetzt wurde.

Einige Querstraßen weiter, am Michaelkirchplatz, steht die **Michaelkirche**. Das Gotteshaus stellt den städtebaulichen Akzent in der Luisenstadt dar und ist stilistisch eng verwandt mit der benachbarten St.-Thomas-Kirche. Trotz ihres schlechten Zustandes ist die Michaelkirche noch immer ein imposanter Bau im Stil des Post-Schinkelschen Historismus. Sie wurde 1851–56 von August Soller errichtet und ist nach der St.-Hedwigs-Kathedrale [Nr. 6] die zweitälteste katholische Kirche im protestantischen Berlin.

47 Märkisches Museum

Am Köllnischen Park 5
S3, S5, S7, S9 und U8 Jannowitzbrücke, U2 Märkisches Museum;
Bus 143, 147, 240, 265

Umfassende Sammlung zur Geschichte Berlins von den Anfängen bis heute.

Die Erinnerung an Architekturformen der Backsteingotik und -renaissance in der Mark Brandenburg soll das am Köllnischen Park gelegene Märkische Museum wecken. Ludwig Hoffmann errichtete 1901–07 den Bau, der in Teilen z. B. der Wittstocker Bischofsburg im Kreis Potsdam sowie der Katharinenkirche in Brandenburg ähnelt. Vor dem Eingang steht eine Kopie des **Roland von Brandenburg** (1474).

Das Museum dokumentiert unter dem Titel ›Schaut auf diese Stadt‹ die Geschichte und Kulturgeschichte Berlins vom Mittelalter bis zur Gegenwart. Themenschwerpunkte sind u. a. Stadtentwicklung, Handwerk, Industrie, Aufklärung, Wissenschaft, Kunst der Moderne, die Berliner sowie Teilung und Wiedervereinigung der Stadt.

Das Märkische Museum, seine Bestände wurden mit denen des früheren Berlin Museums zusammengelegt, ist heute Stammhaus der **Stiftung Stadtmuseum Berlin** (Internet: www.stadtmuseum.de) zu der insgesamt 14 Sammlungen gehören.

Öffnungszeiten S. 173

Prenzlauer Berg und Friedrichshain – Lifestyle in alten Arbeitervierteln

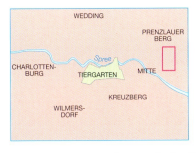

Das Viertel Prenzlauer Berg, von Einheimischen liebevoll ›**Prenzl'berg**‹ genannt, ist nicht nur eines der am dichtesten besiedelten, sondern auch eines der lebendigsten der Metropole: Noch immer sieht man hier Kopfsteinpflaster und Fassaden mit bröckelndem Putz, daneben aber auch Straßenzüge mit schön restaurierten Häusern der Zeit um 1900, zahlreiche z. T. schräge Kneipen, in denen sich Studenten und Bohemiens sowie die ›Ureinwohner‹ treffen. Kurz – der Prenzlauer Berg ist neben Kreuzberg *das* **Szene-Revier** der Stadt.

Zu DDR-Zeiten lebten in diesem Altbauviertel zum einen Wahlverweigerer, zum anderen fanden hier aber auch oppositionelle junge Leute in leer stehenden Wohnungen Unterschlupf – da konnte selbst die Stasi wenig dagegen unternehmen. Die Künstler und Jugendlichen schufen sich in den heruntergekommenen Häusern einen kleinen Freiraum und verliehen ihm den Flair eines ›**Berliner Montmartre**‹. Nach der Wende entdeckten viele Kreuzberger und Neuberliner dieses unkonventionelle Viertel im Osten der Stadt, zumal der Wohnraum hier extrem billig war.

Auch das Nachbarviertel **Friedrichshain** hat sich vom Charme seiner Plattenbauten inzwischen gelöst und sich zum neuen Szene-Treff gemausert. Kreative, Jungunternehmer und Studenten prägen die Atmosphäre im Areal rund um die **Karl-Marx-Allee** – in den 50er-Jahren des 20. Jh. nach sowjetischem Vorbild erbaut – und den **Volkspark Friedrichshain**. An der damals gerade im Bau befindlichen Allee begann am 17. Juni 1953 der Aufstand der DDR-Bürger gegen das SED-Regime. Anhaltende Versorgungsschwierigkeiten in den vorhergehenden Monaten hatten die Stimmung in der Bevölkerung auf den Nullpunkt sinken lassen. Als dann noch eine Normerhöhung bekannt gegeben wurde, formierten sich die Arbeiter auf der Baustelle zu einem Protestzug und russische Panzer mussten der Regierung zu Hilfe kommen. Den 90 m breiten Prachtboulevard säumen noch heute Gebäude, deren Stil eine Mischung aus Schinkelschem Klassizismus und sowjetischem Zuckerbäckerdekor darstellt.

Prenzlauer Berg und Friedrichshain

48 Jüdischer Friedhof

Schönhauser Allee 23–25
U2 Senefelderplatz

Zweitältester jüdischer Friedhof in Berlin.

Zahlreiche Erinnerungen an wichtige Berliner Persönlichkeiten des 19. und 20. Jh. werden auf dem Jüdischen Friedhof (Mo–Do 8–16, Fr 8–13 Uhr) an der Schönhauser Allee wieder lebendig. Dieser zweitälteste jüdische Friedhof Berlins, 1827 vor der Stadtmauer angelegt, ist wie viele andere Berliner Gräberfelder eine von Efeu umrankte, ›steinerne‹ Seite in einem Geschichtsbuch. 5000 Juden wurden hier beigesetzt.

Leider sind die Grabstätten heute ziemlich verfallen und müssen zudem seit einigen Jahren vor Vandalismus geschützt werden. Auf dem Friedhof ruhen der Komponist Giacomo Meyerbeer (gest. 1864), der Verlegerkönig Leopold Ullstein (gest. 1899) und seine Familie, außerdem der Bankier und Finanzberater Bismarcks, Gerson von Bleichröder (gest. 1893) sowie der 1935 verstorbene Maler Max Liebermann.

49 Kollwitzplatz

U2 Senefelderplatz

Vitales Zentrum des Prenzlauer Berges.

Das Zentrum des Prenzlauer Berges liegt rund um den Kollwitzplatz. Quirliges Leben entfaltet sich hier vor allem im Sommer. Die breiten Bürgersteige bieten genügend Raum für die Stühle und Tische der vielen Cafés, Kneipen und Restaurants.

Der Kollwitzplatz trägt seit 1947 den Namen eines berühmten Ehepaares: *Käthe Kollwitz* (1867–1945) war Grafikerin und Bildhauerin. Während des Dritten Reiches galt ihre Kunst als ›entartet‹. *Dr. Karl Kollwitz* praktizierte als Armenarzt in der früheren Weißenburger Straße 25 (heute Kollwitzstraße). Dieses Haus wurde gegen Kriegsende durch Bomben zerstört. Auf dem Grundstück erinnert eine Kopie der Käthe-Kollwitz-Plastik ›**Die Mutter**‹ (1951, Fritz Diedrich) an das sozial engagierte Paar.

Mitten auf dem Kollwitzplatz befindet sich eine überlebensgroße **Sitzfigur**, von

Trotz der oft unvermeidlichen Sanierung: Im Stadtteil ›Prenzl'berg‹ findet man noch ein Stück urberlinisches Berlin – kein Hochglanz-Viertel, dafür aber schwer angesagt

Prenzlauer Berg und Friedrichshain

Gustav Seitz 1958 nach einem Selbstbildnis der Künstlerin (1938) geschaffen.

Südl. der Plastik erhebt sich ein anderes Wahrzeichen des Stadtviertels: Der runde **Wasserturm** (Belforter Straße/Diedenhofer Straße/Knaackstraße), der auf der höchsten Erhebung der Gegend, dem *Mühlenberg*, steht. Er wurde als Teil eines Wasserwerks (1853–55) konzipiert. Sein Spitzname ›Dicker Hermann‹ – angelehnt an Hermann Göring – und eine Gedenktafel weisen darauf hin, dass zur Nazi-Zeit in den Kellergewölben politisch Andersdenkende inhaftiert und gefoltert wurden. In der denkmalgeschützten Industrieanlage sind heute Wohnungen untergebracht.

Ebenso geschichtsträchtig ist die **Rykestraße** etwas weiter nördlich. Der Straßenname erinnert an die Familie Ryke, die im 14. Jh. mehrfach den Bürgermeiser von Berlin stellte. Um 1900 lebten hier viele jüdische Bürger: Im Hinterhof von Nr. 53 errichtete Johann Hoeninger, Baumeister der Jüdischen Gemeinde, 1903/04 eine *Synagoge*. Das Gotteshaus, seit 1978 **Friedenstempel** genannt, ist eine von nur zwei auch im Innenraum original erhaltenen Synagogen in Berlin. Zwar wurde auch sie in der Pogromnacht am 9. November 1938 von den Nazis geschändet aber nicht angezündet. Nach Rekonstruktionsarbeiten weihte man die Synagoge im Jahr 1953 wieder ein.

Einige Fassaden des Straßenzuges zeigen noch heute unverkennbar Kriegsnarben. Und wenngleich auch hier viel renoviert wurde und wird, sehen noch genug Häuser so aus, als drohe ihnen die Abrissbirne. Allerdings wurden in den letzten Jahren zumindest die eindrucksvollen Gebäude aus der Gründerzeit durch Senatsmittel saniert.

Paradebeispiel einer Sanierung war schon zu DDR-Zeiten die **Husemannstraße**. Mitte der 80er-Jahre des 20. Jh. wurde sie anlässlich der 750-Jahr-Feier im Abschnitt zwischen Kollwitzplatz und Sredzkistraße originalgetreu restauriert und war anschließend die Vorzeigestraße, durch die man besonders gerne Staatsgäste führte, um sie zu beeindrucken. Geboten wird bis heute stilechte *Gründerzeitatmosphäre* mit Modellcharakter. Es gibt noch putzige Handwerksgeschäfte mit handgeschmiedeten Zunftzeichen, echt Berliner Kneipeninterieur von 1900 – und im Angebot saure ›Jurken‹ und Buletten.

Kann denn Schönheit Sünde sein? Die Vorzeigestraßen im Altbauviertel Prenzlauer Berg mit Gründerzeit-Häusern

50 Prater-Garten

Kastanienallee/Oderberger Straße
U2 Eberswalder Straße

Vom Bierausschank zur Kulturinsel.

Nicht nur Wien, sondern auch Berlin hat seinen Prater: Im Jahr 1852 fing das Vergnügen mit einem Bierausschank in dieser damaligen Vorstadt an. Eine Pferdebahn (1881) auf der Kastanienallee brachte dann immer mehr Wochenend-

Prenzlauer Berg und Friedrichshain

In den Sommermonaten werden im Berliner Prater Theateraufführungen und Konzerte unter freiem Himmel geboten

ausflügler. Grund genug für die pfiffigen Gartenbesitzer Schneider & Hillig um 1900 das Terrain für kulturelle Veranstaltungen wie Sommertheater, Konzerte und Operetten auszubauen. Die Arbeiter der Mietskasernen nutzten den Prater schließlich als Kundgebungsort, Ernst Busch sang Arbeiterlieder und Jungpioniere der SED traten im Chor auf.

Eine sommerliche **Freilichtbühne** für ›laufende Bilder‹ gibt es schon seit 1960, und wenige Jahre später etablierte sich ebenfalls auf dem Gelände das *Kreiskulturhaus Prenzlauer Berg*.

Noch heute ist der Prater eine grüne Oase und Kulturinsel Berlins. Hier finden Praterbälle statt, hier erlebt man Ausstellungen in der *Pratergalerie*.

Formel-1-verdächtig! Sie üben fürs große Rennen: Kinder vom Prenzlauer Berg

Prenzlauer Berg und Friedrichshain

51 KulturBrauerei

Schönhauser Allee 36–39,
Eingang Knaackstraße
U2 Eberswalder Straße

Kultur statt Bier.

Auf dem Werksgelände der **Schultheiss-Brauerei** wird seit 1991 Kultur pur geboten. In den alten Lager- und Produktionsstätten, im Bierrestaurant und im Kesselhaus wird zwar noch immer Bier gezapft, doch sind Kultur und Unterhaltung das Hauptanliegen der neuen Betreiber. Franz Schwechten, Architekt der 1891 errichteten trapezförmigen Anlage, hätte es sich gewiss nicht träumen lassen, dass hier nun schon seit über 10 Jahren Theateraufführungen und Konzerte, Kinoabende und Lesungen, Ausstellungen und Parties stattfinden.

Über die Zukunft des Geländes wurde allerdings einige Jahre lang spekuliert: Manche Planer wollten hier statt des multikulturellen Zentrums einen Bürokomplex errichten – doch inzwischen wurde nur ein Teil des alten Grundstücks neu bebaut und die KulturBrauerei konnte bestehen bleiben.

52 Gethsemanekirche

Stargarder Straße 77
S8, S41, S42 und U2 Schönhauser Allee

Symbol des gewaltfreien Widerstands.

Von der Gethsemanekirche gingen maßgebliche Impulse gegen das SED-Regime aus: Hier wurde nicht nur leise für die ›Wende‹ gebetet, sondern auch friedlich protestiert. Und deshalb sah sich die Polizei veranlasst, massiv gegen die Demonstranten vorzugehen.

Der rote kreuzförmige Klinkerverblendbau der Kirche wurde Ende des 19. Jh. nach Plänen von August Orth errichtet. Im weiträumigen **Inneren** steht eine interessante *Holzplastik* von Wilhelm Groß aus den 20er-Jahren des 20. Jh. Sie stellt ›Christus am Ölberg‹ dar.

Kultur frisch gezapft: Auf dem Gelände der alten Schultheiss-Brauerei finden seit über 10 Jahren Theateraufführungen, Konzerte und Ausstellungen statt

Prenzlauer Berg und Friedrichshain

Figuren aller Märchen, vereinigt euch! Im Volkspark Friedrichshain regt der Märchenbrunnen die Fantasie an – und die Wasserfontänen spielen die Begleitmusik dazu

53 Zeiss-Großplanetarium
Prenzlauer Allee 80
S8, S41, S42 Prenzlauer Allee

Eines der bestausgestatteten Planetarien Europas.

Das Universum ist greifbar nah: Fast 300 Besucher können sich im großen Vorführsaal des 1985–87 erbauten Zeiss-Großplanetariums über die Entdeckungen und Erkenntnisse der Astronomie informieren. Es gilt wegen seiner modernen Spezialprojektoren und Laseranlagen als eines der besten Planetarien Europas.

Immer blank poliert und silbern schimmernd präsentiert sich die **Außenkuppel** mit 30 m Durchmesser. Die **Projektionskuppel** besitzt einen Durchmesser von 23 m. Rund um den Kernbau gibt es Räume für Veranstaltungen, einen Kinosaal, ein Café sowie eine Bibliothek.

Unweit der künstlich erschaffenen Galaxien standen bis 1984 drei alte Gasometer – Rundbauten aus rotem und gelbem Klinker – als vierte Anlage der Berliner *Gasanstalt* (1825/26). Das Industriedenkmal musste riesigen Plattenbauten weichen. Nur das alte Direktionsgebäude ist erhalten und dient heute als **Kulturhaus**.

54 Fruchtbarkeitsbrunnen
Arnswalder Platz
Bus 257

Dominante Brunnenanlage aus den 20er-/30er-Jahren des 20. Jh.

Der Fruchtbarkeitsbrunnen aus rotem Porphyr, ein Spätwerk von Hugo Lederer (1927–34), ist ähnlich massiv ausgefallen wie das Hamburger Bismarck-Denk-

Außen glänzend, innen grandios: Im Zeiss-Großplanetarium an der Prenzlauer Allee erfährt man alles Wissenswerte über die Astronomie

Prenzlauer Berg und Friedrichshain

mal des Künstlers. Die Fruchtbarkeit symbolisiert Lederer durch die Schnitterin, den Fischer, den Schäfer und die Mutter mit Kind. Die **Schale** in der Mitte hat einen Durchmesser von 8 m und wird von zwei Stieren flankiert. Das imposante Erscheinungsbild des Denkmals verleitete die Berliner dazu, es ›Stierbrunnen‹ zu taufen.

55 Volkspark Friedrichshain

Am Friedrichshain
Bus 100, 142, 200, 257, 348

Die größte Grünfläche im Ostteil Berlins.

Vom Prenzlauer Berg sollte man einen Abstecher zum Volkspark im gleichnamigen Nachbarviertel **Friedrichshain** machen. Den ersten Spatenstich für diese Gartenanlage taten Notstandsarbeiter 1846 noch auf den Wiesen vor der Akzisen- und Zollmauer. Hier sollte eine Erholungsstätte für die Armen entstehen. Der Landschaftsarchitekt *Peter Joseph Lenné* hatte den Park als östl. Gegenstück zum Tiergarten entworfen. Der Potsdamer Hofgärtner Gustav Meyer, ein Schüler von Lenné, übernahm die Umsetzung und erweiterte das Areal außerdem um den *Neuen Hain* (1874–76).

Der Krieg verschonte die 52 ha große grüne Oase nicht, und der 100-jährige Baumbestand wurde vernichtet. Die Anlage wurde 1969–73 völlig neu gestaltet. Die Nazis hinterließen übrigens zwei *Bunker*, in denen gegen Kriegsende ein Teil der noch in Berlin verbliebenen Kunstschätze gelagert wurde. Diese kamen jedoch durch die sowjetischen Besatzer nach Moskau und Krakau.

Die Bunker wurden nach Kriegsende gesprengt und mit Trümmern aufgeschüttet: Es entstanden der **Kleine Bunkerberg** (48 m) und der **Große Bunkerberg** (78 m). Von ihnen aus sieht man auf der Ostseite des Friedrichshains ein 8 ha großes *Sport- und Erholungszentrum* (SEZ) und am Südrand, am Kanonenberg, die Anlage des *Ehrenfriedhofs der Märzgefallenen von 1848*. Darin eingebunden ist der Friedhof für die Gefallenen der Novemberrevolution 1918.

Im Westteil des Volksparks steht die halbrunde Anlage (34 × 54 m) des neobarocken **Märchenbrunnens** (1913, Ludwig Hoffmann). Der Brunnen ist ein klassisches Beispiel für wilhelminische Schauarchitektur. An seinem Wasserbecken tummeln sich auf Postamenten und Arkaden Figuren aus den Grimmschen Märchen – von Aschenputtel bis zu den (7) Zwergen ist fast alles vertreten, was in der Märchenwelt Rang und Namen hat.

71

Rund um den Potsdamer Platz – der neue Nabel der Stadt

Bis zum Zweiten Weltkrieg Regierungszentrum und Vergnügungsviertel, präsentierte sich der Potsdamer Platz einige Jahre lang als Mega-Baustelle, und dank der hier entstandenen ehrgeizigen **Stadtarchitektur** ist er heute eine der beliebtesten Sehenswürdigkeiten Berlins. Im Mittelpunkt der Metropole gelegen, war er einst der verkehrsreichste Platz Europas und soll heute wieder *das* Zentrum Berlins bilden. Hier überquerten früher stündlich 600 Straßenbahnen das Terrain, hier lockten Hotels und Restaurants Gäste und Einheimische an. Und es finden sich hier auch noch einige historische Bauten, die an den Glanz der Kaiserzeit und das lebendige Großstadtleben der Weimarer Republik erinnern.

56 Potsdamer Platz

S1, S2 und U2 Potsdamer Platz

Der berühmte Platz im Zentrum Berlins war schon als Baustelle ein Publikumsmagnet. Jetzt macht er als Sehenswürdigkeit und Einkaufsoase Karriere.

Am Potsdamer Platz, noch Mitte der 90er-Jahre des 20. Jh. eine der größten Baustellen der Welt, ist auf einem Gelände von rund 100 000 m² ein neues Stadtviertel mit Büro- und Wohnhäusern sowie Kultureinrichtungen, Einkaufspassagen und Restaurants entstanden, das täglich etwa 100 000 Besucher anzieht.

Nach nur vierjähriger Bauzeit wurde im Oktober 1998 das erste der Neubauprojekte eröffnet. Auf fast 70 000 m² bietet die **DaimlerChrysler-City** (Renzo Pinao, Christoph Kohlbecker u.a.) eine Ladenpassage mit über 100 Geschäften sowie eine Musicalbühne, eine Spielbank und ein Kinocenter. Im Juni 2000 wurde dann das **Sony-Center** mit einer Fläche von rund 25 000 m² fertig gestellt. Helmut Jahn schuf um das spektakuläre Forum mit Zeltdach ein Ensemble aus sieben Glas-und Stahlbauten mit Kinos, Restaurants, dem Filmmuseum Berlin und der Sony-Europazentrale.

Krönender Abschluss im Norden des Potsdamer Platzes wird das **Beisheim-Center**, eine stilistische Rückbesinnung auf die Schule von Chicago mit Büro- und Wohnblocks, Hotels und fünf Stadtvillen mit Blick auf den Tiergarten, finanziert vom Metro-Gründer Otto Beisheim.

Eine Stadt in der Stadt ist am Potsdamer ▷ Platz entstanden – DaimlerChrysler-City mit dem Marlene-Dietrich-Platz sowie Büro- und Geschäftshäusern

Rund um den Potsdamer Platz

Doch zurück zu den Anfängen des Platzes: Ende des 18. Jh. noch eine Straßenkreuzung, an der Ausflugslokale standen, erlebte der Potsdamer Platz erst mit Beginn der Industrialisierung seinen Aufschwung. In den 20er-Jahren des 20. Jh. schließlich galt er als verkehrsreichster Platz Europas, auf dem sich fünf Straßen und 40 Linien öffentlicher Verkehrswege kreuzten sowie unterirdisch U- und S-Bahnen an- und abfuhren. Die erste Ampelanlage Deutschlands sorgte hier ab 1924 für reibungslosen Verkehrsfluss.

Gleichzeitig entwickelte sich der Potsdamer Platz zum **Vergnügungs-** und **Einkaufszentrum**. Erstes Etablissement am Platz war das **Haus Vaterland**, in dessen zahlreichen Sälen pro Abend rund 3000 Gäste verkehrten. In Hotels wie dem Esplanade oder im Fürstenhof traf man sich zum Fünf-Uhr-Tee, im Weinhaus Huth zu einem guten Gläschen, und das **Vox-Haus** machte Schlagzeilen mit den ersten Rundfunk-Experimenten. Der Bombenhagel des Zweiten Weltkriegs und die Teilung der Stadt aber ließen den Potsdamer Platz zur trostlosen Brachfläche verkommen. Gäste aus aller Welt ließen sich hier nach dem Mauerbau vom hölzernen Aussichtsturm die Grenzanlagen und den Mauerverlauf erklären. Nur wenige Gebäude hatten Bomben und Mauerbau überstanden:

Das 1871 gegründete **Weinhaus Huth** (1912) an der Einmündung der Potsdamer Straße zum Potsdamer Platz hatte einst so prominente Gäste wie Theodor Fontane und Adolph von Menzel. Einer der Kellner hieß übrigens Alois Hitler – ein Halbbruder des Diktators. Inzwischen ist das Weinhaus in den Komplex von DaimlerChrysler-City integriert.

Das **Hotel Esplanade** (1907/08) in der Bellevuestraße galt als eines der vornehmsten Häuser der Stadt. Die luxuriöse Ausstattung der rund 600 Zimmer gefiel nicht nur adligen Gutsbesitzern: Die Schauspieler Asta Nielsen, Greta Garbo und Charlie Chaplin nächtigten hier, und selbst Kaiser Wilhelm II. verbrachte in dem für ihn speziell ausgestatteten *Kaisersaal* seine Herrenabende. Der berühmte Regisseur *Billy Wilder* begann hier seine Karriere – als Eintänzer bei den populären Tanztees des Hotels. Ein Teil des einst 1600 m^2 großen Komplexes überstand die Bomben des Krieges. Lange Zeit diente die Ruine als Filmkulisse, ob für ›Steiner II‹ mit Curd Jürgens oder für Wim Wenders' Film ›Himmel über Berlin‹. Das Esplanade spielte auch bei

Dunkle Vergangenheit

Die **Wilhelmstraße**, an deren Westseite im 18. Jh. Adlige ihre Palais errichteten, war die Straße der Regierung in der Kaiserzeit, in der Weimarer Republik und im Dritten Reich.

Reichskanzler Bismarck nahm seine Privatwohnung hier, und auch die Präsidenten der Weimarer Republik, Ebert und Hindenburg, hatten hier ihren Amtssitz.

Während der NS-Zeit wurden viele Gebäude umgestaltet. In Nr. 61 a, erweitert um die Gebäude Wilhelmplatz Nr. 8 und 9, kam Goebbels' **Ministerium für Volksaufklärung und Propaganda** unter. Es ist neben einem Teil des ehem. Kulturministeriums und neben dem Justizministerium das einzige aus dieser Zeit erhaltene Gebäude auf der Wilhelmstraße. Die alte Reichskanzlei an der Ecke Voßstraße/Wilhelmstraße wurde von Albert Speer bis 1939 zur 430 m langen **Neuen Reichskanzlei** umgebaut.

Dahinter erstreckte sich ein gigantisches **Bunkersystem** mit Krankenstation, Werkstätten sowie dem Führerbunker für Adolf Hitler. In den letzten Kriegstagen begingen hier Goebbels und seine Familie sowie Hitler und seine Frau Eva Braun Selbstmord. Der Bunker wurde 1950 gesprengt, das Gelände eingeebnet. Mit dem Baumaterial errichtete man das **Sowjetische Ehrenmal** im Tiergarten. Zu Beginn der 90er-Jahre des 20. Jh. fanden Mitarbeiter des Archäologischen Landesamtes den Eingang zum Bunker der Leibstandarte Hitlers. Der Bau steht heute unter Denkmalschutz, besichtigen kann man ihn jedoch nicht.

57 Leipziger Straße

S1, S2 und U2 Potsdamer Platz,
U2 Mohrenstraße

Erinnerungen an alte Glanzzeiten.

Die Leipziger Straße mit dem Leipziger Platz war unter Friedrich II. eine vornehme Wohngegend und um 1900 war sie die wichtigste Berliner *Einkaufsstraße*. Sie verlor ihre Bedeutung nach dem Zweiten Weltkrieg. Vom **Leipziger Platz** blieb lediglich der achteckige Grundriss im Straßenpflaster erhalten, doch inzwischen wird auch er neu bebaut und nach Abschluss der Bauarbeiten 2005 im Zentrum wieder als Grünfläche gestaltet.

An der Leipziger Straße 3 steht das ehem. *Preußische Herrenhaus* (1899–1904, Friedrich Schulze), es ist heute Sitz des **Bundesrates**. Preußen hatte 1848 eine erste Verfassung erhalten, die zwei Parlamente vorsah, das Preußische Herrenhaus und den Preußischen Landtag. Das Oberhaus war den Angehörigen der Hohenzollernfamilie und Repräsentanten des Hofes vorbehalten. Zu DDR-Zeiten war hier die *Akademie der Wissenschaften* untergebracht.

Nebenan, in Nr. 4, befand sich 1761–1873 die *Königliche Porzellan Manufaktur* (KPM). Auf der gegenüberliegenden Straßenseite stand einst das **Kaufhaus Wertheim**, das ab 1853 nach Plänen von Alfred Messel erbaut und bis 1900 immer wieder erweitert wurde. Es war das erste Warenhaus, in dem alle Produkte unter einem Dach angeboten wurden. Das im Zweiten Weltkrieg ausgebombte Gebäude wurde 1955 abgerissen.

58 Museum für Kommunikation

Leipziger Straße 16
U2 Mohrenstraße

Ältestes Postmuseum der Welt.

Im repräsentativen Neobarockbau aus wilhelminischer Zeit an der Ecke Leipziger Straße/Mauerstraße befindet sich das bereits 1872 als Postmuseum gegründete Museum für Kommunikation. Es bietet interaktive Exponate zu allen Bereichen der modernen Kommunikation, aber auch eine Sammlung historischer Telegrafenapparate, Unikate aus den Anfängen des Telefons, die erste Telefonzelle Berlins von 1929, historische Landkarten für Post und Verkehr sowie eine reiche Sammlung von Postwertzeichen. Dazu

der Neugestaltung des Potsdamer Platzes eine Rolle: Es wurde in das Sony-Center integriert und ist Teil des **Filmmuseums Berlin**, das eine Zeitreise durch die deutsche Filmgeschichte sowie Nachlässe von Asta Nielsen und Heinz Rühmann bietet. Der **Kaisersaal** des Hotels schließlich wurde um 75 m versetzt und 2002 als deutsch-französisches Restaurant mit großem Weinkeller eröffnet.

Öffnungszeiten Filmmuseum Berlin
Seite 173

gehören Raritäten wie die Rote und Blaue Mauritius sowie der mit den Kosmonauten ins All gereiste ›Kosmos-Stempel‹.
Öffnungszeiten S. 174

59 Berliner Abgeordnetenhaus und Detlev-Rohwedder-Haus
Niederkirchnerstraße und Wilhelmstraße
S1, S2 und U2 Potsdamer Platz

Geschichtsträchtiger Palast.

Der ehem. *Preußische Landtag* (1892–97, Friedrich Schulze), seit seiner Restaurierung Tagungsort des **Berliner Abgeordnetenhauses**, blickt auf eine wechselhafte Geschichte zurück: Hier tagten 1918 die Arbeiter- und Soldatenräte, 1936 ließ Göring das Gebäude zum Haus des Fliegers umgestalten, in der DDR-Ära war es Sitz der Ministerpräsidenten. Nahebei steht das ehem. *Reichsluftfahrtministerium* (1935/36, Ernst Sagebiel), der erste Großbau des Dritten Reiches. Hier konstituierte sich am 7. Oktober 1949 die Volkskammer der DDR und besiegelte so die Gründung eines zweiten deutschen Staates. Später nutzte man das Gebäude als Haus der Ministerien. Nach der Wende zog die *Treuhandanstalt* ein, nach deren ermordetem Präsidenten taufte man es 1992 **Detlev-Rohwedder-Haus**. Seit 1999 hat hier das *Bundesfinanzministerium* seinen Sitz.

60 Topographie des Terrors
Niederkirchnerstraße 8
S1, S2 Anhalter Bahnhof

Dokumetation zur Schreckensherrschaft der Nazis im Dritten Reich.

Auf einer Freifläche zwischen Martin-Gropius-Bau, Niederkirchnerstraße und Wilhelmstraße befindet sich eine Gedenkstätte, die an die Gräueltaten der Nazis erinnert, Topographie des Terrors.

Zu Königs- und Kaiserzeiten standen auf dem Gelände das Prinz-Albrecht-Palais, das Hotel Prinz Albrecht und eine Kunstgewerbeschule. Unter den Nazis war hier die *Kommandozentrale des Todes*. Hier planten sie die Konzentrationslager, koordinierten die Einsätze von SS und Polizei, verhörten und folterten Geg-

Lippenbekenntnis: Die East-Side-Gallery mit dem Bruderkuss zwischen Honecker und Breschnew

Spur der Steine

Ob echt oder nicht, das weiß niemand: Noch immer werden in Berlin eingerahmte oder lose Mauersteinchen verkauft, die alle ›garantiert‹ aus der **Berliner Mauer** *stammen. Schon vor Jahren lag der Preis für ein echtes Mauerelement – zuvor Unglücksbringer, dann begehrtes* **Souvenir** *– angeblich bei 25 000 €!*

Die Mauer, die auf einer Strecke von 41,5 km Berlin umschloss, verschwand nach dem 3. Oktober 1990 in Windeseile. Größere Mauerreste, die heute unter Denkmalschutz stehen, sind an folgenden Orten zu finden: rund 70 m in der Bernauer Straße zwischen Acker- und Bergstraße (Mauergedenkstätte, U-Bahn Bernauer Straße), 200 m in der Niederkirchnerstraße (U-Bahn Potsdamer Platz) und 200 m an der Scharnhorststraße auf dem Invalidenfriedhof (U-Bahn Zinnowitzer Straße). Die **East-Side-Gallery**, *auch Mauergalerie genannt, steht nicht weit vom Ostbahnhof direkt an der Spree (Mühlenstraße; S3, S5, S7, S9 und U1, U12, U15 Warschauer Straße). Dieser Mauerteil misst 1,3 km und wurde nach der Wende von Künstlern aus Ost und West gestaltet. Das meistfotografierte Motiv ist hier zweifellos der* **Bruderkuss zwischen Honecker und Breschnew**. *Ein zynischer Hinweis auf die Geschichte der Mauer, die hier dekorativ-bunt, doch leider bröckelnd die Schnellstraße säumt.*

Rund um den Potsdamer Platz

Hier reden sie sich die Köpfe heiß: Tagungsort des Berliner Abgeordnetenhauses in der Niederkirchnerstraße, früher war hier der Preußische Landtag untergebracht

ner des Regimes. Im damaligen Hotel residierte das **Reichssicherheitshauptamt** mit Heinrich Himmler, im Prinz-Albrecht-Palais der **Sicherheitsdienst der SS** mit Reinhard Heydrich, in der Kunstgewerbeschule die **Gestapo**. Die im Krieg beschädigten Gebäude wurden Mitte der 50er-Jahre des 20. Jh. abgerissen. 1987 gestaltete man das Gelände zur Open-Air-Ausstellung um, 1995 begann man mit dem Bau des neuen **Dokumentationszentrums** (bis 2005, Peter Zumthor), dessen Freifläche Reste der historischen Bebauung und Stücke der Berliner Mauer miteinbeziehen wird. Das Zentrum wird neben der neu gestalteten Ausstellung Topographie des Terrors auch eine Dokumentation zur Geschichte der Gestapo zeigen.

Öffnungszeiten Topographie des Terrors *S. 174*

Unvergessen: In der Dauerausstellung ›Topographie des Terrors‹ auf dem Prinz-Albrecht-Gelände soll der Gräueltaten der Nazis gedacht werden

In bleibender Erinnerung

Berlin-Reinickendorf. *In einem Ziegelschuppen der Strafanstalt Plötzensee fanden 1933–45 Hunderte von politischen Gefangenen und Widerstandskämpfern aller Nationen den Tod. Sie wurden von den Nationalsozialisten hingerichtet. Seit 1952 erinnert die* **Gedenkstätte Plötzensee** *(Hüttigpfad; tgl. 9–17 Uhr) an die Ermordeten.*

Berlin-Karlshorst. *Eine Kaserne, in der Ende des Zweiten Weltkriegs das sowjetische Hauptquartier untergebracht war. Hier wurde am 8. Mai 1945 die bedingungslose Kapitulation der Deutschen Wehrmacht unterzeichnet. Im* **Deutsch-Russischen Museum Berlin-Karlshorst** *(Di–So 10–18 Uhr) sind mehr als 15 000 Dokumente zum Zweiten Weltkrieg ausgestellt. Dazu kommen Exponate über die Rote Armee, den Soldatenalltag und die Kriegsgefangenschaft.*

Berlin-Treptow. *Wer zum Treptower Park kommt, kann es nicht übersehen – das monumentale* **Sowjetische Ehrenmal**. *1947–49 wurde es als zentrale Gedenkstätte für die Soldaten der Roten Armee errichtet, die 1945 bei den Kämpfen um Berlin starben. Im Mittelpunkt der Anlage erhebt sich auf einem Hügel eine 11,6 m hohe* **Soldatenfigur**. *Auf dem linken Arm trägt der Soldat ein Kind, in der rechten Hand hält er ein gesenktes Schwert, welches das Hakenkreuz zerschlagen hat.*

Berlin-Tempelhof. *Der Krieg ist vorbei. Die sowjetischen Truppen blockieren ganz Berlin vom Juni 1948 bis zum Mai 1949, doch Tempelhof wird durch die* **Luftbrücke** *der Alliierten zum Dreh- und Angelpunkt der Metropole. Auf dem Platz vor dem Flughafen symbolisiert das Luftbrückendenkmal (1951), im Volksmund auch* **Hungerharke** *genannt, mit seinen drei nach Westen aufstrebenden Bögen die drei Luftkorridore nach West-Berlin.*

Berlin-Schöneberg. *Ein Sommertag in Berlin. Am 26. Juli 1963 hörte man vom Balkon des* **Schöneberger Rathauses** *(John-F.-Kennedy-Platz) einen denkwürdigen Satz: »Ich bin ein Berliner!« An dieses Schlüsselzitat der berühmten Rede des US-Präsidenten John F. Kennedy erinnert eine Tafel links neben dem Haupteingang. Ein weiteres wichtiges Symbol für die Geschichte Berlins stellt die* **Freiheitsglocke** *im 70 m hohen Turm des Schöneberger Rathauses dar. Sie ist der Liberty Bell in Philadelphia nachgebildet und wurde 1950 von den Amerikanern gestiftet. Wenn sie täglich um 12 Uhr ertönt, erinnert sie an die alte Sehnsucht der Berliner nach einer vereinten Stadt.*

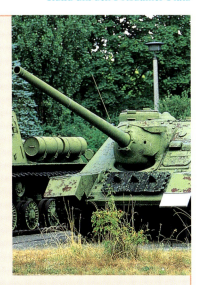

Bedingungslos: Wo 1945 die Kapitulation der Deutschen Wehrmacht unterzeichnet wurde, ist heute eine Gedenkstätte

61 Martin-Gropius-Bau

Niederkirchner Str. 7
S1, S2 Anhalter Bahnhof

Stätte großer internationaler Wechselausstellungen.

Erbaut wurde das wohlproportionierte Gebäude im Renaissancestil 1877–81 von den Architekten Heino Schmieden und Martin Gropius, einem Verwandten des berühmten Architekten Walter Gropius. Der Bau steht in der Nachfolge von Schinkels (zerstörter) Bauakademie. Bis 1920 beherbergte er das *Königliche Kunstgewerbemuseum*, das mit der Dokumentation historischer Produkte aus aller Welt Ansporn sein sollte für das preußische Handwerk. Im Krieg zerstört,

Rund um den Potsdamer Platz

Staransicht: Von ihrer besten Seite zeigt sich die reich verzierte Fassade des Martin-Gropius-Baus

wurde das Gebäude 1979–81 wieder aufgebaut. Besonders sehenswert ist der Lichthof, um den sich zwei Stockwerke galerieartig ranken. Nach einer Restaurierung erstrahlt der Martin-Gropius-Bau, der seit Ende der 80er-/Anfang der 90er-Jahre des 20. Jh. für große internationale **Wechselausstellungen** genutzt wird, heute wieder in neuem Glanz.

Das **Werkbund-Archiv**, das historische Alltagskultur des 20. Jh. präsentiert, ist 1999 ebenfalls wieder in seine Räume im Gropius-Bau zurückgekehrt. Über den neuen Standort der einst ebenfalls hier ansässigen **Berlinischen Galerie** mit Schwerpunkt Kunst- und Kulturgeschichte Berlins vom 19. Jh. bis zur Gegenwart herrscht jedoch weiterhin Ungewissheit.

Öffnungszeiten S. 174

62 Ehem. Anhalter Bahnhof

Askanischer Platz
S1, S2 Anhalter Bahnhof;
Bus 129, 248, 341

Nur noch eine Ruine erinnert an Berlins berühmtesten Bahnhof, der immer eine prächtige Kulisse abgab.

Bereits am 1. Juli 1841 fuhr vom Anhalter Bahnhof ein Zug in Richtung Jüterbog ab, gezogen wurde er von der ersten Lokomotive aus August Borsigs Maschinenfabrik. Das Bahnhofsgebäude selbst wurde jedoch erst 1880 eingeweiht. Das Bauwerk wurde von Heinrich Seidel als arkadengeschmücktes Gebäude im Renaissancestil mit einer 62,5 m breiten Dachkonstruktion aus Glas und Stahl erbaut. Entworfen hatte es Franz Schwechten, einer der bedeutendsten Architekten der wilhelminischen Ära. Der Anhalter Bahnhof entwickelte sich bald zu Berlins **Fernbahnhof Nr. 1**: ein Kopfbahnhof für die Züge Richtung Süden – nach Dresden, München, Rom und Athen. Mitte der

Rund um den Potsdamer Platz

30er-Jahre des 20. Jh. fuhren hier alle paar Minuten Züge ein und aus.

Der Anhalter Bahnhof war auch ein Ort der *Geschichte*: 1889 empfing hier Kaiser Wilhelm II. mit großem Pomp den italienischen König Umberto. Das Treffen fand im eigens eingerichteten **Kaiserzimmer** des Bahnhofs statt. Im Jahr 1919 begrüßten hier dann Tausende Karl Liebknecht, der aus dem Zuchthaus Luckau zurückkehrte. Und hier bejubelten 1938 noch mehr Menschen den aus dem gerade annektierten Österreich heimkehrenden Adolf Hitler. Am 30. April 1945 schließlich rückten am Anhalter Bahnhof die Truppen der Roten Armee an. Die SS sprengte daraufhin die Schottenkammern des nahen Landwehrkanals und das Wasser ergoss sich in die Tunnel des S-Bahnhofs, in dem viele Menschen Schutz vor den Bomben gesucht hatten. Das Bahnhofsgebäude wurde im Krieg zwar stark beschädigt, doch es erfüllte noch bis 1952 seine Funktion, 1961 wurde es dann gesprengt, stehen blieb lediglich ein Teil der Fassade mit dem *Haupteingang*.

Für starke Nerven: Alle Freunde von Horrorszenerien lädt im Bunker unter dem Anhalter Bahnhof das **Berliner Gruselkabinett** (Schöneberger Str. 23a) zu einem Besuch ein.

Auf dem Bahnhofsgelände befindet sich heute außerdem das Musik- und Kulturzentrum **Tempodrom**, das ursprünglich nahe dem Haus der Kulturen beheimatet war, aber dem Ausbau des neuen Regierungsviertels weichen musste.

Öffnungszeiten Berliner Gruselkabinett *S. 172*

Vom Verkehr verschont: Lediglich eine Ruine erinnert an den ehem. Anhalter Bahnhof am Askanischen Platz

Tiergarten und Regierungsviertel – Natur, Kultur und Politik in schöner Eintracht

Der Reichstag und das neue Regierungsviertel, Schloss Bellevue und Siegessäule – zahlreiche bedeutende Sehenswürdigkeiten säumen diesen Rundgang, der gleichzeitig durch einen der beliebtesten **Erholungsparks** Berlins führt, den Tiergarten. Das Tiergartenviertel südl. des Parks war im 19. Jh. zunächst **Ausflugsziel**, avancierte dann zur vornehmsten Wohngegend in Berlin und war bis zum Ende des Zweiten Weltkriegs **Diplomatenviertel**. Die Botschafter sind inzwischen wieder zurückgekehrt, und das Viertel ist mit seinen Museumsbauten auf dem Kulturforum sowie den Konzerthallen zugleich eines der wichtigsten Kulturzentren der Stadt.

63 Reichstag

Platz der Republik
S1, S3, S5, S7, S9, S25, S26 und U6 Friedrichstraße,
S1, S25, S26 Unter den Linden;
Bus 100, 248, 257, 348, TXL

Eines der symbolträchtigsten Gebäude deutscher Geschichte und Sitz des Bundestages.

Mit der Proklamation des Kaiserreichs am 18. Januar 1871 wurde Berlin zur Hauptstadt des Deutschen Reiches. Das Parlament, also der Reichstag, welcher provisorisch in der Leipziger Straße 74 untergebracht war, brauchte ein größeres und vor allem ein repräsentatives Gebäude. So wurde nach Plänen von Paul Wallot 1884–94 ein 137 m langer und 97 m breiter Prachtbau nördl. des Brandenburger Tors errichtet.

Schon vor der Einweihung am 5. Dezember 1894 sorgte das Gebäude für Aufsehen. Kaiser Wilhelm II., der dieses bedeutende **Symbol** der parlamentarischen Demokratie übrigens ›Reichsaffenhaus‹ nannte, setzte durch, dass die Kuppel des Reichstagsgebäudes niedriger blieb als die des Berliner Schlosses. Die schon bei der Bauplanung vorgesehene Inschrift ›Dem deutschen Volke‹ war dem Kaiser ohnehin zu demokratisch. Sie wurde erst 1916 angebracht.

Von einem Fenster des Reichstags rief der Sozialdemokrat Scheidemann am 9. November 1918 die *Weimarer Republik* aus. 15 Jahre später, im Februar 1933, brannte das Bauwerk. Nach diesem – vermeintlich von den Kommunisten verübten – Anschlag setzte Hitler sein *Ermächtigungsgesetz* durch und machte damit den Weg zur Alleinherrschaft der Nazis frei. Für die Sowjets war der Reichstag das Symbol Deutschlands, und deshalb hissten sie am 30. April 1945 hier die Fahne der UdSSR, um die Niederlage Hitler-Deutschlands zu dokumentieren.

In den Jahren 1957–72 wurde der durch Bomben beschädigte Reichstag wieder hergestellt: einen Plenarsaal für Arbeitstagungen der Fraktionen und Ausschüsse des Deutschen Bundestags, 30 Sitzungssäle und rund 200 Büroräume brachte man hier unter. Das Gebäude gab auch häufig eine imposante Kulisse für Großveranstaltungen oder Konzerte ab, und hier fand die Feier zur **Wiedervereinigung** am 3. Oktober 1990 statt. Kein Ereignis aber brachte die geschichtliche Bedeutung des Reichstags so sehr ins Bewusstsein der Menschen wie die spektakuläre **Verhüllungsaktion** Christos im Sommer 1995.

Nachdem seine Stoffbahnen gefallen waren, bekam der Reichstag eine neue Verkleidung – ein Baugerüst: Nach Plänen des britischen Architekten *Sir Norman Foster* wurde das Gebäude 1996–99 zum Sitz des **Deutschen Bundestages**

Tiergarten und Regierungsviertel

Spitzenreiter auf der Liste Berliner Sehenswürdigkeiten ist der von Norman Foster komplett modernisierte Reichstag. Er wird bekrönt von einem architektonischen ›Wunderwerk‹ – der verglasten, begehbaren Kuppel

ausgebaut und erhielt wieder eine **Glaskuppel** (tgl. 8–24 Uhr, letzter Einlass 22 Uhr) – eine begehbare, die auch während der Bundestagssitzungen besichtigt werden kann. Der **Umzug** der Bundesregierung von Bonn nach Berlin fand im Herbst 1999 statt. Seitdem besuchen jährlich Hunderttausende das Gebäude. Sie steigen über die spiralförmige Rampe zur Aussichtsplattform der Kuppel in 50 m Höhe hinauf und blicken in den Plenarsaal des Bundestages hinab.

64 Regierungsviertel

Spreebogen, Dorotheenstraße, Konrad-Adenauer-Straße, Schiffbauerdamm, Willy-Brandt-Straße
S1, S3, S5, S7, S9, S25, S26 und U6 Friedrichstraße,
S1, S25, S26 Unter den Linden;
Bus 100, 248, 257, 348, TXL

Die neuen Regierungsgebäude setzen als ›Band des Bundes‹ monumentale Architekturakzente am Spreebogen.

Am Spreebogen, in unmittelbarer Nachbarschaft des Reichstags und mit ihm durch ein Tunnelsystem verbunden, stehen heute die wichtigsten Regierungsgebäude. Für die umfangreichste Anlage, das südöstl. beiderseits der Dorotheenstraße gelegene **Jakob-Kaiser-Haus** (1997–2000, fünf Architektenteams), konnte historische Bausubstanz genutzt werden – Reichspräsidentenpalais, Kammer der Technik und das alte Bankgebäude der Dorotheenstadt. Diese wurden in das aus insgesamt acht Bauten bestehende Ensemble integriert, das Sitzungssäle und Büros für Abgeordnete, Fraktionen und Vizepräsidenten beherbergt.

Hier wie auch bei den gigantischen hypermodernen Baukomplexen, die nördlich des Reichstags wie Riegel die Arme des Spreebogens überspannen, haben die Planer mittels Glasfassaden, -galerien und -hallen das demokratische Prinzip von Transparenz und Öffentlichkeit in der Architektur thematisiert. So im **Paul-Löbe-Haus** (1997–2001, Stephan Braunfels) am inneren Spreebogen, das wegen seiner doppelten Kammstruktur mit acht Rotunden in den Außenhöfen von den Berlinern ›Achtzylinder‹ genannt wird. Hier befinden sich Abgeordnetenbüros, 21 Sitzungssäle für die Ausschüsse und in der exponierten Ostrotunde der große *Europasaal*. Das Löbe-Haus ist durch eine doppelstöckige Brücke über die Spree mit dem **Marie-Elisabeth-Lüders-Haus** (1998–2002, Braunfels) verbunden, das auch in seiner Baustruktur die Fortsetzung des Riegels in östlicher Richtung bildet. Es beherbergt die wissenschaftlichen Dienste und in der solitären Westrotunde die *Parlamentsbibliothek* des Deutschen Bundestages (nach Washington und Tokio die drittgrößte ihrer Art weltweit). Einen weiteren architektoni-

Tiergarten und Regierungsviertel

schen Akzent setzt der benachbarte würfelförmige *Anhörungssaal*. Der Spreeplatz im Zentrum der Anlage und eine Terrasse mit Freitreppe und Blick auf den Reichstag bilden ihren öffentlichen Raum.

Ebenfalls mit Sicht auf den Reichstag und auf einer Achse mit den neuen Parlamentsgebäuden lagert am westlichen Arm des Spreebogens das **Bundeskanzleramt** (1997–2001, Axel Schultes und Charlotte Franke). Das zentrale 36 m hohe *Leitungsgebäude* mit Kanzlerbüros, Kabinett- und Konferenzsälen wird von zwei 18 m hohen und bis zu 335 m langen Büroflügeln begleitet. Das Foyer des Hauptgebäudes öffnet sich auf den für Staatsempfänge genutzten Ehrenhof, an der Rückseite liegen der *Kanzlergarten* und der über die Spreebrücke erreichbare Kanzlerpark am Moabiter Werder. Die vielfach als pompös und klotzig kritisierte Architektur haben die Berliner lakonisch und assoziationsreich ›Waschmaschine‹ getauft.

65 Haus der Kulturen der Welt

John-Foster-Dulles-Allee
Bus 100

Eine Halle namens ›Schwangere Auster‹.

Das Haus der Kulturen der Welt am nordöstl. Rand des Tiergartens war als Kongresshalle der amerikanische Beitrag zur Internationalen Bauausstellung 1957. Der Entwurf stammt von Hugh Stubbins, einst Assistent von Walter Gropius, unter Mitwirkung von Werner Düttmann und Franz Mocken. Wegen ihrer Lage am Wasserbecken und der geschwungenen Dachform gab man der Halle den Namen ›Schwangere Auster‹. Rost an den 1000 Stahlstreben führten 1980 zum Einsturz des frei hängenden Teils des Daches. Zum Stadtjubiläum 1987 konnte die Halle jedoch wieder eröffnet werden. Heute finden im Haus der Kulturen der Welt **Wechselausstellungen** und internationale **Musikabende** statt. Links vor der Halle steht im großen Wasserbecken die *Bronzeplastik* ›Zwei Formen‹ des Bildhauers Henry Moore.

Die Umgebung der ehem. Kongresshalle hat ihre eigene Geschichte: Auf diesem Areal stellten bereits im 18. Jh. zwei Hugenotten Zelte auf, in denen sie Erfrischungen verkauften. 1844 wurde hier dann das *Krollsche Etablissement* errichtet, eine Vergnügungsstätte für fast 5000 Gäste, benannt nach dem Erbauer Joseph Kroll. Später wurde das Gebäude vom Neuen Königlichen Opernhaus übernommen – als legendäre **Kroll-Oper** war es in der Weimarer Republik gesellschaftlicher Mittelpunkt. Nach dem Reichstagsbrand 1933 zogen die Abgeordneten in die Oper ein. Hier verkündete Hitler den *Einmarsch* nach Polen. Im

Offenheit und Transparenz – die zentrale Halle des Paul-Löbe-Hauses gibt den Blick frei auf die Rotunden mit den Sitzungssälen der Bundestagsausschüsse

Tiergarten und Regierungsviertel

Ganz in Weiß – auf dem Ehrenhof vor dem Leitungsgebäude des Bundeskanzleramtes fand im Mai 2001 die feierliche Eröffnung des neuen Amtssitzes durch Gerhard Schröder statt

Bombenhagel des Zweiten Weltkrieges wurde der Bau zerstört, die Ruine 1956 abgerissen.

Das Berliner **Carillon** ist seit 1987 direkter Nachbar der Kulturhalle: ein Turm mit schwarzer Granitverkleidung, dessen *Glockenspiel* aus 42 m Höhe täglich um 12 und 18 Uhr erklingt. Mit ihren insgesamt 47,7 t Gewicht bilden die 68 Glocken, die man per Hand oder computergesteuert bedient, das größte und schwerste Instrument dieser Art in Europa.

›Schwangere Auster‹ heißt das Haus der Kulturen der Welt im Berliner Volksmund. Das Wasserbecken ziert eine Bronzeplastik von Henry Moore

Tiergarten und Regierungsviertel

Der kleine Bruder des Alten Fritz lebte in diesem hübschen Heim, heute hat der Bundespräsident hier seine Amtsräume – Schloss Bellevue, eine Anlage mit traumhaftem Park am Spreeweg

 66 Tiergarten

Straße des 17. Juni
S3, S5, S7, S9 Tiergarten und Bellevue, U9 Hansaplatz;
Bus 100, 187, 341

Berlins beliebteste Parkanlage und mit 200 ha Grünfläche das größte Erholungsgebiet in der Stadt.

Idyllische Wasserläufe, Teiche und Wiesen, der weit verzweigte *Neue See* mit einem Café und Bootsverleih sowie viele Spazierwege an Denkmälern bedeutender deutscher Dichter und Komponisten vorbei – so präsentiert sich heute wieder der Tiergarten. Nach dem Krieg hatten die Berliner den Park abgeholzt und dort Kartoffeln und Rüben angepflanzt. Doch bereits 1949, mit der Anpflanzung einer Linde, gab der Regierende Bürgermeister Ernst Reuter das Zeichen zur *Wiederaufforstung* des Areals. Die Geschichte des Tiergartens beginnt bereits 1527, als Kurprinz Joachim der Jüngere hier einen **Thier- und Lustgarten** anlegen ließ, der dem Hof als Jagdgebiet diente. Friedrich der Große ließ die grüne Oase zu einem öffentlich zugänglichen barocken Garten umgestalten. Eine weitere Veränderung erfuhr er schließlich im 19. Jh. durch Peter Joseph Lenné, der ihn zu einem englischen Landschaftspark machte.

Die **Straße des 17. Juni**, die den Tiergarten durchquert, wurde bereits 1695

Architektonisch für die Zukunft gerüstet: Blick auf das Moabiter Spreeufer mit dem Hotel Sorat und dem Bundesinnenministerium ▷

Tiergarten und Regierungsviertel

unter Kurfürst Friedrich III. als Verbindungsweg vom Stadtschloss zum Schloss Charlottenburg angelegt. 1938 ließ sie Generalbauinspektor Albert Speer zu einer 40 m breiten Aufmarschschroute ausbauen. Die Straße, die 1953 in Erinnerung an den Volksaufstand in der DDR ihren heutigen Namen erhielt, zeugt in ihren Dimensionen immer noch von Hitlers Stadtbauprojekt ›Germania‹. Dort, wo der Boulevard auf das Brandenburger Tor trifft, steht seit 1946 das aus dem Marmor von Hitlers Neuer Reichskanzlei erbaute **Sowjetische Ehrenmal**, eine 6 m hohe Figur eines Rotarmisten mit geschultertem Gewehr.

67 Schloss Bellevue

Spreeweg 1
S3, S5, S7, S9 Bellevue,
U9 Hansaplatz; Bus 100, 187

Erste frühklassizistische Schlossanlage aus der Zeit Friedrichs des Großen.

Schloss Bellevue, der Amtssitz des **Bundespräsidenten**, kann auf eine lange Geschichte zurückblicken. 1710 wuchsen hier noch Maulbeerbäume für die königliche Seidenraupenzucht. Ein paar Jahrzehnte später errichtete Knobelsdorff auf dem Grundstück sein Wohnhaus. 1785 baute Philip Daniel Boumann für August Ferdinand von Preußen, den jüngsten Bruder Friedrichs des Großen, einen Landsitz im Stil des französischen Barock mit Gartenanlage. Schloss und Park blieben bis 1918 im Besitz der Hohenzollern. Nach der Zerstörung im Zweiten Weltkrieg rekonstruierte man Bellevue als Berliner Amtssitz des Bundespräsidenten. Im Original erhalten blieb der 1791 von Carl Gotthard Langhans ausgestaltete ovale *Festsaal*.

Der **Schlosspark** mit seinen 20 ha war einst eine der schönsten Anlagen der Stadt. Im westlichen Teil wurde 1952 der Englische Garten aufgeforstet, hier steht jetzt der elliptische Verwaltungsbau des **Bundespräsidialamtes** (1996–98, Gruber und Kleine-Kraneburg).

68 Hansa-Viertel

Im Dreieck Straße des 17. Juni,
Altonaer Straße und Bachstraße
U9 Hansaplatz

Das Hansa-Viertel am Nordrand des Tiergartens, eine betagte ›Stadt der Zukunft‹.

Die Siedlungsstruktur im Hansa-Viertel ist gekennzeichnet durch frei stehende,

Tiergarten und Regierungsviertel

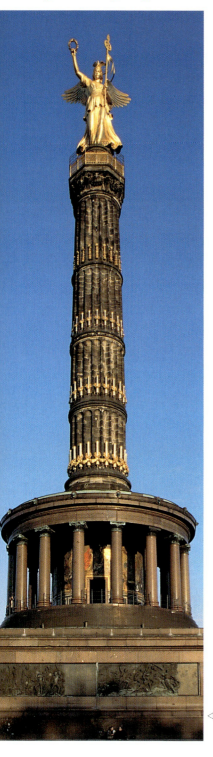

von der Straße zurückversetzte und von Grün umgebene Wohnhäuser. Eine lockere Mischung aus Flachbauten, vier- bis sechsstöckigen Wohngebäuden und Hochhäusern, die soziale und kulturelle Einrichtungen einschließen. Nicht weniger als 48 Architekten aus 13 Ländern – unter ihnen Alvar Aalto, Walter Gropius, Bruno Taut und Pierre Vago – waren an der Errichtung der Siedlung beteiligt, die als Mittelpunkt der *Internationalen Bauausstellung* 1957 galt.

In der Altonaer Straße 22 ist das **Grips-Theater** untergebracht, das unter Leitung von Volker Ludwig zum bekanntesten deutschen Jugendtheater wurde.

Das Gebäude der **Akademie der Künste** (Hanseatenweg 10) wurde 1960 nach Plänen von Werner Düttmann errichtet. Die Lehrstätte blickt jedoch auf eine ältere Tradition zurück: 1696 gründete Kurfürst Friedrich III. die Stiftung der Akademie der Künste – nach Paris und Rom die dritte europäische Kunstakademie. Sie erlangte als Preußische Akademie Weltruhm.

1933 mussten zahlreiche Künstler die Hochschule verlassen, unter ihnen auch Max Liebermann. In Ostberlin kam es 1950 zur Gründung einer eigenständigen Deutschen Akademie der Künste. Im Februar 1992 wurden die beide Schulen dann zusammengeschlossen. Im Herbst 2003 wird der *Neubau* der Akademie am Pariser Platz eröffnet [s. S. 20].

In den bisherigen Akademie-Räumen werden auch nach dem Umzug der Institution zum Pariser Platz weiterhin **Ausstellungen** und andere kulturelle Veranstaltungen stattfinden. Vor dem Gebäude stehen moderne **Skulpturen**, u. a. Henry Moores Bronzefigur ›Die Liegende‹ (1956).

69 Siegessäule
Großer Stern
Bus 100, 187, 341

Symbol des siegreichen Preußen nach den Feldzügen gegen Dänemark (1864), Österreich (1866) und Frankreich (1870/71).

›Gold-Else‹ nennen die Berliner ihre **Viktoria** wenig respektvoll. Sie bekrönt die Siegessäule auf dem Großen Stern.

◁ *Strahlend schön: ›Gold-Else‹ nennen die Berliner ihre Viktoria, welche goldglänzend die Siegessäule Am Großen Stern bekrönt*

Tiergarten und Regierungsviertel

Nordische Leichtigkeit – der Botschaftskomplex der Vertretungen von Norwegen, Finnland, Dänemark und Schweden fasziniert mit luftigen Holzfassaden

Die Siegesgöttin mit Lorbeerkranz und Speer ist keineswegs eine zierliche Dame: sie ist 35 t schwer und 8 m hoch. Will man der eleganten Göttin auf der **Aussichtsplattform** in luftiger Höhe von 48 m Gesellschaft leisten, muss man eine Wendeltreppe mit 285 Stufen im Innern der Säule erklimmen.

1864 beauftragte Kaiser Wilhelm I. den Baumeister Johann Heinrich Strack mit der Planung des Monuments, das mit Beutestücken aus siegreichen Feldzügen geschmückt werden sollte. Strack versah den Säulenschaft daher mit eroberten *Geschützrohren*, die er vergolden ließ.

Am quadratischen Sockel aus rotem Granit zeigen *Bronzereliefs* Szenen aus den Befreiungskriegen. Ein *Glasmosaik* von Anton von Werner ziert die Innenwand des Säulengangs: Es stellt die Geschichte der deutschen Einheit nach dem Sieg über Frankreich (1870/71) dar.

Am **Großen Stern**, von dem fünf belebte Durchfahrtsstraßen und einige Gehwege ausstrahlen, stehen die **Statuen** von Otto von Bismarck, Generalfeldmarschall Helmuth Graf von Moltke und Kriegsminister Albrecht von Roon. Bismarck und Moltke standen wie die Siegessäule bis 1938 vor dem Reichstag, dann wurden sie von den Nazis hierher versetzt.

70 Botschaftsviertel

Stauffenbergstraße, Tiergartenstraße, Rauchstraße, Klinghöferstraße
S1, S2 und U2 Potsdamer Platz;
Bus 100, 187, 200, 341

Die Rückkehr der Diplomaten und neue Schaustücke der Architektur.

Nach dem Zweiten Weltkrieg war das Diplomatenviertel südl. des Tiergartens weitgehend dem Verfall preisgegeben. In den vergangenen Jahren kehrte wieder Leben ein in die alten Residenzen, es entstanden aber auch einige spektakuläre Neubauten, die einen kleinen Architekturparcours des 21. Jh. bilden.

So schuf Hans Hollein die neue **Österreichische Botschaft** (Stauffenbergstraße 1) mit ihrer schwungvollen Schaufassade. Dem Bauhaus scheint der strenge kubische Neubau der **Indischen Botschaft** (Tiergartenstraße 16/17) verpflichtet. Älteren Datum ist die **Japanische Botschaft** (Tiergartenstraße 24/25), 1938–42 nach Entwürfen von Ludwig Moshammer errichtet und 1987 originalgetreu wieder aufgebaut. Bis zum neuerlichen Einzug der Staatsvertreter befand sich hier ein japanisch-deutsches Zentrum. Nebenan (Nr. 21–23) steht die 1938–42 nach Plänen von Friedrich Het-

Tiergarten und Regierungsviertel

Plastik im Hof des ehem. Bendlerblocks: Die Gedenkstätte erinnert an den Widerstand gegen die Nationalsozialisten

zel im neoklassizistischen Stil errichtete **Italienische Botschaft**, deren Restaurierung 2002 abgeschlossen wurde. Ein hypermodernes Diplomatencenter haben die **Nordischen Staaten** an der Rauchstraße 1 konstruiert, den norwegischen Bereich etwa schmückt ein luftiger Baukörper aus Espenholz. Gegenüber zieht die **Mexikanische Botschaft** (Klinghöferstraße 3–11) mit ihrer an Corbusier orientierten Lamellenfassade die Blicke auf sich.

Die Szenerie wird zusätzlich belebt durch die originellen Neubauten für die Vertretungen der *deutschen Bundesländer*. Sehenswert ist z. B. der Bau von **Nordrhein-Westfalen** (Hiroschimastraße 12–16, Petzinka und Pink) mit einer parabelförmigen Rautenfassade aus Holz. Weitere Bundesländer-Niederlassungen sind in den Ministergärten nördl. des Leipziger Platzes entstanden.

71 Bauhaus-Archiv
Klingelhöferstraße 14
Bus 100, 129, 187, 341

Spätwerk des Bauhaus-Mitbegründers Walter Gropius. Überblick über eine der bedeutendsten Kunstschulen des 20. Jh.

Erst zehn Jahre nach seinem Tod ging der Wunsch des Bauhaus-Gründers *Walter Gropius* in Erfüllung: Im Jahr 1979 wurde sein schon 1964 entworfenes Projekt für ein Museumsgebäude, das als Bauhaus-Archiv dienen sollte, in seiner Heimatstadt Berlin realisiert. Das Hauptmerkmal des Gebäudes ist die klar gegliederte, weiße *Betonfassade* mit den nach Norden ausgerichteten Oberlichten.

Das Archiv enthält eine Sammlung von Architekturmodellen, Entwürfen, Gemälden und Zeichnungen sowie Möbel der Bauhaus-Künstler Mies van der Rohe, Oskar Schlemmer, Marcel Breuer, Laszlo Moholy-Nagy u. a. Dazu kommen kunsthandwerkliche und industrielle Erzeugnisse, die den Einfluss der Bauhaus-Bewegung auf das moderne Design demonstrieren.

Öffnungszeiten S. 172

72 Gedenkstätte Deutscher Widerstand
Stauffenbergstraße 13–14
S1, S2 und U2 Potsdamer Platz
Bus 129

Dokumentation über die Geschichte des deutschen Widerstandes an historischem Ort.

Im Hof des einstigen **Reichsmarineamts** (1911–14) erinnert ein Ehrenmal an die Opfer des 20. Juli 1944. Dort, wo die Gedenktafel hängt, wurden die Wehrmachtsoffiziere von Stauffenberg, von Quirnheim, von Haeften und Olbricht nach ihrem gescheiterten Attentat auf Hitler standrechtlich erschossen. Das **Bendlerblock** genannte Gebäude war 1935–45 Sitz des Oberkommandos der Wehrmacht. Im 2. Stock befindet sich eine Ausstellung zum Thema ›Widerstand gegen den Nationalsozialismus‹.

Öffnungszeiten S. 174

73 St.-Matthäus-Kirche
Matthäikirchplatz 4
S1, S2 und U2 Potsdamer Platz
Bus 129, 148, 200, 248, 341, 348

Gotteshaus – und rundherum viel Kunst.

Die Matthäuskirche war Mitte des 19. Jh. Zentrum eines der vornehmsten Viertel der Metropole: Erst bauten hier reiche Berliner ihre Sommerhäuser, später entstanden Vorstadtvillen und um 1900 Botschaften und feudale Wohnsitze. Ein Beispiel für die alte Bebauung ist die **Villa Parey** in der Sigismundstraße 4a. Sie gehörte dem Verleger Paul Parey und wurde Ende des 19. Jh. errichtet. Mittler-

Tiergarten und Regierungsviertel

Gigantisch: Eine der größten grafischen Sammlungen der Welt kann man im Kupferstichkabinett (Kulturforum) besichtigen

Auch für sie wurde ein Spitzname gefunden: Die St.-Matthäus-Kirche heißt wegen der Kneipen in der Nähe auch ›Polka-Kirche‹

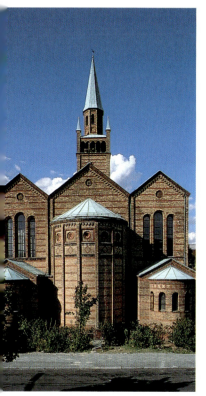

weile ist sie in den Neubau der Gemäldegalerie integriert.

Die St-Matthäus-Kirche wurde 1846 nach Plänen von Friedrich August Stüler als dreischiffige Hallenkirche im byzantinischen Stil gebaut. 1960 waren größere Restaurierungsmaßnahmen abgeschlossen – der *Innenraum* zeigt sich heute in modernem Stil. In Anspielung auf die benachbarten Ausflugslokale trug der Bau einst den Spitznamen ›Polka-Kirche‹.

In der Umgebung entstand das **Kulturforum**. Es geht zurück auf das städtebauliche Konzept des Architekten *Hans Scharoun* (1893–1972). Dieser errichtete auf dem Gelände zwischen Landwehrkanal und Tiergarten, das durch den Zweiten Weltkrieg total verwüstet worden war, als erstes 1960–63 die Philharmonie. Museumsbauten und weitere Konzertgebäude folgten. Das Kulturzentrum am Südrand des Tiergartens mit Neuer Nationalgalerie, Kunstgewerbemuseum, Kupferstichkabinett, Kunstbibliothek und Gemäldegalerie gilt als Pendant zur Museumsinsel.

74 Gemäldegalerie

Matthäikirchplatz 8
S1, S2 und U2 Potsdamer Platz; Bus 129, 148, 200, 248, 341, 348

Hier haben die Alten Meister aus Ost und West nach über 50 Jahren der Trennung endliche eine gemeinsame Bleibe gefunden.

Mit der Eröffnung der neuen Gemäldegalerie am Kulturforum wurde im Juni 1998 ein wichtiger Schritt zur *Neuordnung* der

Tiergarten und Regierungsviertel

Die Philharmonie mit ihrer spektakulären Dachsilhouette. Im Vordergrund eine Plastik von Henry Moore ▷

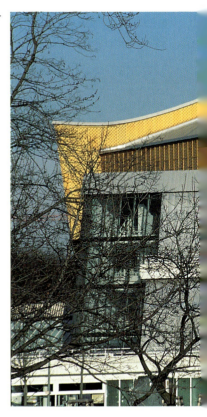

Berliner Museen getan. Die aus den Sammlungen des Großen Kurfürsten und Friedrichs des Großen hervorgegangene Gemäldegalerie wurde nach dem Zweiten Weltkrieg auseinander gerissen. In den folgenden Jahrzehnten wurden ihre wertvollen Bestände teils im Westberliner *Museumskomplex Dahlem*, teils im Ostberliner *Bode-Museum* gezeigt. Acht Jahre nach der Wende kam es dann zur Wiedervereinigung der Sammlung, die zu den bedeutendsten in Europa zählt.

Die Galerie präsentiert rund 1000 Gemälde **Alter Meister** in 50 Sälen und Kabinetten, die mittels Oberlichtgalerien durch Tageslicht beleuchtet werden. Zu sehen sind Werke der deutschen, altniederländischen und italienischen Malerei des 13. Jh.–16. Jh. sowie der französischen und englischen Malerei des 17./18. Jh. Hinzu kommt flämische und holländische Malerei des Barock.

Zu den *Highlights* gehören Gemälde von Albrecht Dürer, Lucas Cranach d.Ä., Peter Paul Rubens, Raffael, Tizian, Botticelli und Jean-Antoine Watteau. Die **Rembrandt-Sammlung** mit 20 Gemälden des Meisters ist eine der bedeutendsten der Welt.

Öffnungszeiten S. 172

75 Kupferstichkabinett und Kunstbibliothek

Matthäikirchplatz 6
S1, S2 und U2 Potsdamer Platz;
Bus 129, 148, 200, 248, 341, 348

Eine der größten grafischen Sammlungen der Welt.

Das Kupferstichkabinett und die Kunstbibliothek, 1994 fertig gestellt, bergen eine der größten grafischen Sammlungen der Welt. Etwa 80 000 Zeichnungen und 520 000 Druckgrafiken vom Mittelalter bis zur Gegenwart, mehr als 100 illuminierte Handschriften, mehr als 400 Einzelminiaturen des 11.–16. Jh., fast 250 Inkunabeln (Drucke aus der Frühzeit) sowie etwa 1500 illustrierte Bücher aus dem 17.–20. Jh. bilden den Bestand.

Öffnungszeiten S. 172

76 Kunstgewerbemuseum

Matthäikirchstraße 10
S1, S2 und U2 Potsdamer Platz;
Bus 129, 148, 200, 248, 341, 348

Kunstgewerbe vom Mittelalter bis zur Gegenwart.

Im Mai 1985 wurde der Stahlskelettbau des Kunstgewerbemuseums mit vorgeblendeter Ziegelfassade nach den Entwürfen des Scharoun-Schülers Rolf Gutbrod fertig gestellt. Die Sammlung präsentiert Exponate aus allen Bereichen des europäischen Kunstgewerbes vom Mittelalter bis in die Gegenwart. Erwähnenswert ist der kostbare **Welfenschatz** (11.–15. Jh.) mit Reliquiaren, Tragaltären und dem reich verzierten Welfenkreuz aus dem 11. Jh. Sehenswert sind außerdem das *Lüneburger Ratssilber* (15./16. Jh.), der *Verwandlungstisch* von Abraham Roentgen (18. Jh.) und Stücke des zeitgenössischen Produktdesigns.

Öffnungszeiten S. 172

Tiergarten und Regierungsviertel

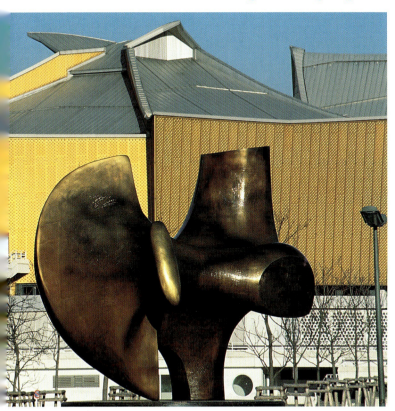

77 Musikinstrumenten-Museum

Tiergartenstraße 1
S1, S2 und U2 Potsdamer Platz
Bus 129, 148, 200, 248, 341, 348

400 Jahre Musikgeschichte im Spiegel ausgewählter Originalinstrumente.

In unmittelbarer Nachbarschaft zur Philharmonie steht das nach Entwürfen von Hans Scharoun errichtete, 1984 eingeweihte Musikinstrumenten-Museum. Unter den etwa 2500 Instrumenten, die den Zeitraum zwischen dem 16. und 20. Jh. dokumentieren, befinden sich auch Unikate aus Renaissance und Barock wie die sich über mehrere Etagen erstreckende *Wurlitzer Konzertorgel*.

In der **Fachbibliothek** des Museums sind mehr als 40 000 Bände und ein Bildarchiv mit 55 000 Dokumenten untergebracht. Außerdem gibt es einen **Konzertsaal** und Restaurierungswerkstätten.

Öffnungszeiten S. 172

78 Philharmonie

Matthäikirchstraße 1
S1, S2 und U2 Potsdamer Platz;
Bus 129, 148, 200, 248, 341, 348

Konzertsäle von besonderer ästhetischer und akustischer Brillanz.

Die in großzügigem, dynamischen Stil gestaltete Philharmonie wurde von Hans Scharoun nach akustischen Kriterien konzipiert: Der Orchesterraum befindet sich fast im Mittelpunkt des **Konzertsaals** und wird von den Zuschauerreihen umringt. Bemerkenswert ist auch die *Dachsilhouette*, die Scharoun als Himmelszelt verstanden wissen wollte. 1963 wurde das Gebäude eingeweiht, 1979 erhielt es seine goldschimmernde *Kunststoffverkleidung*. In Anspielung auf den langjährigen Dirigenten der Berliner Philharmoniker, **Herbert von Karajan** (1908–1989), und wegen der eigenwilligen Bauform wird die Philharmonie ›Zirkus Karajani‹ genannt. Auch heute noch gehören ihre Konzerte zu den Höhepunkten im Berliner Kulturleben, seit 2002 ist

Tiergarten und Regierungsviertel

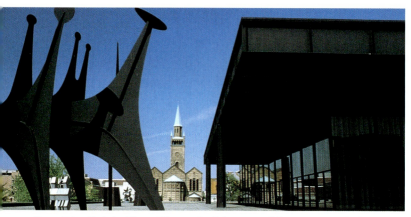

Kunststücke: Nach den Plänen Mies van der Rohes entstand die Neue Nationalgalerie. Vorne eine Skulptur von Alexander Calder, im Hintergrund sieht man die St.-Matthäus-Kirche

Sir Simon Rattle Chefdirigent. Direkt nebenan steht der 1984–87 erbaute **Kammermusiksaal**, auch Kleine Philharmonie genannt, mit knapp 1100 Plätzen.

79 Staatsbibliothek zu Berlin – Preußischer Kulturbesitz II

Potsdamer Straße 33
S1, S2 und U2 Potsdamer Platz;
Bus 129, 148, 200, 248, 341, 348

Vereint – und räumlich doch getrennt.

Auch die Bestände der einstigen Staatsbibliothek Unter den Linden fielen der Teilung der Stadt zum Opfer. Im Westteil entstand ein Neubau für die Staatsbibliothek Preußischer Kulturbesitz. Die räumliche Trennung der beiden Sammlungen blieb zwar nach der Wiedervereinigung bestehen, jedoch wurden sie 1991 unter dem Namen Staatsbibliothek zu Berlin – Preußischer Kulturbesitz vereint.

Das Bibliotheksgebäude an der Potsdamer Straße – einer der größten modernen Bauten dieser Art in Europa – entstand 1967–78 ebenfalls nach Plänen von Hans Scharoun. Bei einer Länge von 229 m und einer Breite von 152 m beträgt die Gesamtgeschossfläche 81 300 m². Heute sind hier rund 7 Mio. Bücher und Druckschriften aus aller Welt (Schwerpunkt: Literatur nach 1956) versammelt. Allein 430 **Nachlässe** gehören zum Bestand, darunter jene von Fichte, Herder, Hegel und Schopenhauer.

Öffnungszeiten S. 175

80 Neue Nationalgalerie

Potsdamer Straße 50
S1, S2 und U2 Potsdamer Platz;
Bus 129, 148, 200, 248, 341, 348

Griechischer Tempel in modernem Stil.

1965–68 entstand nach den Plänen von *Ludwig Mies van der Rohe* dieser quadratische Stahl-Glas-Bau, mit dem der berühmte Architekt seine Idee der ›Halle an sich‹ umsetzte. Wie ein antiker Tempel in moderner Ausführung wirkt das Bauwerk.

Im Untergeschoss der Neuen Nationalgalerie werden bedeutende Kunstwerke des **20. und 21. Jh.** präsentiert. Den größten Teil der Sammlung mit 2500 Gemälden, Skulpturen und Zeichnungen nehmen Arbeiten des Kubismus, Expressionismus, Bauhaus und Surrealismus ein. Aber auch in Bezug auf die Kunst der Gegenwart hat die Nationalgalerie einiges zu bieten. Schwerpunkte bilden hier Werke deutscher und amerikanischer Maler wie Gerhard Richter, Sigmar Polke, Frank Stella und Barnett Newman. Zu den *Highlights* des Museums zählen Edvard Munchs ›Der Lebensfries‹, George Grosz' ›Stützen der Gesellschaft‹, Max Beckmanns ›Geburt‹ und ›Tod‹ sowie Max Ernsts ›Capricorne‹.

In der Glashalle im Erdgeschoss werden Werke aus der Sammlung Marx [s. Nr. 32] und Wechselausstellungen gezeigt. Vor der Nationalgalerie stehen mehrere Plastiken, darunter eine **Stahlskulptur** des amerikanischen Neokonstruktivisten Alexander Calder.

Öffnungszeiten S. 172

Kreuzberg – zwischen Istanbul und In-Szene

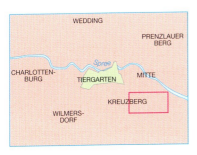

Die Kreuzberger Mischung macht's: Türkische Bazarstimmung, Altberliner Milieu, Punks und Alternative, Kreative und neuerdings auch Büromenschen finden sich in diesem Viertel. Zu Mauerzeiten war Kreuzberg gekennzeichnet durch die Randlage, in der sich ein eigenes kulturelles Leben entwickeln konnte und Wohnraum billig war. Seit der Wiedervereinigung ist der Stadtteil durch seine Nähe zu Berlin-Mitte ins **Rampenlicht** gerückt. Investoren haben die zentrale Lage dieses Viertels erkannt. Und in vielen Straßen hängen übergroß Schilder mit dem Aufdruck ›Büroflächen zu vermieten‹. Wer typische Berliner **Kneipenszene** erleben möchte, ist in Kreuzberg genau richtig – denn: »Kreuzberger Nächte sind lang«, verspricht schon ein berühmter Schlager!

81 Viktoria-Park

S1, S2 Yorckstraße,
U6 Platz der Luftbrücke

Zwischen Wasserfall und Weinberg.

Mit natürlichen Erhebungen kann Berlin nicht gerade prahlen. Der **Kreuzberg**, als höchster Hügel im Innenstadtbereich, misst gerade mal 66 m. Deshalb greifen die Einwohner zu einer List: In Zentimetern rechnend, nennen sie den Kreuzberg liebevoll ihren ›Sechstausender‹. Auf dessen ›Gipfel‹ sieht man das 20 m hohe **Nationaldenkmal**, das an die Befreiungskriege (1813–15) erinnert. Das gusseiserne Monument mit seinem neogotischen Turm wurde vom preußischen Staatsarchitekten Karl Friedrich Schinkel entworfen und 1821 eingeweiht. In den Nischen des Denkmals befinden sich 12 *Statuen* von Heerführern und Angehörigen des Königshauses, die Christian Daniel Rauch, Christian Friedrich Tieck und Ludwig Wichmann gestalteten. Inschriften im kreuzförmigen Sockel erinnern an die wichtigsten Schlachten der Befreiungskriege. Nach dem Eisernen Kreuz an der Spitze, gestiftet von Friedrich Wilhelm III., wurden der Berg und im Jahr 1920 der Bezirk Kreuzberg benannt.

Der **Viktoria-Park** rund um den Berg entstand erst zu Beginn der 90er-Jahre des 20. Jh. Attraktion ist der künstliche **Wasserfall** zur Kreuzbergstraße, der dem Zackenfall des Riesengebirges nachgebildet ist. 13 000 l Wasser plätschern pro Minute hinunter. Am Ende des Wasserfalls glänzt im **Brunnen** ›Der seltene Fang‹, hier hat ein bronzener Fischer eine Nixe in seinem Netz.

Wiederum an die Gründerzeit erinnert die **Tivoli-Brauerei** in der Methfesselstraße unmittelbar am Kreuzberg. Auf dem Gelände der 1891 von Schultheiss gekauften Brauerei entsteht bis etwa 2004 das *Viktoria-Quartier*, das neben Wohnungen und einem Hotel auch kulturelle Einrichtungen umfassen soll. In den Gewölben der Brauerei könnte eventuell die Berlinische Galerie eine neue Heimstatt finden.

Westlich der Methfesselstraße befindet sich das Kreuzberger **Weinanbaugebiet**. Seit 1435 gibt es hier auf dem sog. Cöllnischen oder Götzschen Weinberg eine Weinlese. Die Ausbeute beträgt jedoch lediglich einige Hektoliter, deshalb wird das Berliner Tröpfchen auch nur zu offiziellen Anlässen im Kreuzberger Rathaus gereicht.

82 Bergmannstraße

U6, U7 Mehringdamm und
U6 Platz der Luftbrücke

Kreuzberg von seiner schönsten Seite.

Über die Bergmannstraße schlendern und ab und zu durch Seitenstraßen spazieren – das ersetzt so manches Blättern im Ge-

Wasserwerk: Im Kreuzberger Viktoria-Park sorgt ein künstlicher Wasserfall für Begeisterung – und auf dem ›Gipfel‹ des Kreuzbergs thront das Nationaldenkmal, dessen neogotischer Turm hier hervorlugt

schichtsbuch. Hier trifft man auf ein altes, gut erhaltenes Wohnviertel, wie es für Berlin bzw. Kreuzberg um 1900 typisch war.

Die Fassaden am **Chamissoplatz** sind noch stuckverziert. Kopfsteinpflaster, Gaslaternen und Wasserpumpen vervollständigen das gründerzeitliche Flair. In dieser Gegend siedelten sich vor allem Geschäftsleute, Ärzte und Juristen an – meist in der *Beletage*, dem ersten Stock des Vorderhauses. Viele der Gebäude, die den Zweiten Weltkrieg überstanden, sind heute saniert.

In der Bergmannstraße ist das Schlagwort *multikulturell* Realität, man trifft auf Trödler und modische Szeneläden, Imbissbuden – mit internationalen Fast-Food-Spezialitäten –, Kneipen und Cafés, Ur-Berliner und Studenten, Künstler und Nachtschwärmer.

Wer das besondere Einkaufserlebnis sucht, geht zum **Marheinekeplatz**. Dort steht eine der vier Markthallen, welche von den 14 übrig geblieben sind, die in Berlin um 1900 errichtet wurden.

Der Rest der Bergmannstraße ist – im wahrsten Sinne des Wortes – fast unbelebt: Nicht weniger als fünf **Friedhöfe** säumen den Straßenzug bis zum Südstern und der ehem. *Garnisonskirche* aus dem Jahr 1896.

Ruhig bleibt es auch über den Südstern hinaus, denn an die Friedhöfe schließt sich die **Hasenheide** an – der Volkspark der Kreuzberger. Turnvater Jahn legte hier 1810 einen Sportplatz an. Vor allem im Sommer bietet die Hasenheide noch heute vielfache Möglichkeiten der Erholung und Unterhaltung, es gibt Liegewiesen, Radfahrwege, Tiergehege sowie eine Freilichtbühne für Konzerte, Theateraufführungen und Filmnächte.

83 Riehmers Hofgarten
Yorckstraße 83–86
U6, U7 Mehringdamm

Geschichtsträchtige Architektur: Ein prächtiger Hofgarten, umgeben von großbürgerlichen Miethäusern aus der Gründerzeit.

Der Maurermeister und Architekt Riehmers war eine Kämpfernatur. Als sich Berlin um 1900 zu einer riesigen Mietskaserne auswuchs, die Stadtväter um jeden Quadratmeter rangen und Bauspekulanten ihre besten Zeiten hatten, realisierte Riehmers einen ehrgeizigen Plan: Er baute zwischen 1881 und 1892 einen attraktiven Komplex mit rund 20 Wohnhäusern, deren Fassaden nicht nur zur Straßenfront im üppigen Neorenaissance-Stil gestaltet waren. Er ließ die Häuser außerdem um begrünte, sonnenreiche Höfe gruppieren und durch Innenstraßen miteinander verbinden. Zwei *Figuren* am Rundbogenportal an der Yorckstraße laden heute zu einem Rundgang durch das beste Stück Berlin an der Wende vom 19. zum 20. Jh. ein – Kopfsteinpflaster und Gaslaternen inbegriffen. Modern dagegen ist die Nutzung der Vorderhäuser, denn hier haben sich inzwischen Kinos und Cafés angesiedelt.

Kreuzberger Dreiklang: Häuserfassade am Chamissoplatz, Vermählung in ›Klein-Istanbul‹ und Grünzeug à la Türkei (von oben nach unten) ▷

Kreuzberg

Ein zur Blitzform zerborstener Davidstern: das Jüdische Museum Berlin des Architekten Daniel Libeskind

84 Friedhöfe Hallesches Tor
Mehringdamm/Zossener Straße
U1, U6, U12, U15 Hallesches Tor

Ein Stück Kulturgeschichte zwischen Efeu, unter Gusseisen und auf Marmor verewigt – Grabmalarchitektur vom Rokoko bis zum Jugendstil.

Fünf kleine Begräbnisstätten bilden zusammen die Friedhöfe vor dem Halleschen Tor. Sie sind die ältesten Berlins und rund 80 000 Tote wurden hier beerdigt. Die Gräberfelder wurden ab 1735 angelegt, und zwar auf Wunsch von Friedrich Wilhelm I. noch außerhalb der Berliner Stadtgrenzen. Der erste mit Namen *Jerusalemskirchhof* war bestimmt für die Armen aus der Friedrichsstadt und für die Einwohner der Böhmischen Gemeinde. Innerhalb weniger Jahre kamen andere Kirchhöfe hinzu, fein säuberlich voneinander getrennt durch Mauern, schön geschmückt mit marmornen Statuen. Zu den Armen gesellten sich bald berühmte *Persönlichkeiten*, die Berlin und Preußen im 18. und 19. Jh. prägten. Um nur einige zu nennen: der Architekt Georg Wenzeslaus von Knobelsdorff (gest. 1753), die Dichter Adalbert von Chamisso (gest. 1838) und E. T. A. Hoffmann (gest. 1822), der Komponist Felix Mendelssohn-Bartholdy (gest. 1847), der Schauspieler August Wilhelm Iffland (gest. 1814) sowie der Theaterarchitekt Karl Ferdinand Langhans (gest. 1869).

Faszination des Alltags: die Exponate des Deutschen Technikmuseums dokumentieren Erfindungsreichtum

85 Deutsches Technikmuseum Berlin
Trebbiner Straße 9
U1, U7, U12, U15 Möckernbrücke und U1, U2, U12, U15 Gleisdreieck

Eine Kulturgeschichte der Technik sowie alte und neue Technik zum Erleben und Mitmachen wird hier präsentiert.

Als Verkehrsknotenpunkt von Eisenbahn, U- und S-Bahn, Schifffahrt und Straßenverkehr war das Gebiet Gleisdreieck für die Güterversorgung Berlins von größter Bedeutung. Hier befanden sich der *Anhalter Güterbahnhof*, das Bahnbetriebsgelände mit zwei Lok-

Kreuzberg

schuppen und die Fabrikgebäude der Gesellschaft für Markt- und Kühlhallen.

Auf diesem Areal mit seinen historischen Gebäuden ist seit 1982 das Deutsche Technikmuseum Berlin zu Hause, das nach seinem vollständigen Ausbau mit einer Ausstellungsfläche von 50 000 m² zu den *größten Technikmuseen der Welt* gehören wird.

Schon heute präsentieren **14 Abteilungen** ihre Schätze und Raritäten. Der frühere Güterbahnhof ist jetzt Oldtimer-Depot, die Lokschuppen zeigen historische Bahnstationen, dazu eine vorführbereite Dampflok S 10 und eine Diesellok V 200. Im spektakulären Neubau werden ab Dezember 2003 die Abteilung Luftfahrt mit einer originalen JU 52 und die Abteilung Schifffahrt mit einem 33 m langen Kaffenkahn eröffnet. Zwei weitere Abteilungen sind wissenschaftlichen Instrumenten sowie der Film- und Fototechnik vorbehalten.

Die Kofferproduktion wird ab April 2003 im sanierten Beamtenhaus präsentiert, das sich zwischen den beiden Lokschuppen befindet.

Fast überall finden **Vorführungen** statt und wird der Besucher zum Mitmachen animiert: Im Eingangsbereich werden die Historische Werkstatt, das Bearbeitungszentrum, der Dieselmotor und der Bandwebstuhl vorgeführt. In der Abteilung Textilarbeit kann man weben und beim Wechsel zur Papierherstellung Papier schöpfen oder sich Visitenkarten drucken. Die *Vorführtermine* werden in der Eingangshalle auf einer Tafel angezeigt und auch per Lautsprecher durchgesagt.

Ein besonderes Highlight ist das **Science Center Spectrum**, in dem über 250 Experimente, u. a. in den Bereichen Akustik, Optik, Elektrizität und Radioaktivität, naturwissenschaftliche und technische Phänomene verdeutlichen.

Umgeben sind die Gebäude vom **Museumspark** mit seltenen Pflanzen und Tieren, einer funktionsfähigen Bockwind- sowie einer Holländermühle, in der Müller ihr altes Handwerk erklären. Am

Kreuzberg

Mühlenteich wird in einer historischen Schmiede gehämmert, und in einer Brauerei erfährt man alles über die Brautechnik zu Beginn des 20. Jh.

Öffnungszeiten S. 173

 86 Jüdisches Museum Berlin

Lindenstraße 9–14
U1, U6, U12, U15 Hallesches Tor; Bus 129, 240, 241

Ein spektakulärer Museumsbau für Sammlungen zur deutsch-jüdische Geschichte.

Am 9. November 1992, zum 54. Jahrestag der Pogrome gegen jüdische Mitbürger, wurde der Grundstein für den Neubau des Jüdischen Museums (1993–99) gelegt. Der amerikanische Architekt *Daniel Libeskind* schuf das metallverkleidete Gebäude mit blitzförmigem Grundriss und zackigen Fensteröffnungen, das schon vor der Eröffnung der Sammlung 2001 ein Publikumsmagnet war. Der Besucher betritt die Anlage durch das barocke **Kollegienhaus** (ehem. Berlin Museum). Im Untergeschoss führen drei ›Straßen‹ zum Libeskind-Bau: in den *Garten des Exils*, den *Holocaust-Turm* und in die Ausstellung ›*Zwei Jahrtausende Deutsch-Jüdische Geschichte*‹. Sie illustriert anhand zahlreicher Dokumente, Kunstwerke, Alltagsgegenstände und mittels multimedialer Exponate das facettenreiche Bild dieses Zeitraums. Vielfältige Hintergrundinformationen zur Dauerausstellung bieten Bibliothek, Archiv und das multimediale *Rafael Roth Learning Center*.

Öffnungszeiten S. 173

87 Zeitungsviertel

Zwischen Lindenstraße/Axel-Springer-Straße und Kochstraße
U6 Kochstraße

Ein Viertel für den Blätterwald.

Berlin präsentierte sich um 1900 als die führende Zeitungsstadt in Deutschland. Pioniere waren die Verlagshäuser **Mosse**, **Scherl** und **Ullstein**. Die Palette an Tages- und Wochenzeitungen war reichhaltig: Für konservative Leser gab es die ›Kreuz-Zeitung‹, für Linksliberale die ›Vossische Zeitung‹ und das ›Berliner Tagblatt‹, für Sozialdemokraten die Zeitung ›Vorwärts‹. Massenblätter waren damals schon die ›BZ am Mittag‹ (ab 1904) und die ›Berliner Morgenpost‹, die 1930 bereits eine Auflage von 400 000, sonntags von 630 000 Stück erreichte.

Das Zeitungsviertel befand sich im Areal um **Kochstraße, Lindenstraße** bzw. **Axel-Springer-Straße** und **Schützenstraße**. 64 von 120 Berliner Druckereien waren 1925 hier angesiedelt. Inmitten der Pressehäuser, an der Alte Jakobstraße, stand auch die Reichsdruckerei (1889–93, Carl Busse), heute *Bundesdruckerei*, wo seit jener Zeit Briefmarken, Geldscheine und Personalausweise gedruckt werden.

Der Verleger Axel Springer übernahm 1959 die Aktienmehrheit des Ullstein-Verlages und baute 1961 auf dem Grundstück des alten Scherl-Verlages sein Pressehaus, in dem die Redaktionen von ›Bild‹, ›BZ‹, ›Berliner Morgenpost‹ und ›Welt‹ untergebracht sind. 1993 wurde erweitert: 20-geschossig und mit bronzefarbener, verspiegelter Fassade zeigt sich das **Springer-Hochhaus**. In unmittelbarer Nachbarschaft, in der Kochstraße 18, hat die links-alternative Tageszeitung ›**taz**‹ ihre Redaktionsräume.

Das Verlagshaus Mosse wurde ab 1874 in der Jerusalemer Straße/Ecke Schützenstraße errichtet. An der Stelle des alten Verlagshauses entstand zu Beginn der 90er-Jahre des 20. Jh. das **Druckhaus Berlin-Mitte**, das Teile des alten Gebäudekomplexes in den Neubau integrierte. In der Anlage haben sich inzwischen verschiedene Verlage, Druckereien, Werbeagenturen und Filmbüros angesiedelt.

88 Checkpoint Charlie

Zimmerstraße/Friedrichstraße
U6 Kochstraße und U2, U6 Stadtmitte; Bus 129

Erinnerungen an den Kalten Krieg.

In den Jahren des Kalten Krieges sorgte der **Kontrollpunkt** Checkpoint Charlie nicht selten für Schlagzeilen. Hier standen sich am 27. Oktober 1961 erstmals Panzer der USA und der UdSSR im Abstand von nur 200 m gegenüber. Zwei Monate zuvor hatte der Bau der Mauer aus der belebten Friedrichstraße eine *Sackgasse* gemacht. Nur Ausländer, Diplomaten und Militärs der Siegermächte durften bis zum Mauerfall 1989 den streng bewachten **Übergang** zwischen Ost und West passieren. Am 22. Juni 1990 wurde der Alliierte Kontrollpunkt

Kreuzberg

Nur noch ein paar Schilder erinnern an den Grenzübergang Checkpoint Charlie, heute bestimmen moderne Bürokomplexe das Aussehen der Friedrichstraße

endgültig abgebaut. Heute erinnern hier nur noch Mauerreste, ein Wachturm und ein letztes Schild »Achtung! Sie verlassen den amerikanischen Sektor!« an die Teilung der Stadt. Wie überall in Berlin wurde auch an dieser Stelle in den vergangenen Jahren fleißig gebaut, rund um den Checkpoint entstanden moderne Wohn- und Bürogebäude.

Unweit des Kontrollpunktes dokumentiert das **Mauermuseum Haus am Checkpoint Charlie** (Friedrichstraße 43–45) die Entstehungsgeschichte der Mauer und das Leben in der geteilten Stadt von 1961 bis 1989. Thema ist darüber hinaus auch der weltweite gewaltfreie Kampf für Menschenrechte.

Öffnungszeiten Mauermuseum Haus am Checkpoint Charlie **S. 174**

89 Mariannenplatz

U1, U12, U15 Görlitzer Bahnhof;
Bus 140

Multikulturelles Zentrum.

Zum Ort der Künste wurde die ehem. Diakonieanstalt Berlins auf der Nord-West-Seite des Mariannenplatzes. Seit 1976 ist hier das **Künstlerhaus Bethanien** untergebracht. König Friedrich Wilhelm IV. finanzierte das Gebäude, das 1847 fertig gestellt wurde und bis 1970 ein Krankenhaus war. *Theodor Fontane* lebte und arbeitete hier 1848/49 als Apotheker, bis er sich gegen den Willen seines Vaters ganz der Schriftstellerei widmete. Die alte *Fontane-Apotheke* ist immer noch zu besichtigen.

In die Schlagzeilen geriet der Mariannenplatz 1971, als mehrere hundert Demonstranten das Schwesternheim des stillgelegten Krankenhauses besetzten, um den Abriss der Anlage zu verhindern. Die Aktion hatte Erfolg; das Haus blieb stehen und avancierte zum multikulturellen Zentrum des Viertels.

Die meisten Räume im Künstlerhaus Bethanien werden heute für Theater, Ausstellungen, Lesungen und Konzerte genutzt, in anderen arbeiten Künstler aus aller Welt. Außerdem befindet sich im Gebäude ein Heimatarchiv des Viertels und eine türkische Bibliothek.

Die benachbarte evangelische **St.-Thomas-Kirche**, von Schinkel-Schüler Friedrich Adler 1864–69 im Stil des Historismus erbaut, ist mit 1500 Plätzen eine der größten Kirchen Berlins.

Die lang gestreckte **Grünanlage**, der eigentliche Mariannenplatz, wurde von Peter Joseph Lenné 1853 entworfen. Die

Kreuzberg

Sperrzeit: Am Bahnhof Schlesisches Tor war für die U1 jahrzehntelang Endstation

Endstation Sehnsucht

*Für die U-Bahnlinie 1 war der 1901 erbaute **Bahnhof Schlesisches Tor** zwischen 1961 und 1995 Endstation. Jahrzehntelang war diese Verkehrsverbindung zwischen Kreuzberg und Friedrichshain unterbrochen. Lediglich Ost-Rentner auf Westbesuch und Westler im Gegenverkehr passierten hier zu Fuß den **Grenzübergang**. Heute überquert die Bahn wieder die **Oberbaumbrücke,** die längste aller Spreebrücken. Bis zum S-Bahnhof Warschauer Straße in Friedrichshain geht die Fahrt. Die Wiedervereinigung verhalf der Oberbaumbrücke zu neuer Blüte in altem Gewand, eine architektonische Symbiose von Tradition und Moderne. Die in märkischer Backsteingotik von Otto Stahn 1894–96 erbaute Brücke wurde vom Architekten Santiago Calatrava (Entwurf 1992) neu gestaltet.*

meisten Sommerfeste im Kiez finden hier statt und sind multikulturell in jeder Hinsicht: Musik und Essen, Kunsthandwerk und politisches Engagement verbinden – meist auf friedliche Weise – die unterschiedlichen sozialen und ethnischen Gruppen.

90 Paul-Lincke-Ufer

U1, U8, U12, U15 Kottbusser Tor und U8 Schönleinstraße

Klein-Istanbul.

Idyllisch ist es am Paul-Lincke-Ufer und am gegenüberliegenden Maybachufer des **Landwehrkanals**. Der Wasserweg wurde 1845–50 nach Plänen von Gartenbaudirektor Peter Joseph Lenné angelegt und hatte neben der stadtgestalterischen Zielsetzung vor allem einen ökonomischen Sinn: Auf seinen 10,3 km wurde tonnenweise Baumaterial transportiert, denn Berlin begann um diese Zeit wie rasend zu expandieren. Heute schippern hier nur noch *Ausflugsdampfer* entlang (Anlegestelle u. a. Kottbusser Brücke).

Am Maybachufer fühlt man sich dienstags und freitags ab Mittag wie im Orient, denn dann findet der **Türkenmarkt** statt, ein Freiluftbazar mit vielfältigem Obst- und Gemüseangebot, dazwischen gibt es Stände mit Ökoprodukten, Käse, Haushaltswaren und Textilien.

Auf der anderen Seite, am Paul-Lincke-Ufer, florieren vor allem Gastronomie und entspannter Lebensstil in den kleinen Lokalen mit ihren Vorgärten.

Ein Italiener in Kreuzberg: Haus von Aldo Rossi Ecke Kochstraße/Wilhelmstraße, 1986–88

Rund um den Ku'damm – es lebe der Kaufrausch!

Das Geschäfts- und Kulturzentrum Westberlins gehört auch nach der Wende zu den besten Adressen der Stadt. Und der 3,5 km lange Kurfürstendamm, den die Berliner liebevoll Ku'damm nennen, ist noch immer die **Flaniermeile** Nr. 1, auch wenn ernst zu nehmende Konkurrenz durch die Friedrichstraße und den Boulevard Unter den Linden entstanden ist. Zahlreiche Restaurants, Kinos, Boutiquen und Kaufhäuser bestimmen das Bild rund um den Ku'damm, den heute einige bemerkenswerte Neubaukomplexe schmücken. Doch auch die **Kultur** kommt nicht zu kurz: Galerien, Museen und Auktionshäuser vermitteln Flair.

91 Kurfürstendamm

U9, U15 Kurfürstendamm und U15 Uhlandstraße

Vom Reitweg zur Flaniermeile.

Die Geschichte des Kurfürstendamms beginnt mit einem Reitweg, der sich im 16. Jh. in Richtung Jagdschloss Grunewald erstreckte. Lange Zeit war der Weg nur den Mitgliedern der kurfürstlichen Familie vorbehalten, und daher bürgerte sich der Name Kurfürstendamm ein.

Zum großstädtischen Boulevard wurde der Kurfürstendamm dann durch den Ausbau, den Otto von Bismarck im Jahr 1883 veranlasste: Der Berliner Westen sollte eine repräsentative **Hauptstraße** für den ›Vergnügungsverkehr‹ zum Grunewald haben. Der Kurfürstendamm ist insgesamt 3,5 km lang und zieht sich durch die Viertel Charlottenburg und Wilmersdorf. Am und um den Boulevard siedelten sich bald wohlhabende Bürger, Geschäftsleute, Spekulanten und Künstler an, während der Adel und die Regierung den Boulevard Unter den Linden vorzogen.

Seine große **Blüte** erlebte der Kurfürstendamm in den 20er-Jahren des 20. Jh. Damals schossen hier neue Unterhal-

Viel sehen – und besser noch gesehen werden: Auf dem Ku'damm treffen sich Nachtschwärmer im Restaurant ›Reinhard's‹ zu Klatsch und kulinarischen Genüssen

tungsetablissements – Cabarets, Revuen, Varietés und Kinos – wie Pilze aus dem Boden. Von den ursprünglichen, um 1900 errichteten Prachtbauten haben bedauerlicherweise nur wenige den Bombenhagel des Zweiten Weltkriegs überstanden. Einige Bauten sind jedoch originalgetreu rekonstruiert worden.

In den vergangenen Jahren änderte sich das Flair dieses Berliner Boulevards, es wurden immer mehr Edelboutiquen, exklusive Schmuckgeschäfte sowie Passagen mit Luxusläden eröffnet. Und gebaut wird natürlich auch am Ku'damm so viel wie möglich. Vis à vis der Gedächtniskirche wird jetzt das **Zoofenster Berlin** errichtet, ein 118-m-Hochhaus mit 37 Stockwerken nach Plänen von Christoph Mäckler, das an Hilton International verpachtet werden soll.

Große Hotels gehören neben den Kinos und den beiden Boulevardtheatern **Theater am Kurfürstendamm** und **Komödie** (Nr. 206) traditioneller Weise zum Kurfürstendamm.

TOP TIPP Das bekannteste von ihnen ist sicherlich das **Kempinski Hotel Bristol** (Nr. 27), das 1952 von Paul Schwebes erbaut wurde. In diesem eleganten Haus logiert die Prominenz aus aller Welt – und in der hauseigenen *Bristol-Bar* kann man daher mit etwas Glück richtige VIPs antreffen.

Legendär war einst das **Café Kranzler** an der Kreuzung Kurfürstendamm/Joachimsthaler Straße. Dessen Nachfolger befindet sich in der Rotunde im zweiten Stock des **Neuen Kranzler Ecks** (2000, Helmut Jahn). Um 1900 stand an dieser Straßenkreuzung das *Café des Westens* (auch Café Größenwahn genannt), Treffpunkt der Berliner Boheme. Ein Etablissement, in dem Schriftsteller und Schauspieler bei einer Tasse Kaffee stundenlang debattierten. Nach dem Ersten Weltkrieg trafen sich die Künstler im Romanischen Café bei der Gedächtniskirche [s. S. 104]. Gleich gegenüber vom Kranzler, am alten **Ku'damm Eck** steht heute ein 44 m hoher Rundbau (2001), in dem sich Berlins jüngste Luxusherberge *Swissôtel* etabliert hat.

Interessante Geschichten sind auch mit Gebäuden auf dem Charlottenburger Teil des Kurfürstendamms (vom Breitscheidplatz bis zum Adenauerplatz) verbunden: In **Nr. 234**, lange Jahre ein Café, verkehrten vor dem Ersten Weltkrieg viele Offiziersgattinnen, die hier ihre Töchter unter die Haube bringen wollten.

Haus **Nr. 218** wurde 1902 vom Chinesischen Reich erworben. Bis 1979 gehörte es der Volksrepublik China und war als Botschaftsgelände exterritoriales Gebiet. Im **Kino Astor** (Nr. 217), in den 20er-Jahren des 20. Jh. ein Revuetheater, trat 1926 *Josephine Baker* in ihrem legendären Bananenkostüm auf. Und der Gebäudekomplex **Nr. 193** sollte 1912 als Apartmenthaus nach amerikanischem Vorbild eröffnet werden, machte jedoch sofort pleite und beherbergt mittlerweile die *Oberfinanzdirektion Berlin*.

Ein Bummel lohnt sich auch durch die Seitenstraßen des Ku'damms zwischen Joachimstaler Straße und Leibnizstraße. Hier sowie rund um den **Savignyplatz** findet man zahlreiche Boutiquen, Fachgeschäfte, Cafés und (Szene-)Restaurants. Kein Wunder, dass diese Straßen zu den bevorzugten Wohngegenden Berlins gehören.

92 Kaiser-Wilhelm-Gedächtniskirche

Breitscheidplatz
S3, S5, S7, S9 und U2, U12
Zoologischer Garten

Eines der Wahrzeichen Berlins ist der zerstörte Turm der Kaiser-Wilhelm-Gedächtniskirche.

Gleich nach seiner Thronbesteigung gab Kaiser Wilhelm II. den Auftrag: Er wollte eine repräsentative Kirche, die – vor allem im Innenraum – die Einheit von Thron und Altar in Preußen demonstrieren und dem Andenken an Kaiser Wilhelm I. gewidmet sein sollte. Franz Heinrich Schwechten erbaute sie im neoromanischen Stil mit einem hohen **Westturm** sowie vier Ecktürmen. Allerdings, eine große Rolle im kirchlichen Leben spielte die Kaiser-Wilhelm-Gedächtniskirche in den folgenden Jahrzehnten nicht, auch wenn hier 1921 der damalige Stummfilmstar Henny Porten ganz in Weiß heiratete. Am Totensonntag im November 1943 zerstörten die Bomben der Alliierten das Gotteshaus, stehen blieb nur der Westturm.

1957 wollte man die Ruine abreißen, doch die Berliner protestierten vehement. Man einigte sich auf einen Kompromiss: Der Turm, mittlerweile ›hohler Zahn‹ genannt, blieb stehen und wurde nach einem Entwurf von Egon Eiermann mit einem flach gedeckten Oktogon aus ver-

Ambivalente Harmonie: Glühweinduftende Adventsstimmung auf dem Breitscheidplatz, mit Blick auf die Gedächtniskirche

Rund um den Ku'damm

MonarchInnen in Mosaikform – Kaiser Wilhelm II. und Gemahlin in der Gedächtniskirche am Breitscheidplatz

glasten Betonplatten umkleidet. Zusätzlich wurden eine Sakristei, ein Foyer mit Bibliothek und ein weiterer Turm (53 m hoch) errichtet. Am 17. Dezember 1961 weihte man das neue Gotteshaus ein. Das Ensemble nennen die Berliner recht salopp ›Puderdose und Lippenstift‹.

Eine *Gedenkhalle* im Turm mahnt zu Frieden und Versöhnung. Auf dem *Fürstenfries* sind die Hohenzollernherrscher von Kurfürst Friedrich I. (1415–40) bis zum letzten Kronprinzen Friedrich Wilhelm abgebildet. Zu jeder vollen Stunde ertönt das *Glockenspiel* im alten Turm – eine Melodie von Prinz Louis Ferdinand, dem Urenkel des letzten Kaisers.

93 Europa-Center
Breitscheidplatz
S3, S5, S7, S9 und U2, U12 Zoologischer Garten und Wittenbergplatz; Bus X9, 100, 109, 145, 146, 149, 245 (Zoologischer Garten), 119, 219, 146, 219 (Tauentzienstraße)

Vom Künstlertreffpunkt zum Touristenzentrum.

Dort, wo sich heute das Europa-Center erhebt, befand sich in den 20er-Jahren des 20. Jh. das legendäre *Romanische Café* – Treff der Berliner Kulturszene. Berühmtheiten wie Max Reinhardt, Alfred Döblin, Gustaf Gründgens, Richard Tauber

Parade der Liebe

Jedes Jahr wird wieder aufs Neue gebangt: Findet sie statt oder nicht? Die Rede ist von der **Love Parade**, *die Hunderttausende junger Menschen in die Stadt lockt. Aber trotz dieser unsicheren Situation: Die Parade ist mittlerweile zu einer festen Institution der Berliner Szene geworden. Dabei fing alles wie ein Scherz an. ›Friede, Freude, Eierkuchen‹, so lautete das Motto, unter dem der DJ Dr. Motte die* **Techno-Szene** *1989 aus den dunklen Kellerclubs ans Tageslicht holen wollte. Und tatsächlich, sie kam. 1989 zog ein kleines Häufchen von 150 Leuten auf einem bunt geschmückten Wagen über den* **Ku'damm** *und tanzte zu dröhnender Techno-Musik. Welchen Aufschwung die Love Parade nehmen sollte, ahnte damals niemand. Im Jahr 2002 kamen z. B. etwa 700 000 ›Techno-Jünger‹ nach Berlin und feierten ihr Fest.*

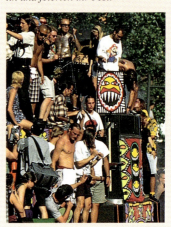

Immer noch ruft die Liebesparade Kopfschütteln hervor: Was soll dieser Musiktaumel? Was sollen die wummernden Boxen und die **superschrillen Outfits***? Ist es eine wilde Demonstration für ein entfesseltes Leben? Oder ist die Love Parade vielleicht doch nur einfach ein friedlicher Festzug über die Straße des 17. Juni? Fest steht: Love Parade heißt 48 Stunden tanzen und von Club-Fete zu Club-Fete wandern. Eine Szene feiert sich selbst.*

Rund um den Ku'damm

Grüße vom Globus: Auf dem Breitscheidplatz trifft man sich am Weltkugelbrunnen, der wegen seiner Form von den Berlinern auch ›Wasserklops‹ genannt wird

und Egon Erwin Kisch saßen im speziell für sie reservierten Raum ›Bassin der Schwimmer‹. Junge Talente tranken ihren Kaffee im ›Bassin der Nichtschwimmer‹. Doch im November 1943 war Schluss mit Kaffeeklatsch. Britische Bomben zerstörten das Gebäude. 1963–65 errichtete man auf dem Areal das 22-geschossige, 86 m hohe Europa-Center (Hentrich/Petschnigg, Düttmann/Eiermann), in dem das Info-Büro *Berlin Tourismus*, zahlreiche Geschäfte, Restaurants, das Kabarett ›Die Stachelschweine‹ und die Spielbank unterkamen.

Beliebter Treffpunkt für Touristen, Berliner Bürger, Straßenkünstler und Skateboardfahrer ist der 1983 als Fußgängerzone gestaltete **Breitscheidplatz** direkt vor dem Europa-Center. Seinen Namen erhielt er nach dem Politiker Rudolf Breitscheid, der im KZ Buchenwald umkam. Zentrum des Platzes ist der vom Bildhauer Joachim Schmettau entworfene **Weltkugelbrunnen**, wegen seiner Form auch ›Wasserklops‹ genannt.

94 Käthe-Kollwitz-Museum

Fasanenstraße 24
U15 Uhlandstraße

Expressionismus und Erinnerung.

Eine der architektonisch schönsten und vornehmsten Seitenstraßen des Kurfürstendamms ist die **Fasanenstraße** mit ihren repräsentativen Villen aus dem 19. Jh. und den gediegenen Wohnhäusern aus dem frühen 20. Jh.

Die Gründerzeitvilla eines Korvettenkapitäns (Nr. 23) wird als **Literaturhaus** genutzt, Garten und Wintergarten dienen als Café. Im Haus befindet sich außerdem eine Buchhandlung und ein *Kurt-Tucholsky-Zimmer* mit Möbeln aus seinem Domizil im schwedischen Hindas. Tucholsky übrigens hatte 1912 am *Ku'damm Nr. 12* eine Bücherbar eröffnet, in der nicht nur Literatur, sondern auch Hochprozentiges angeboten wurde.

In einem 1897 im spätklassizistischen Stil umgebauten Palais an der Fasanenstraße 24 zeigt das **Käthe-Kollwitz-Museum** einen Großteil des Lebenswerks der expressionistischen Künstlerin Käthe Kollwitz (1867–1945). Der Berliner Maler und Kunsthändler Prof. Hans Pels-Leusden stiftete dem Museum seine Sammlung von 100 Druckgrafiken, 70 Zeichnungen und Originalplakaten, die von der sozial engagierten Künstlerin stammen. Das Auktionshaus des Kunsthändlers befindet sich im Nachbarhaus Nr. 25, der **Villa Grisebach** (1891–95). Das Haus **Nr. 26**, um 1900 erbaut, gehörte dem Kaufmann Salomon Wertheim, dem Begründer des gleichnamigen Konzerns. Sein Haus war zu Beginn des 20. Jh. ein gesellschaftlicher Treffpunkt.

In diesem Abschnitt der Fasanenstraße wie auch in anderen Straßen, die vom Kurfürstendamm abzweigen, befinden sich noch zahlreiche Altberliner **Pensio-**

Rund um den Ku'damm

Ideale und Idylle: An der Fasanenstraße kommt man im Literaturhaus zum Gedankenaustausch bei Schokolade und Kuchen im bibliophilen Café Wintergarten zusammen

nen. Vor allem Kriegerwitwen des Ersten Weltkrieges, die ihr Budget aufbessern mussten, vermieteten ihre oft bis zu 600 m² großen Wohnungen. Diese waren in den 20er- und 30er-Jahren des 20. Jh. beliebte Domizile von Schauspielern, Künstlern und anderen Prominenten. So wohnten hier u.a. der Stummfilmstar Asta Nielsen, der Fliegerheld Erich Udet und der Dichter Franz Kafka.

Öffnungszeiten Käthe-Kollwitz-Museum S. 173

Erinnerungen am Eingang: Das Portal der ersten Synagoge Berlins hat man in das Jüdische Gemeindehaus einbezogen

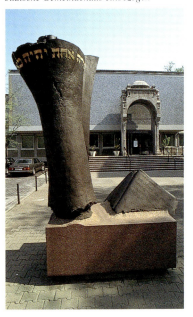

95 Jüdisches Gemeindehaus

Fasanenstraße 79
S3, S5, S7, S9 Zoologischer Garten und U9, U15 Kurfürstendamm

Kulturelles Zentrum der größten Jüdischen Gemeinde Deutschlands.

In der Fasanenstraße 79–80 wurde am 26. August 1912 die erste Synagoge im Berliner Westen eröffnet. In dem prunkvollen Gebäude, das Ehrenfried Hessel im byzantinischen Stil entworfen hatte, fanden 1700 Gläubige Platz. Doch die Synagoge wurde in der Pogromnacht 1938 fast völlig zerstört, ihre Ruine schließlich 1958 gesprengt. Die Architekten Dieter Knoblauch und Heinz Heise errichteten 1957–59 ein neues Gemeindehaus und integrierten das alte Portal als Haupteingang. Ein Säulenpaar aus der Fassade der abgebrochenen Ruine dient als *Mahnmal*. Eine Wand im hinteren Säulenhof fungiert als *Gedenkstätte* für die von den Nazis ermordeten Berliner Juden. Im Gemeindehaus befindet sich auch das koschere Restaurant *Arche Noah* (Tel. 8 82 61 38).

Rund um den Ku'damm

Edles Pflaster: Eine Erkundung der Fasanenstraße – vornehmste der Ku'damm-Seitenmeilen – lohnt sich nicht nur wegen der Villen. Attraktiv sind auch die feinen Geschäfte

In unmittelbarer Nachbarschaft erhebt sich seit 1994 das **Kantdreieck**, ein Bürohochhaus von Josef Paul Kleihues, auf dessen Dach eine gigantische silberne Wetterfahne beeindruckt. Gegenüber steht der ›Gürteltier‹ gennante Neubau des **Ludwig-Erhard-Hauses** (1998) vom Londoner Architekten Nicholas Grimshaw, das von der Industrie- und Handelskammer und der Berliner Börse genutzt wird.

 96 Theater des Westens
Kantstraße 12
S3, S5, S7, S9 und U2, U12
Zoologischer Garten

Modernes Entertainment hinter alten Mauern: Berlins Operetten- und Musicalbühne.

Im pompösen Stil des wilhelminischen Historismus 1895/96 von Bernhard Sehring erbaut, bot das Theater des Westens damals den geeigneten Rahmen für die

Hier regieren Operette und Musical: Im Theater des Westens an der Kantstraße hat man sich mit Entertainment einen Namen gemacht

Rund um den Ku'damm

Aufführung klassischer *Operetten*. In der Nachkriegszeit hatte hier die *Deutsche Oper* ihre Spielstätte, ehe sie in den Neubau an der Bismarckstraße umzog. Im Jahr 1978 baute man das Haus um und restaurierte es. Unter der künstlerischen Leitung Helmut Baumanns – er wurde 1999 durch Elmar Ottenthal abgelöst – erwarb sich das Theater einen guten Ruf als Spielstätte des modernen **Musicals**. Hier werden die angesagten Bühnenshows des 21. Jh. wie ›Evita‹, ›Stomp‹ oder ›Grease‹ aufgeführt.

Im Nachbarhaus ist das **Delphi-Kino** untergebracht, einst größtes Filmtheater Berlins und Uraufführungsstätte nach dem Zweiten Weltkrieg. Im *Kellergewölbe* bietet ein alteingesessener Club Livemusik von Jazz bis Rock.

97 Bahnhof Zoo

Jebenstraße 8/Hardenbergplatz
S3, S5, S7, S9 und U2, U12 Zoologischer Garten

Eine ›Schmuddelecke‹ mausert sich.

›Die Kinder vom Bahnhof Zoo‹, wie die halbwüchsigen Prostituierten in dem berühmten Film heißen, stehen zwar immer noch dort, doch wenigstens hat sich die Innenausstattung des Bahnhofs Zoo verbessert. Eine neue **Wandelhalle** mit zahlreichen Geschäften und Imbissständen sowie ein neues Reisezentrum geben ihm seit 1995 zumindest ein wenig Großstadt-Flair. Ein Verkehrsknotenpunkt, der einer Metropole würdig wäre, ist der Bahnhof Zoologischer Garten jedoch nicht. Die 1934–36 von Fritz Hane errichtete Anlage ist zur Zeit Ausgangspunkt für Züge, die in westliche Richtung fahren. Züge nach Osten und nach Süden gehen vom Ostbahnhof oder Bahnhof Lichtenberg ab.

98 Zoologischer Garten

Eingänge: Hardenbergplatz 8 (Löwentor), Budapester Straße 34 (Elefantentor)
S3, S5, S7, S9 und U2, U12 Zoologischer Garten

Ältester und meistbesuchter Tierpark Deutschlands.

Schon das prächtige **Tor** mit den beiden steinernen Elefanten, die ein Pagodendach tragen, beeindruckt am Eingang Budapester Straße. Allerdings handelt es sich bei diesem Portal um eine Kopie des 1899 errichteten und im Krieg zerstörten Originals. Eröffnet wurde der Zoo bereits 1844, Gründerväter dieses ersten Tierparks Deutschlands waren der Naturwissenschaftler Martin Lichtenstein, Alexander von Humboldt und der Gartenarchitekt Peter Joseph Lenné. Der Grundstock des Zoos wurde durch die *Königliche Tiersammlung* gelegt, die Friedrich Wilhelm IV. den Berlinern schenkte. 1943 wurde ein großer Teil der Anlage innerhalb von 15 Minuten zerstört, es überlebten von 10 000 Tieren nur 91, darunter der

Schöner Reisen – das Image des Bahnhofs Zoo, von dem aus Züge in westliche Richtung fahren, ist durch eine neue Halle mit Geschäften und Imbissständen aufgewertet worden

Rund um den Ku'damm

Geduldige Dickhäuter – das Elefantentor an der Budapester Straße stimmt die Besucher auf die Tiere des Zoologischen Gartens ein. **Unten:** *Berliner Bär im Panda-Look*

1943 im Zoo geborene Flusspferdbulle ›Knautschke‹ sowie ein Elefant.

Auf dem 35 ha großen Gelände leben heute 14 249 Exemplare von insgesamt 1517 Tierarten. Das **Vogelhaus** ist mit über 3300 m² eines der größten der Welt.

Nicht weit vom Elefantentor steht das **Aquarium** (Internet: www.aquarium-berlin.de) vom berühmten Zoologen Alfred Brehm Mitte des 19. Jh. gegründet und 1913 an dieser Stelle errichtet. Auf drei Stockwerken sind nach den Elementen Wasser (Aquarium), Erde (Terrarium) und Luft (Insektarium) geordnet Tausende von Tieren untergebracht – darunter Reptilien, Amphibien, Fische und Insekten. Eine besondere Attraktion ist die *Krokodil-Halle*.

Als dritter im Bunde ist der **Tierpark** (Internet: www.tierpark-berlin.de) in Friedrichsfelde zu nennen, der u. a. mit Schlangenfarm und Dickhäuterhaus aufwartet.

Hier fließt der Champagner in Strömen – alles eine Frage des Preises! Wer nur zum Schauen kommt, wird sich trotzdem an der Lebensmittelabteilung im KaDeWe ergötzen

 KaDeWe

Kaufhaus des Westens

Tauentzienstraße 21/
Wittenbergplatz
U1, U2, U12, U15 Wittenbergplatz

Kaufrausch pur.

Ein **Einkaufsparadies** par excellence ist das Kaufhaus des Westens am Wittenbergplatz, kurz KaDeWe genannt, mit rund 60 000 m² Verkaufsfläche das größte Kaufhaus des Kontinents.

1906/07 wurde das Gebäude im Auftrag des Unternehmers Adolf Jandorf von Johann Emil Schaudt errichtet. In dem Viertel, das sich damals um die Gedächtniskirche entwickelte, sollte ein Warenhaus für gehobene Ansprüche entstehen. Mit der Übernahme des Hauses durch Hermann Tietz (Hertie) 1927 erlebte das Warenhaus seine erste große Blüte. Im KaDeWe gibt es (fast) nichts, was es nicht gibt: Vom Abendkleid bis zur Zahnbürste hält das Kaufhaus eine schier unglaubliche Warenpalette bereit. Der ›Hit‹ des KaDeWe ist jedoch die **Lebensmittelabteilung** im 6. Stock: Dort hat man die Qual der Wahl zwischen rund 1300 Käsesorten, 1200 Sorten Wurst, 400 verschiedenen Brotarten und 2400 Weinen aus allen Teilen der Welt. Und es gibt natürlich auch **Souvenirs** wie den *Berliner Bär* aus Marzipan, Plüsch oder Porzellan. Zahlreiche kulinarische Genüsse und eine Super-Aussicht über die Stadt bietet das **Kaufhausrestaurant** (7. Stock) mit seiner eindrucksvollen Glaskuppel!

Die vom Wittenbergplatz abgehende **Tauentzienstraße** lockt mit weiteren Warenhäusern, Boutiquen, Buch- und Schuhgeschäften. Südöstl. vom Wittenbergplatz trifft man dann auf den **Nollendorfplatz** mit dem einstigen *Neuen Schauspielhaus*. Dieses 1906 erbaute Theater wurde durch Erwin Piscator berühmt, der hier am 3. September 1927 mit Ernst Tollers Stück ›Hoppla, wir leben!‹ das Kapitel ›Piscator-Bühne‹ eröffnete. Heute befindet sich in dem Gebäude das **Metropol**, eine der größten Diskotheken der Stadt.

Rund um das Charlottenburger Schloss – hier sind Kunstliebhaber richtig

Das Viertel rund um Schloss Charlottenburg ist vor allem für Kunstinteressierte ein Muss. Das Schloss, die Ausstellungen in seinem Innern und die hervorragenden Museen in seiner Umgebung bieten einen **kulturellen Überblick** vom alten Ägypten bis in die Zeit des Jugendstil. Schloss und Park sind eingebunden in den Stadtteil Charlottenburg (früher Lietzow). Das Gebiet war vor der Eingemeindung nach Berlin Anfang des 20. Jh. die zweitreichste Stadt Preußens – eine Tatsache, die sich noch heute an den Bauwerken ablesen lässt.

100 Schloss Charlottenburg

Spandauer Damm/Luisenplatz
U7 Richard-Wagner-Platz und
U2, U12 Sophie-Charlotte-Platz;
Bus 109, 145, 210, X21

Größtes und glanzvollstes der Berliner Hohenzollernschlösser.

Der kurfürstlich-brandenburgische Oberbaudirektor Johann Arnold Nering errichtete ab 1695 in ländlicher und bewaldeter Umgebung Schloss Lietzenburg, benannt nach dem nahe gelegenen Dorf Lietzow. Friedrich III. schenkte es als **Sommerresidenz** seiner Frau Sophie Charlotte, die das Schloss bald zum geistigen Zentrum Berlins machte. Einer ihrer engsten Freunde war der Philosoph Johann Gottfried Leibniz, Gründer der Berliner Akademie der Wissenschaften.

Als sich Friedrich III. im Jahr 1701 selbst zum König von Preußen gekrönt hatte, genügte das Sommerschlösschen den Repräsentationsbedürfnissen nicht mehr. Deshalb wurde es weiter ausgebaut, bis es als glanzvollstes Beispiel ba-

Schmiedeeiserne Spielereien und Goldgefunkel – die kunstvollen Verzierungen stimmen perfekt auf die prachtvolle Innenausstattung von Schloss Charlottenburg ein

Rund um das Charlottenburger Schloss

Versailles war Vorbild: Schloss Charlottenburg, das nach Königin Sophie Charlotte benannt wurde, gilt als glanzvollstes Beispiel barocker Baukunst des Hauses Hohenzollern

rocker Baukunst des Hauses Hohenzollern galt. Schließlich dauerte es fast 100 Jahre, bis das Prunkschloss seine heutige Ausdehnung und Gestalt erhielt.

Den Anfang machte der schwedische Architekt Johann Friedrich Eosander von Göthe, der die Anlage an beiden Seiten erweiterte. Schloss Lietzenburg erhielt nach dem Tod der Königin Sophie Charlotte den Namen Schloss Charlottenburg. Bis 1713 wurde es in Anlehnung an das *Versailler Schloss* mit dem 48 m hohen **Kuppelturm** über dem Mittelbau ergänzt. Den Abschluss bildet eine vergoldete Fortuna, die als Wetterfahne dient.

Erweitert wurden die Bauten in dieser Zeit auch durch die an den westlichen Flügel anschließende **Orangerie**, in der heute Kunstausstellungen stattfinden.

1740–47 ließ Friedrich der Große als Pendant zur Orangerie von Georg Wenzeslaus Knobelsdorff den **Ostflügel** errichten. Unter Friedrich Wilhelm II. wurde 1788–91 die Anlage mit dem von Langhans erbauten **Schlosstheater** auf insgesamt 505 m verlängert.

Nach der Revolution von 1918/19 ging das Schloss in den Staatsbesitz der Weimarer Republik über und wurde als Museum genutzt. Im Zweiten Weltkrieg brannte es fast völlig ab. Durch jahrzehntelange Restaurierung wurde der ursprüngliche Zustand aber weitgehend wieder hergestellt.

Denkmal des Großen Kurfürsten

Im *Ehrenhof*, vor dem Mittelbau des Schlosses, steht seit 1952 das Reiterdenkmal des Großen Kurfürsten, das 1696/97 von *Andreas Schlüter* modelliert und 1700 in einem Stück gegossen wurde. Das Bronzewerk, das den Regenten als Schlachtensieger zeigt, gilt als das bedeutendste barocke Reiterstandbild und war ab 1703 in der Nähe des Stadtschlosses aufgestellt. Während des Zweiten Weltkriegs sollte es in Sicherheit gebracht werden, versank aber bei einer Havarie im Tegeler Hafen und konnte erst 1950 geborgen werden.

Historische Räume

Die historischen Räume im Mitteltrakt sowie im rechten Seitenflügel von Charlottenburg wurden in den 50er-Jahren des 20. Jh. wieder hergestellt und können fast alle besichtigt werden. Im Erdgeschoss des Mittelbaus sind die *Eichengalerie* und das **Porzellankabinett** sehenswert. Letzteres präsentiert kostbares chinesisches und japanisches Porzellan aus dem 17. und 18. Jh. Um die Wirkung der herr-

Rund um das Charlottenburger Schloss

lichen Geschirr-Kreationen zu erhöhen, ließ Friedrich I. die Sammlung durch großzügige Spiegelflächen an den Wänden optisch vervielfältigen.

Im Obergeschoss des *Knobelsdorff-Flügels* befinden sich die prunkvollen Gemächer Friedrichs des Großen und der **Weiße Saal**, der dem Alten Fritz als

So viel Gold macht glücklich: Eine der Attraktionen ist die 42 m lange Goldene Galerie im Knobelsdorff-Flügel – fantasievolle Raumerfindung des deutschen Rokoko

Rund um das Charlottenburger Schloss

Kostbare Exponate des Museums für Vor- und Frühgeschichte im Schloss Charlottenburg: Spitze – der Berliner Goldkegel stammt ursprünglich aus Süddeutschland. Auch während der Völkerwanderung (5./6. Jh.) schön geschmückt

Speise- und Thronsaal diente. Ein weiterer ›Augenschmaus‹ ist die 42 m lange **Goldene Galerie** mit ihren kunstvollen Dekorationen aus vergoldetem Stuck.

Friedrichs Vorliebe für die Malerei des französischen Rokoko ist es zu verdanken, dass in seinen Räumen acht bedeutende Gemälde von *Jean-Antoine Watteau* zu sehen sind. Optische Leckerbissen bietet auch die berühmte Tabakdosensammlung Friedrichs.

Im früheren *Schlosstheater* ist heute das **Museum für Vor- und Frühgeschichte** untergebracht, das auf die Kunst- und Altertumssammlungen der Hohenzollern zurückgeht. Es zählte lange zu den drei größten Sammlungen dieser Art in der Welt, wurde aber durch den Zweiten Weltkrieg dezimiert. Gleichwohl dokumentiert das Museum auch heute noch umfassend die prähistorischen Kulturen Europas und Vorderasiens. Exponate aus der römischen Antike und dem Mittelalter vervollständigen das Bild. Sehenswert ist hier nicht zuletzt die Sammlung *Heinrich Schliemanns* mit Grabungsfunden aus dem antiken Troja.

Vor dem Knobelsdorff-Flügel steht eine Nachbildung eines seit dem Zweiten Weltkrieg verschollenen Werkes von Andreas Schlüter. Das Denkmal zeigt den Kurfürsten Friedrich III.

Öffnungszeiten S. 174, 175

TOP TIPP 101 Schlosspark Charlottenburg

Juwel europäischer Gartenbaukunst.

Zu den beliebtesten Stadtparks Berlins gehört der Charlottenburger Schlosspark. 1687 wurde er als erster französischer Barockgarten Deutschlands von Simeon Godeau angelegt und im 18. Jh. von Peter Joseph Lenné um einen englischen Landschaftsgarten erweitert. Noch heute gilt er als ein Beispiel für exzellente europäische Gartenbaukunst.

Von der Straße aus lässt sich die Pracht nicht gleich erahnen, da sich die Anlage vor allem hinter dem Schloss ausdehnt. Der östlich von der Spree begrenzte *Barockgarten* ist symmetrisch angelegt: Großflächige, reich gemusterte Broderien erstrecken sich bis zu einem *Karpfenteich*. Die Mittelpartie ist von vierreihigen Alleen eingeschlossen. Im Zentrum befindet sich ein achteckiger Brunnen mit Fontäne.

Im nördl. Teil des Parks, im *englischen Landschaftsgarten*, steht das von Carl Gotthard Langhans erbaute **Belvedere**, ein dreistöckiges Teehaus (1788) im barocken Stil. Hier werden heute Werke der *Königlich Preußischen Porzellan Manufaktur (KPM)* aus dem 18. und 19. Jh. präsentiert.

Am Ende einer Tannenallee im Westteil des Parks steht ein kleiner dorischer

Von allen Seiten ein Genuss: Schloss Charlottenburg. Links wird der Garten von der Spree begrenzt, an das Parterre schließt sich der Karpfenteich an ▷

Rund um das Charlottenburger Schloss

Noch vom Umzugsstress verschont: Nofretete wird um 2007 ins Neue Museum verlegt

Tempel, das **Mausoleum**, das von Heinrich Gentz 1812 im Auftrag von König Friedrich Wilhelm III. erbaut wurde. Es dient als letzte Ruhestätte für die früh verstorbene Königin Luise (1776–1810). Der sehenswerte *Marmorsarkophag* der Königin, ein Hauptwerk der deutschen Skulptur des 19. Jh., wurde von Christian Daniel Rauch 1811–14 in Italien gefertigt. Rauch war Kammerdiener der Königin und wurde von ihr für das Bildhauerstudium freigestellt. Zum Gedenken an die überaus beliebte Regentin legen auch heute noch viele Berliner an ihrem Todestag Blumen zu Füßen des Sarkophags nieder.

Auch andere bedeutende Mitglieder des Königshauses sind hier beigesetzt: Luises Gemahl Friedrich Wilhelm III. (gest. 1840), seine zweite Gemahlin Fürstin Liegnitz (gest. 1873) und Prinz Albrecht (gest. 1872). Das Herz von König Friedrich Wilhelm IV. (gest. 1861) ist in einer Steinkapsel zwischen den Grabstätten seiner beiden Eltern beigesetzt. Die Marmorsarkophage von Kaiser Wilhelm I. (gest. 1888) und Kaiserin Augusta (gest. 1890) sind Werke von Erdmann Encke.

Am Osteingang des Parks fügt sich der **Schinkel-Pavillon** harmonisch ins Landschaftsbild ein. Das Sommerhaus wurde auf Veranlassung von Friedrich Wilhelm III. von Schinkel geplant und von Albert Dietrich Schadow 1824/25 ausgeführt. Vorbild war die *Villa Chiatamone* in Neapel, die der König im Jahr 1822 bewohnt hatte. Der Regent und seine zweite Frau verbrachten in diesem Schinkel-Bau die Sommermonate. Auch das *Innere* des Pavillons wurde größtenteils nach den Plänen des großen Architekten gestaltet. Zwar sind die Räume in Form und Grundriss relativ einheitlich, doch wird der individuelle Charakter durch die unterschiedliche *Farbgebung* betont. In den Gemächern sind heute Möbel, Gemälde und Skulpturen aus der Schinkel-Zeit ausgestellt.

Öffnungszeiten S. 175

102 Ägyptisches Museum

Schlossstraße 70/Spandauer Damm
U7 Richard-Wagner-Platz und
U2, U12 Sophie-Charlotte-Platz;
Bus 109, 145, 210, X21

Bedeutende Sammlung der ägyptischen Hochkultur.

Den Grundbestand des Ägyptischen Museums im östlichen Stülerbau gegenüber dem Schloss Charlottenburg lieferte bereits Ende des 17. Jh. die Kurfürstlich-Brandenburgische Kunstkammer. Das Museum präsentiert Exponate, die während des Krieges in den Westen ausgelagert wurden, sowie mehrere bedeutende Neuankäufe. Die Sammlung, die voraussichtlich 2007 ins *Neue Museum* [s. S. 39] auf der Museumsinsel umziehen wird, bietet einen eindrucksvollen Überblick über die hoch entwickelte Kultur des alten Ägypten.

Weltberühmt ist die elegante aus Kalkstein geformte und farbig gefasste **TOP TIPP Büste der Königin Nofretete**, die 1912 von deutschen Ägyptologen in Tell el-Amarna ausgegraben wurde. Ebenfalls von dort kommt der Stuckkopf ihres Gemahls, des *Königs Echnaton* (beide Werke um 1340 v. Chr.). Aus derselben Periode stammen ›Der Gartenspaziergang‹, das Bild eines jungen Königspaares sowie die *Noas-Stele* des Oberbildhauers Bak und seiner Frau. Die ›Statuengruppe eines sitzenden Ehepaars‹ wird der 5. Dynastie zugerechnet (um 2400 v. Chr.) und die ›Sitzstatue des He-

Rund um das Charlottenburger Schloss

tepni‹ der 6. Dynastie (um 2150 v. Chr.). Ein Geschenk Ägyptens für die Hilfe der Bundesrepublik bei der Versetzung der nubischen Tempel, welche durch den Bau des Assuan-Staudamms bedroht waren, ist das **Kalabscha-Tor**. Dessen Reliefs zeigen Kaiser Augustus als Pharao, wie er den ägyptischen Göttern Isis, Osiris und Mandulis Opfergaben darbringt.

Öffnungszeiten S. 172

103 Sammlung Berggruen

Schlossstraße 1/Spandauer Damm
U7 Richard-Wagner-Platz und
U2, U12 Sophie-Charlotte-Platz;
Bus 109, 145, 210, X21

Bedeutende Privatsammlung der Klassischen Moderne.

Im westlichen Stülerbau hat seit 1997 für die Dauer von zehn Jahren die Ausstellung der Sammlung Berggruen ihre Pforten geöffnet. Im Mittelpunkt steht **Pablo Picasso** mit allein 70 Werken. Zu sehen sind z. B. die Bronzeskulptur ›Fernande‹, das Bildnis des Dichters Jaime Sabarté sowie der ›Sitzende Harlekin‹. Paul Klee ist mit 27 poetischen Kabinettstücken aus den Jahren 1917–40 vertreten, Vincent van Gogh mit dem ›Herbstgarten‹, Cézanne mit zwei Landschaften aus der Provence und Giacometti mit drei Skulpturen. Insgesamt sind 115 Werke von sieben Künstlern zu bewundern.

Öffnungszeiten S. 174

104 Bröhan-Museum

Schlossstraße 1a/Spandauer Damm
U7 Richard-Wagner-Platz und
U2, U12 Sophie-Charlotte-Platz;
Bus 109, 145, 210, X21

Jugendstil in alter Kaserne.

Das **Landesmuseum für Jugendstil, Art Déco und Funktionalismus** ist in einer 1893 erbauten Infanteriekaserne untergebracht. Die umfangreiche Sammlung ist ein Geschenk von Prof. Karl H. Bröhan an das Land Berlin. Zwischen 1966 und 1975 hatte Bröhan diese qualitätvolle Kollektion von Kunsthandwerk, Porzellan, Gemälden, Möbeln, Gläsern und industriellen Entwürfen aus der Zeit des Jugendstils, des Art Déco und des Funktionalismus zusammengetragen. 1983 wurde schließlich das Bröhan-Museum eröffnet.

Von Kopf bis Fuß auf Milljöh eingestellt: Bronzedenkmal für Heinrich Zille im Köllnischen Park

Milljöh-Maler

Auf beiden Seiten der Schlossstraße befindet sich ein typisches Berliner Viertel, das an die Zeit des Malers **Heinrich Zille** *(1858–1929) erinnert. 37 Jahre lebte und arbeitete Zille in der* **Sophie-Charlotten-Straße Nr. 88**. *Der ›Rinnsteinmaler‹ wurde berühmt durch seine Zeichnungen des proletarischen Berlin, seine humorvollen Bildunterschriften und seine zahlreichen Fotografien, die er u. a. in den ›Lustigen Blättern‹ und im ›Simplicissimus‹ veröffentlichte. 1931 brachte man an seinem Wohnhaus eine Gedenktafel an, die später von den Nazis entfernt wurde. Einem Arbeiter, der die Tafel anschließend versteckte, ist es zu verdanken, dass man sie zum 20. Todestag Zilles wieder restaurieren und am Eingang des* **Zille Ecks** *in der Zillestraße anbringen konnte. So wird man noch heute an den Zeichner des* ›**Berliner Milljöhs**‹ *erinnert.*

Die dazugehörige Sammlung der Gemälde, Zeichnungen und Druckgrafiken präsentiert die Künstler der *Berliner Secession*. Im Obergeschoss werden Arbeiten des Architekten Henry van de Velde dokumentiert.

Öffnungszeiten S. 172

105 Rathaus Charlottenburg

Otto-Suhr-Allee 96–102
U7 Richard-Wagner-Platz;
Bus 145, 101

Geglückte Mischung aus Barock, Klassizismus und Jugendstil.

Charlottenburg war um 1900 eine der reichsten Gemeinden des Kaiserreichs. Dies zeigt auch das 1899 erbaute Rathaus der Architekten Reinhardt und Seeling. Schon von weitem sieht man den 88 m hohen Turm, der mit Kupferplatten verkleidet ist. Die *Fassade* der Frontseite ist mit Personifikationen der verschiedenen Handwerkszünfte geschmückt. Ebenfalls repräsentativ sind im Innern das Treppenhaus und die etwas düsteren Festsäle.

Gegenüber, in der Otto-Suhr-Allee 89, steht das älteste, um 1820 erbaute Haus der Straße. Die Inschrift ›*Privilegierte Hof-Apotheke Anno 1799*‹ soll an die früher neben dem Rathaus gelegene Hofapotheke erinnern.

Weiter in nordwestl. Richtung gelangt man zur **Luisenkirche** (1716), der einstigen Pfarrkirche von Charlottenburg. Das von Schinkel umgestaltete Gotteshaus wurde im Krieg schwer beschädigt. Bei den Wiederaufbau- und Restaurierungsarbeiten erhielt der Turm dann ein niedriges Pyramidendach.

Beim Bau des Rathauses Charlottenburg bediente man sich nicht der damals beliebten neogotischen Formen. Das repräsentative Gebäude wurde in abgewandeltem Jugendstil errichtet und zitiert zudem ältere Stilrichtungen

Das Westend – gute Aussicht inbegriffen

An der Wende vom 19. zum 20. Jh. war das Westend eine neue feine Adresse außerhalb der City. Den heutigen Besuchern der Stadt ist dieses Viertel vor allem bekannt durch das **Messegelände**, auf dem die großen Berliner Messen stattfinden. Ein Spaziergang durch den Bezirk Westend gestaltet sich aber auch für den interessant, der das **Olympiagelände** mit seinen Anlagen und der Waldbühne sehen will oder sich über die deutsche Rundfunkgeschichte informieren möchte. In jedem Fall aber sollte man einen Besuch des **Funkturms**, den die Berliner den ›Langen Lulatsch‹ nennen, einplanen!

106 Internationales Congress Centrum (ICC)

Messegelände
S9, S75 Eichkamp/Messe Süd, S8, S41, S42 Witzleben/Messe Nord, U2, U12 Kaiserdamm; Bus X21, X34, X49, 104, 139, 149, 219

Mit rund 400 Kongressen pro Jahr führende Kongressstätte der Welt.

Lange Jahre als architektonisches Monster verschrien, wird das ganz in Aluminium gehüllte Internationale Congress Centrum (ICC) heute von den Berlinern weitgehend akzeptiert. 1973–79 wurde es nach Plänen von Ralf Schüler errichtet. Die Stadtautobahn, die unmittelbar am ICC vorbeiführt, bestimmte seine lang gestreckte, schiffsähnliche Form von 320 m Länge, 80 m Breite und 40 m Höhe. Sinnbildlich für die eigenwillige Architektur des ICC steht vor dem Haupteingang die **Plastik** ›Ein Mensch baut seine Stadt‹ von Jean Ipoustéguy.

Im **Innern** des Gebäudes werden die Besucher über ein elektronisches Leitsystem zu den jeweiligen Veranstaltungsorten geführt. Eine eigens für das Haus entwickelte Mechanik der Geräusch- und Schwingungsdämpfung lassen mehrere Veranstaltungen unter einem Dach zu. In den mehr als 80 Räumen und Sälen finden nicht nur Kongresse und Pressekonferenzen statt, sondern auch kulturelle Veranstaltungen, Bankette und Feste. Zudem wird das ICC für große Messen wie die Internationale Tourismusbörse, die Internationale Funkausstellung und die Intenationale Grüne Woche genutzt. Der größte Saal (Saal 1) bietet Raum für rund 5000 Personen und verfügt über die zweitgrößte, mit moderner Technik ausgestattete Bühne Europas.

Eine dreistöckige Brücke verbindet das ICC mit den Ausstellungshallen des Messegeländes.

107 Messegelände

Hammarskjöldplatz
S9, S75 Eichkamp/Messe Süd, S8, S41, S42 Witzleben/Messe Nord, U2, U12 Kaiserdamm; Bus X21, X34, X49, 104, 139, 149, 219

Internationale Fachmessen mit Rekordbesucherzahlen.

Die Zahlen können sich sehen lassen: Fast eine $^1/_2$ Mio. Besucher kommt jedes Jahr Ende Januar zur *Internationalen Grünen Woche*, der größten Nahrungs-, Landwirtschafts- und Gartenbauausstellung Europas. Und ebenso viele Besucher hat alle zwei Jahre Ende August die *Internationale Funkausstellung* – eine Medienshow der Superlative.

Schon vor dem Ersten Weltkrieg standen an dieser Stelle Ausstellungshallen. Nach einem Brand im Jahr 1935 gab Richard Ermisch dem Messegelände mit den neuen Bauten sein heutiges Gepräge. Allerdings wurde auch diese Anlage wäh-

Das Westend

rend des Krieges stark beschädigt. Nach 1950 wurde sie durch neue Hallen erweitert, und auch Ende des 20. Jh. hat man die Raumkapazität noch einmal vergrößert. Das gesamte Areal misst 188 887 m^2, davon sind rund 160 000 m^2 überdachte Ausstellungsfläche.

Der **Sommergarten** mit 40 000 m^2 Größe wurde bereits 1930 von Hans Poelzig im Zentrum des Messegeländes als große Blumenanlage konzipiert.

108 Funkturm

Messedamm 11
U2, U12 Kaiserdamm und
Theodor-Heuss-Platz

Vom ›Langen Lulatsch‹ hat man einen herrlichen Blick über die Stadt.

Der ›Lange Lulatsch‹, wie der – inklusive Antennenmast – 150 m hohe Funkturm von den Berlinern scherzhaft genannt wird, wurde 1924–26 anlässlich der 3. Deutschen Funkausstellung nach einem Entwurf von Heinrich Straumer am nordöstl. Rand des Messegeländes errichtet. Er sollte als Antennenträger, Signalturm für den Flugverkehr und Aussichtskanzel mit Restaurant dienen.

1945 zerstörte eine Granate eine der Hauptstreben des Funkturms, der sich jedoch mit Hilfe von 800 kg schweren Schrauben auch auf drei Beinen wacker hielt. Übrigens: Seine Eckpfeiler ruhen auf Porzellan der KPM (Königliche Porzellanmanufaktur) und tragen ein Gesamtgewicht von 600 t. Vom Berliner Funkturm wurde 1929 das *erste Fernsehbild der Welt* ausgestrahlt. Bis 1962 war der ›Lange Lulatsch‹ auch Sendemast der Berliner Rundfunkanstalten.

Vom zweigeschossigen **Restaurant** in 55 m Höhe und der Aussichtsplattform in 125 m Höhe hat man einen fantastischen Ausblick über die Stadt.

1967 wurde direkt am Fuß des Turms das **Deutsche Rundfunkmuseum** eröffnet. Berlin war die Wiege des deutschen Radios, von hier ging am 29. Oktober 1923 die erste Ansage der ersten Rundfunkanstalt des Landes über den Äther. Das Museum, das die Entwicklung des Rundfunks dokumentiert, ist seit 1998 geschlossen und immer noch auf der Suche nach neuen Ausstellungsräumen.

Das Westend

Lange Zeit war es als architektonisches Alu-Monster verschrien – heute weiß man die Qualitäten des Internationalen Congress Centrums (ICC) sehr wohl zu schätzen

109 Haus des Rundfunks
Masurenallee 8–14
U2, U12 Theodor-Heuss-Platz

Deutschlands erstes Funkhaus.

Das 1929–31 von Hans Poelzig erbaute Funkhaus galt seinerzeit dank seiner technischen Ausstattung als modernstes in Europa. Der Klinkerbau ähnelt in seinem Grundriss einem Satellitenschirm. Hier traten Erich Kästner und Alfred Döblin in Hörspielen auf, hier inszenierte Brecht Shakespeares ›Hamlet‹ für den Funk. Von 1945 bis 1956 besetzte die Sowjetische Militäradministration das Gebäude und richtete den ›Berliner Rundfunk‹ ein.

Seit 1957 sind hier die Hörfunkabteilungen des **Senders Freies Berlin (SFB)** untergebracht. In der großen, durch fünf Geschosse reichenden Eingangshalle werden Kunstausstellungen ausgerichtet.

110 Friedhof Heerstraße
Trakehner Allee 1
S9, S75 Heerstraße

Einer der landschaftlich schönsten Friedhöfe Berlins und Ruhestätte berühmter Künstler.

Terrassenförmig liegen die Gräber rund um den **Sausuhlensee**. Hier fanden ihre letzte Ruhestätte der Kunsthändler Paul Cassirer (gest. 1926), der Dichter Joachim Ringelnatz (gest. 1934), die Schauspieler Tilla Durieux (gest. 1971), Grete Weiser (gest. 1970) und Victor de Kowa (gest. 1973), der Bühnenschriftsteller Curt Goetz (gest. 1960), der Maler George Grosz (gest. 1959) sowie der Bildhauer Georg Kolbe (gest. 1947).

Südlich vom Friedhof, in der Sensburger Allee 25, dokumentiert das **Georg-Kolbe-Museum** (S9, S75 Heerstraße; Bus 149, X49), einst Wohnhaus und Atelier des Bildhauers, umfassend dessen Werk. In der angrenzenden Grünanlage, dem *Georg-Kolbe-Hain*, sind fünf überlebensgroße Bronzen, Erstgüsse nach Gipsmodellen des Künstlers, aufgestellt:

Das Westend

Körper in Harmonie: Im Georg-Kolbe-Museum in der Nähe des Friedhofes Heerstraße sind fast 200 Bronzen, mehr als 100 Gipsmodelle und Skizzen des Künstlers zu besichtigen

›Große Kniende‹ (1942/43), ›Ruhende‹ (1939–41), ›Dionysos‹ (1932), ›Großer Stürzender‹ (1939–45) und ›Mars und Venus I‹ (1940).

Öffnungszeiten Georg-Kolbe-Museum S. 173

111 Le-Corbusier-Haus
Reichssportfeldstraße 16
Bus 149

Moderner Wohnungsbau von einem der einflussreichsten und bedeutendsten Architekten des 20. Jh.

Nach dem Bau seiner Häuser in Marseille und Nantes verwirklichte der Architekt Le Corbusier am Heilsberger Dreieck die dritte Version seiner ›Wohneinheit angemessener Größe‹. Das 17-stöckige Gebäude aus Stahlbeton wurde 1956–58 anlässlich der Internationalen Bauausstellung errichtet. Die 557 Wohnungen verschiedener Größe und Anordnung sind für rund 1500 Bewohner gedacht. Sie leben in einer kleinen Stadt für sich, angeschlossen sind ein Kraftwerk, ein Postamt und eine Einkaufsstraße.

Charakteristisch für Le Corbusiers ›plastischen Stil‹ sind die Gliederung der *Fassade* durch Balkonbrüstungen und die kräftige farbige Gestaltung der Schmuckfriese, die sich an den jeweiligen Balkongeschossen entlangziehen. Der Architekt distanzierte sich allerdings nach der Fertigstellung von dem Gebäude, da seine Pläne nachträglich ohne seine Zustimmung geändert worden waren.

Rekord für den Sport: In nur zwei Jahren ▷ wurde das Olympiastadion aus dem Boden gestampft – 2600 Menschen gaben ihr Bestes, sodass das Stadion 1936 zu den XI. Olympischen Spielen eröffnet werden konnte

Das Westend

Farbenfrohes Fassadengewand: Der weltberühmte Architekt Le Corbusier entwarf dieses Gebäude an der Reichssportfeldstraße Ende der 50er-Jahre des 20. Jh.

112 Olympiastadion

Olympischer Platz
U2, U7 Olympiastadion

Das größte Sportstadion Deutschlands.

Anlässlich der Olympischen Spiele 1936 wurde das Stadion als Mittelpunkt des *Reichssportfeldes* nach Plänen von Werner March (überarbeitet von Albert Speer) erbaut. 15 Mio. Reichsmark und 2600 Bauarbeiter, Ingenieure und Helfer waren nötig, um den Bau in zwei Jahren aus dem Boden zu stampfen. Am 1. August 1936 eröffnete Adolf Hitler hier vor 120 000 Zuschauern die XI. Olympischen Spiele. Die Nazis gaben sich damals weltoffen, alle judenfeindlichen Parolen waren aus dem Stadtbild verschwunden, und eine Jüdin durfte sogar

Das Westend

Candle-light-Concert: Die Waldbühne beim Olympiastadion ist eines der größten Freilichttheater in Europa. Hier finden Konzerte aller Musikrichtungen statt

Mitglied der deutschen Olympiamannschaft werden. In den folgenden Jahren veranstalteten die NS-Machthaber im Olympiastadion Mai- und Sonnenwendfeiern, und hier jubelten die Massen Benito Mussolini zu.

Seit den 60er-Jahren des 20. Jh. wird das Stadion wieder regelmäßig für Sportveranstaltungen wie Leichtathletik-Wettkämpfe und Fußball-Länderspiele genutzt. Derzeit wird die Anlage für ca. 240 Mio. Euro umgebaut (Fußballspiele finden aber weiterhin statt). Sie wird vollständig überdacht und die Sitzplatzkapazität von 75 000 auf 76 000 erweitert. Die Arbeiten sollen zur Saison 2004/05 abgeschlossen sein.

Beeindruckend ist die geringe Außenhöhe des Stadions mit nur 16,5 m. Dafür musste das *Spielfeld* 12 m unter das Eingangsniveau abgesenkt werden, und es wird derzeit noch einmal 2,65 m tiefer gelegt. Zwei hohe Pfeiler markieren das **Olympische Tor** im Osten. Im westl. Bereich befindet sich das **Marathontor** mit der Schale des Olympischen Feuers. An den Wänden des Tores sind Tafeln mit den Namen der Olympia-Sieger von 1936 angebracht.

Hinter dem Westtor liegt das **Maifeld**, das seinen Namen während der Nazizeit erhielt: Dort hatte die ›Deutsche Arbeiterfront‹ am 1. Mai anzutreten. Der 77 m hohe *Glockenturm* – unter den Nazis als Führerturm bezeichnet – wurde wegen Kriegsschäden 1962 gesprengt und später wieder aufgebaut. Er bietet einen herrlichen Rundblick. Nach dem Zweiten Weltkrieg unterstand das Maifeld bis 1990 den britischen Streitkräften, die hier alljährlich zum Geburtstag der Queen Paraden abhielten. Jetzt ist es z.B. Treffpunkt für die Aktion ›Jugend trainiert für Olympia‹.

Im Norden des Olympiastadions schließt sich das **Schwimmstadion** (7600 Plätze) an, das zuletzt anlässlich der Weltmeisterschaften 1978 umgebaut wurde.

Ebenfalls 1936 wurde westl. vom Maifeld in einer Senke der Murellenberge die **Waldbühne** errichtet. Sie ist mit 20 000 Plätzen eines der größten Freilichttheater Europas. Werner March gestaltete die NS-Kult- und Feierstätte nach dem Vorbild antiker Theater. Heute finden hier Klassik-, Jazz- und Popkonzerte sowie Kinoabende statt.

Grunewald und Wannsee – Wald, Wiesen, Wasser

Das Naherholungsgebiet der Berliner war und ist der 32 km² große **Grunewald** mit den **Havelseen** Wannsee, Grunewaldsee, Schlachtensee und Krumme Lanke. Hier findet man nicht nur schöne Waldwanderwege, vornehme Villenviertel und romantische Schlösschen, sondern auch hübsche Badestrände und angenehme Ausflugslokale. Bis zum 19. Jh. trug die Wald- und Sumpfregion östlich der Havel den Namen **Spandauer Forst**. Der natürlich gewachsene Mischwald war als Jagdrevier im Besitz des preußischen Herrscherhauses.

113 Villenkolonie Grunewald
S7 Grunewald

Noble Wohnsitze mit Seeblick.

1877 entstand an den reizvollen Seen Hundekehlesee, Diana- und Königssee eine vornehme Villenkolonie: Geschäftsleute, Künstler und jüdische Fabrikanten zogen hierher. Für den Verkehrsanschluss an die City sorgte ab 1890 die S-Bahn. Der dazugehörige Bahnhof wurde damals im Stil eines englischen Landhauses errichtet.

Im Dritten Reich wurden die jüdischen Hausbesitzer enteignet. In die noblen Villen zogen nun Leute wie Hermann Göring und Joseph Goebbels ein (Königsallee 68 und 70). Vom Güterbahnhof Grunewald deportierte man indes Berliner Juden in die Konzentrationslager.

114 Teufelsberg
Am Nordrand des Grunewalds
S7 Grunewald (ca. 20-minütiger Fußmarsch)

Ein Berg aus Trümmerschutt.

Im Norden des Grunewalds liegt der 115 m hohe Teufelsberg. Dem höchsten Berg des Großraums Berlin sieht man heute nicht mehr an, dass er aus 25 Mio. Kubikmeter *Trümmerschutt* besteht. Doch ganz gleich, ob künstlich angelegt oder echt, der Berliner weiß jede kleinste Erhöhung zu nutzen. Zur kalten Jahreszeit sieht man hier Rodler oder Skifahrer, im Sommer und Herbst lässt man die Drachen steigen. Im Winter 1986 wurde am Teufelsberg sogar ein Skiweltcup im Slalom veranstaltet. Wichtig für die Spaziergänger aber ist vor allem der bezaubernde **Ausblick**: In südwestl. Richtung sieht man weit über das Grün des Grunewalds hinweg bis hin zur Havel. Am Fuß des Berges liegt der *Teufelssee*, der tiefste der Berliner Seen.

Ahoi, Seebär! Segelfreuden auf der Havel – und über allem der Grunewaldturm

Grunewald und Wannsee

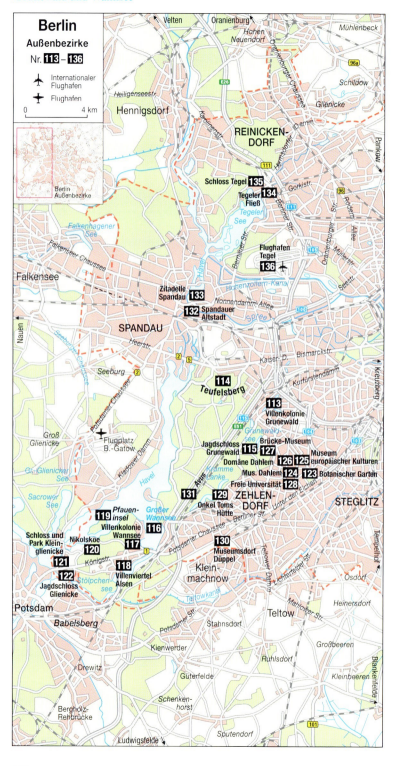

Grunewald und Wannsee · *Plan Seite 126*

Weidmannsheil! Landschaftserlebnis am Grunewaldsee: Inmitten dieser Idylle liegt Jagdschloss Grunewald

115 Jagdschloss Grunewald

Am Südostufer des Grunewaldsees
Bus 115, 183, X10, X83
(ca. 20-minütiger Fußmarsch)

Das älteste Schloss Berlins.

Das Jagdschloss Grunewald ist der älteste noch erhaltene Profanbau Berlins. Das idyllisch gelegene Schlösschen, 1542 von Caspar Theyss errichtet, gehörte im 16. Jh. Kurfürst Joachim II. Wegen seiner Lage trug es den Namen ›Zum grünen Wald‹, aus dem später der Name Grunewald entstand. Der schlichte Renaissancebau wurde Anfang des 18. Jh. im barocken Stil umgestaltet und durch angrenzende Wirtschaftsgebäude erweitert. In ihrer ursprünglichen Form erhalten

Wer ist schöner, Natur oder Nymphchen? ›Die Quellnymphe‹ (um 1515) von Lucas Cranach d. Ä. in der Galerie des Jagdschlosses

Grunewald und Wannsee · *Plan Seite 126*

Ab ins Körbchen! Italien scheint ein Stück näher gerückt zu sein – das Strandbad am Großen Wannsee ist bei allen Sonnenanbetern und Wasserratten beliebt

blieben damals nur die Vorhalle und der Treppenturm. Heute beherbergt das Jagdschloss eine **Gemäldesammlung** mit rund 200 Werken deutscher und niederländischer Meister des 15. bis 19. Jh., darunter Bloemaert, Bruyn, Jordaens, Cranach und Rubens.

Öffnungszeiten S. 175

 116 Großer Wannsee
S7, S51 Nikolassee;
Bus 112, 118, 318

Pack' die Badehose ein!

Manch' einer, der der sommerlichen Hitze der Stadt entflieht und sich auf den Weg zum Strandbad Wannsee macht, trällert noch den alten Schlager »Pack' die Badehose ein...« vor sich hin. Das **Strandbad**, 1929–30 nach den Entwürfen von Richard Ermisch im Stil der Neuen Sachlichkeit erbaut, ist immer noch das beliebteste Freibad Berlins. Die großzügig angelegte Badeanstalt mit ihren Terrassen und dem 1,3 km langen und 80 m breiten *Sandstrand* ist die größte ihrer Art in Europa.

Wer nicht nur faul am Wasser liegen will, macht einen Spaziergang nach Norden zur Halbinsel **Schwanenwerder**. Auf dem Weg dorthin lädt das Restaurant *Wannseeterrassen* (Wannseebadweg 35, Tel. 803 40 24) zu einem kurzen Halt mit herrlichem Seeblick ein.

Hier kommt der Genuss: Gemütliches Gartenlokal im Grunewald

Grunewald und Wannsee · *Plan Seite 126*

Etwas weiter nördl. trifft man dann auf die 25 ha große Halbinsel Schwanenwerder, wo Ende des 19. Jh. eine **Villensiedlung** entstand. In den 30er-Jahren des 20. Jh. zog die Nazi-Prominenz hierher. Nach Kriegsende kam Dwight Eisenhower als Militärgouverneur, später zog das Aspen-Institut auf das Goebbels-Grundstück an der Inselstraße 10–14, und der Verleger Axel Springer ließ sich auf dem Grundstück Nr. 24–26 eine Villa bauen.

117 Villenkolonie Wannsee

S1, S7 Wannsee;
Bus 114, 116, 216

Hier siedelte die High Society schon Ende des 19. Jh.

Gegenüber vom Bahnhof Wannsee, entlang der Straße am Sandwerder, befindet sich ein weiteres Nobelviertel, die um 1900 angelegte Villenkolonie Wannsee.
Zahlreiche gut erhaltene Villen zeugen von einer Zeit, in der Grundstücke am Wannsee Spekulationsobjekte waren und sich hier die High Society ansiedelte.

Lampenfabrikant Wild ließ sich genau gegenüber des Bahnhofs eine klassizistische Turmvilla errichten. Gleich nebenan (Sandwerder 5) zog sein Geschäftspartner Wessel ein. In der 1884 erbauten Villa ist heute ein Literarisches Colloquium untergebracht. *Carl Zuckmayer* wohnte hier übrigens 1925 und verfasste sein Stück ›Der fröhliche Weinberg‹. Prächtig ist auch das Gebäude Sandwerder 10a, 1890 für einen Bankier erbaut und heute Filmkulisse für zahlreiche Fernsehserien.

118 Villenviertel Alsen

S1, S7 Wannsee; Bus 114

Sommerwohnsitz der feinen Gesellschaft und Gedenkstätte Haus der Wannseekonferenz.

Der nur dünn besiedelte Wald um den Wannsee war jahrhundertelang *Jagdgebiet* der preußischen Könige. Es gab lediglich einige Bauern- und Fischerhäuser sowie Gasthäuser, z. B. Stimmings Krug an der heutigen Wannseebrücke (Königstraße 4). Hier verbrachte der Dichter *Heinrich von Kleist* die letzte Nacht, bevor er seine Gefährtin Henriette Vogel

Grunewald und Wannsee · Plan Seite 126

Paradiesische Zustände

Der **Großen Müggelsee** *und der* **Kleine Müggelsee** *gehören zu den beliebtesten Ausflugszielen im Osten Berlins. Für Baderatten empfiehlt sich das* **Freibad** *am großen See mit seinen Sonnenschirmen und Strandkörben. Hier gibt es außerdem gute Möglichkeiten zum Windsurfen.* **Spaziergänger** *haben in den Wäldchen rund um die beiden Gewässer die Möglichkeit, sich zu erholen. Und auf dem* **Kleinen Müggelberg** *bietet sich dem Besucher vom 30 m hohen Aussichtsturm aus ein herrlicher Blick über die Landschaft.*

Für allerlei kulinarische Genüsse ist ebenfalls gesorgt: Im Restaurant **Müggelseeterrassen** *(früher Rübezahl, Tel. 80 54 00 72) können sich bis zu 1500 Gäste mit Kaffee und Kuchen, Eis und vielerlei Getränken verwöhnen lassen. Wer es lieber deftiger mag, für den gibt es im* **Dorint Hotel am Müggelsee** *(früher Müggelseeperle, Tel. 65 88 20) Würstchen vom Grill oder auf Vorbestellung Fischspezialitäten. In der Nähe der Gaststätte legen die Dampfer der* **Weißen Flotte** *ab, die z. B. nach Treptow starten.*

und sich am 21. November 1811 erschoss. Sein efeuüberwuchertes Grab liegt an der Bismarckstraße 3.

Den Gasthof Stimmings Krug ließ der Bankier Wilhelm Conrad 1863 abreißen, um sich dort eine Villa zu bauen. Der einflussreiche Geschäftsmann plante auf seinem 70 ha großen Grundstück am südöstl. Ufer des Großen Wannsees eine Villenkolonie und regte einige Freunde dazu an, auch dort zu bauen. Nachdem Conrad 1874 den Bau der **Wannseebahn** (heute S1) durchgesetzt hatte, entstanden hier tatsächlich zahlreiche **Sommerwohnsitze** der feinen Gesellschaft Berlins. Mit der landschaftlichen Umgestaltung des Wald- und Sumpfgebiets wurde der Lenné-Schüler Gustav Meyer beauftragt. Diese erste Villenkolonie außerhalb Berlins nannte Wilhelm Conrad *Alsen* nach der im Krieg von 1864 eroberten dänischen Insel.

Geschichtliche Bedeutung erlangte die *Villa Minoux* (Am Großen Wannsee 56–58): Am 20. Januar 1942 trafen sich hier SS-Obergruppenführer Reinhard Heydrich, der SS-Obersturmbannführer Adolf Eichmann und weitere hohe Beamte aus Reichsinnenministerium und Auswärtigem Amt, um über die Vernichtung von 11 Mio. Juden zu entscheiden. Diese Versammlung ging als Wannseekonferenz in die Geschichte ein. Die Villa ist am 50. Jahrestag dieser menschenverachtenden Beratung als **Gedenkstätte Haus der Wannseekonferenz** und Mahnmal gegen den Rassenwahn eingerichtet worden.

Öffnungszeiten Gedenkstätte Haus der Wannseekonferenz *S. 174*

119 Pfaueninsel

S1, S7 Wannsee;
Bus 216, 316

Die Perle im Havelmeer.

Nur mit einer kleinen **Fähre** ist die idyllische Pfaueninsel im südl. Flussarm der Havel zu erreichen. Autos und Fahrräder müssen am *Nikolskoer Weg* geparkt werden, Hunde dürfen ebenfalls nicht mit.

Die Pfaueninsel wird nicht von ungefähr auch ›Perle im Havelmeer‹ genannt. Ist sie doch ein Meisterwerk deutscher Gartenbaukunst und das Musterbeispiel eines ›Sentimentalen Landschaftsgartens‹ im Sinne der Romantik mit künstlichen Ruinen und klassizistischer Architektur. Im 19. Jh. strömten die Berliner zu Tausenden hierher, um exotische Tiere inmitten einer Art Märchenlandschaft zu bestaunen. Heute ist die Pfaueninsel mit ihrem jahrhundertealten *Baumbestand* und der artenreichen *Vogelwelt* das schönste Naturschutzgebiet Berlins.

Grunewald und Wannsee · *Plan Seite 126*

Zur Zeit des Großen Kurfürsten (1640–88) wurden auf der etwa 1,5 km langen und 500 m breiten Havelinsel Kaninchen zur Jagd ausgesetzt. An der Ostseite ließ der Kurfürst eine *Glashütte* errichten, in der der Chemiker Johann Kunckel von Löwenstein das überaus geschätzte Rubinglas herstellte.

Lustschloss

Im 18. Jh. diente die Insel nur noch der Rinder- und Schafzucht, bis sich hier 1794 Friedrich Wilhelm II. ein Liebesnest für sich und seine Geliebte, Gräfin Lichtenau, bauen ließ: Es entstand ein Lustschloss im Ruinenstil mit zwei durch eine Brücke verbundenen Türmen. Doch der ›dicke Wilhelm‹ kam nicht mehr in den Genuss seines Bauwerks. Er starb 1797, im Jahr der Fertigstellung. Später jedoch avancierte es zur bevorzugten Sommerresidenz seines Sohnes Friedrich Wilhelm III. und dessen Gemahlin Königin Luise.

Die *Ausstattung* des Schlosses ist vollständig im Original erhalten und liefert vorzügliche Beispiele des klassizistischen Stils aus der Zeit Friedrich Wilhelms II. Reiche Stuckaturen, Wand- und Deckengemälde sowie Fußböden aus Edelhölzern bestimmen den Charakter der Räume.

Landschaftspark

Für die landschaftliche Gestaltung der Insel sorgte kein Geringerer als Peter Joseph Lenné. Im Jahr 1822 legte er außerdem eine *Menagerie* an, die 1842 den Grundstock des Zoologischen Gartens in Berlin bilden sollte. Gleichzeitig verwandelte er den größten Teil der Pfaueninsel in einen *englischen Landschaftspark*. Auch pflanzte er exotische Bäume und Sträucher an, darunter Pal-

Liebesnest ohne Turteltauben: Friedrich Wilhelm II. ließ für sich und seine Geliebte auf der Pfaueninsel ein Schloss erbauen. Doch im Jahr der Fertigstellung starb der ›dicke Wilhelm‹

Er hat die Eitelkeit erfunden: In voller Pracht entfaltet sich der Pfau, welcher der Insel im Havelland ihren Namen gab. Noch viele der exotischen Vögel leben dort

Das lässt sich sehen: Wappensaal in Schloss Köpenick

Schlossgeschichten

Die Schlossinsel von Berlin-Köpenick war der Ort vieler bedeutender Ereignisse. Bereits im 9. Jh. stand hier eine slawische Burganlage und im 15. Jh. ein Jagdschloss, in dem 1631 der Schwedenkönig Gustav Adolf sein Hauptquartier aufgeschlagen hatte. Später diente **Schloss Köpenick** *(Lange Brücke) als Gefängnis und Gericht. Das Schloss, so wie es sich heute dem Besucher präsentiert, wurde 1677–83 von Rutger van Langevelt erbaut. Bezeichnend für seinen barocken Stil ist die 1682–84 entstandene wunderschöne Schlosskapelle. Im prunkvollen* **Wappensaal** *fand 1730 der Prozess gegen den Kronprinzen Friedrich, den späteren Friedrich den Großen, und seinen Freund Hans Hermann von Katte wegen ›Fahnenflucht‹ statt. Katte erhielt die Todesstrafe.*

Seit 1963 dient das Schloss als Dependance des Kunstgewerbemuseums [Nr. 75] und wird im Frühjahr 2004 als **Museum der Raumkunst** *frisch restauriert wieder eröffnet.*

Das zum Tierpark gehörige **Schloss Friedrichsfelde** *(Am Tierpark 125, Di–So 10–18 Uhr) wurde 1694/95 von Johann Arnold Nering im holländischen Landhausstil für den Generaldirektor der kurfürstlichen Marine erbaut. Martin Böhme erweiterte das Schloss 1719, Anfang des 19. Jh. kam das Mansardendach hinzu. 1821 gestaltete Peter Joseph Lenné den barocken Park um und erweiterte ihn nach Osten.*

Nach umfangreicher Restaurierung können heute die historischen Räume des Schlosses wieder besichtigt werden, darunter der frühklassizistische Festsaal im Obergeschoss und das überaus kunstvolle Treppenhaus. Seit 1991 ist das Schloss Dependance des **Märkischen Museums** *[Nr. 47] und präsentiert Kunst und Kunsthandwerk des 18. und frühen 19. Jh.*

Ebenfalls nach den Plänen von Nering entstand in Berlin-Pankow (Ossietzkystraße 65) auf den Grundmauern eines 1664 erbauten Herrenhauses das barocke **Schloss Niederschönhausen**. *1704 wurde Niederschönhausen von Eosander von Göthe erweitert, und 1764 baute Johann Boumann das von russischen Truppen verwüstete Gebäude um. Der ursprünglich im französischen Stil gehaltene Rokoko-Lustgarten wurde 1828–31 von Peter Joseph Lenné in eine englische Parklandschaft verwandelt. Übrigens: 1989 bewohnte Michail Gorbatschow das Schloss anlässlich seines Besuchs der Feierlichkeiten zum 40. Jahrestag der DDR.*

Grunewald und Wannsee · *Plan Seite 126*

Ohne Schinkel läuft gar nichts: Sogar auf der Pfaueninsel gibt es Gebäude des großen Baumeisters, wie hier das 1824–26 entstandene Kavalierhaus im Zentrum des Eilands

men, für die Albert Dietrich Schadow 1829–31 ein Palmenhaus errichtete. Dieses brannte jedoch 1880 ab.

In der Mitte der Insel steht das **Kavalierhaus**, das Karl Friedrich Schinkel 1824 entwarf. In den *Südturm* ließ der Baumeister Teile der spätgotischen Fassade eines in Danzig abgebrannten Patriziergebäudes aus dem 15. Jh. einfügen. Ein weiteres Schinkel-Werk ist das **Schweizerhaus**, das für die Hofangestellten bestimmt war. Südl. vom Kavalierhaus findet sich ein Überbleibsel der Menagerie – die von zahlreichen Vogelarten bewohnte *Voliere* von 1824. Nicht weit davon steht auch das Winterhaus (1828) für exotische Vögel. Die Stars der Insel sind zweifellos die zahlreichen frei in den Gärten herumstolzierenden Pfaue.

Die **Meierei** am nördl. Ende wurde, wie das Schloss, um 1795 als künstliche Ruine in gotischen Formen errichtet. Südl. davon steht der **Gedächtnistempel** für Königin Luise, ein kleiner Hallenbau von 1829.

Öffnungszeiten Pfaueninsel, Lustschloss **S. 175**

120 Nikolskoe

Nikolskoer Weg; Bus 216

Ein Stück Russland im Grunewald.

Gegenüber der Pfaueninsel, auf einem von Lenné Anfang des 19. Jh. angelegten kleinen Aussichtsplateau, steht das Blockhaus Nikolskoe. König Friedrich Wilhelm III. ließ es 1819 für seine Tochter Charlotte und ihren Mann, den späteren Zaren Nikolaus I., im russischen Stil errichten. Und so heißt das Gebäude auch Nikolskoe, ›Nikolaus zu eigen‹. Das Haus bewohnte früher der Leibkutscher des Zaren, der dort – illegal – eine Schankwirtschaft betrieb. Nach dem Wiederaufbau

Na Strowije! Das im russischen Stil errichtete Blockhaus Nikolskoe mit Ausflugslokal. Die Aussicht von dort ist überwältigend

Grunewald und Wannsee · *Plan Seite 126*

TOP TIPP des Gebäudes nach einer Brandstiftung, ist das **Blockhaus Nikolskoe** heute wieder bewirtschaftet. Die Terrasse des kleinen Lokals bietet einen schönen Blick auf die Havel und die Pfaueninsel.

Östl. des Blockhauses steht die von Stüler erbaute Kirche **St. Peter und Paul** (1834–37), ein einschiffiger Bau mit halbrunder Altarnische und einem russischen Zwiebelturm. Die beiden römischen *Mosaikmedaillons* mit den Namenspatronen der Kirche an der hohen Kanzel sind ein Geschenk von Papst Clemens XIII. an Friedrich den Großen.

Auf einem Spazierweg entlang der Havel in südwestl. Richtung gelangt man zu dem schönen Ausflugslokal **Moorlake** mit Garten (Moorlaker Weg, Tel. 8 05 58 09).

121 Schloss und Park Kleinglienicke

Nördl. der Königstraße
S1, S7 Wannsee, dann Bus 116

Architektonisches und landschaftliches Gesamtkunstwerk.

An der Glienicker Brücke, die über die Havel nach Potsdam führt, steht die **Große Neugierde**, ein von Schinkel 1835 entworfener, von korinthischen Säulen getragener Rundtempel. Nach dem Zweiten Weltkrieg gewann die **Glienicker Brücke** weltweite Bedeutung: Hier traf sich die internationale Presse, um den Austausch von *Spionen* zwischen Ost und West zu beobachten. Doch die Zeit des Kalten Krieges ist vorbei, und heutzutage kommt man vor allem wegen der Naturschönheiten und wegen der Schlossanlage Kleinglienicke hierher.

Zunächst gab es hier nur ein kleines Landhaus, das der Staatskanzler Fürst Karl August von Hardenberg 1814 erworben hatte. Initiator des neuen architektonischen und landschaftlichen Gesamtkunstwerks war der dritte Sohn von König Friedrich Wilhelm III., Prinz Karl von Preußen: Er erwählte sich 1824 das Landhaus als Sommersitz und beauftragte Karl Friedrich Schinkel, die vorhandenen Gebäude zum *Schloss Kleinglienicke* umzubauen und die Anlage durch vielfältige Nebengebäude zu ergänzen. Die Arbeiten dauerten 25 Jahre und neben Schinkel waren auch dessen Schüler Ludwig Persius und Ferdinand von Arnim hier tätig.

Von seinen zahlreichen Reisen – u. a. nach Pompeji und Karthago – brachte Prinz Karl von Preußen antike und neuzeitliche Skulpturen und Architekturfragmente mit, die als Schmuckelemente der Gebäude Verwendung fanden.

Die Gestaltung des 116 ha großen **Parks** übernahm Peter Joseph Lenné,

Gut gebrüllt, Goldlöwen! Die Könige der Tiere stimmen ein auf das königliche Gesamtkunstwerk Schloss Kleinglienicke – einst Sommerresidenz von Prinz Karl von Preußen

Trägt den Namen zu Recht: ›Große Neugierde‹ wird der Rundtempel im Park Kleinglienicke genannt – er wurde früher als Aussichtspunkt genutzt

der schon 1816 für Hardenberg den *Pleasureground* nach englischem Vorbild angelegt hatte.

Die vergoldete **Löwenfontäne** als festlicher Auftakt vor dem Mittelbau des Schlosses geht auf ein Vorbild in der *Villa Medici* in Rom zurück. Der **Brunnen** im inneren Gartenhof ist der antiken *Ildefonso-Gruppe* (›Schlaf und Tod‹) nachgebildet, die im Prado in Madrid steht. In die rückwärtige Schlossfassade sind antike Baufragmente eingelassen.

Schinkel erweiterte 1825–28 das Lustschloss um einen Nordost-Trakt zu einer schlichten Dreiflügelanlage und fügte dem Kavalierhaus einen Turm an.

Westl. der Löwenfontäne, direkt an der Königstraße, steht die von Schinkel 1825 gebaute **Kleine Neugierde**. Der umgestaltete Teepavillon wurde mit Sarkophagreliefs und pompejanischen Mosaik- und Freskenfragmenten ausgestattet.

An der Uferstraße des Jungfernsees sieht man das **Kasino** mit seinen lang gestreckten Pergolen. Es wurde 1824 von Schinkel durch den Ausbau eines früheren Billardhauses geschaffen.

Den **Jägerhof** im Norden des Parks, der mit seinen Zinnen und Tudorbögen Stilformen der englischen Gotik zitiert, errichtete der Baumeister 1828.

Öffnungszeiten S. 175

122 Jagdschloss Glienicke

Südl. der Königstraße
S1, S7 Wannsee, dann Bus 116

Internationale Begegnungsstätte der Jugend in neobarockem Ambiente.

Nach dem Bau der ersten Holzbrücke (1660), die das Dorf Kleinglienicke mit Potsdam verband, wurde 1683 für den Großen Kurfürsten das Jagdschloss Glienicke errichtet. Nördl. dieses Herrensitzes entstand auch ein **Landgut**, das allerdings durch den Bau der Berlin-Potsdamer Chaussee vom Schloss abgeschnitten wurde. Während sich das Gut allmählich zu einer Schlossanlage mit Park entwickelte, wurde das Jagdschloss zunächst zu Tapetenfabrik und Waisenhaus degradiert. Mitte des 19. Jh. kaufte es dann Prinz Karl von Preußen und ließ es 1862 im Stil des französischen Barock erweitern.

Sein heutiges Aussehen, das an süddeutsche Frühbarockbauten erinnert, erhielt das Schloss durch einen weiteren Umbau: 1889 veranlasste der Enkel von Karl von Preußen, Prinz Friedrich Leopold, die Erweiterung der Anlage nach Plänen von Albert Geyer.

Heute ist das Jagdschloss eine *internationale Begegnungsstätte der Jugend* und ist nicht öffentlich zugänglich.

Dahlem und Zehlendorf – ein Stück Dorfleben in der Großstadt

Zehlendorf und das eingemeindete Angerdorf Dahlem, einst kleine *Bauernsiedlungen* vor den Toren der Stadt, gehören heute zu den bevorzugten **Wohngegenden** Berlins. Allerdings sind Miet- und Grundstückspreise überaus hoch, und so können sich nur die Begüterten hier Wohnungen und Villen leisten. Der Reiz dieser Stadtteile kommt nicht von ungefähr: Ein großer Teil Zehlendorfs besteht aus Wald, Wasserflächen, Park- und Gartenanlagen, 173 ha werden sogar noch landwirtschaftlich genutzt. Einen eigenen Charakter hat auch Dahlem mit seinem historischen **Dorfkern** um den ›Alten Krug‹, mit seinen bedeutenden Museen, den Forschungs- und Universitätsinstituten sowie den Villenvierteln, in denen Prominenz aus Kultur, Politik und Wirtschaft wohnt.

123 Botanischer Garten

Königin-Luise-Straße 6–8
S1 Botanischer Garten;
Bus 101, 148, 183, X83

Europas größter Botanischer Garten.

Der Botanische Garten ist mit seinen mehr als 18 000 Pflanzenarten der größte in Europa. Er wurde 1897–1903 unter der Leitung von Adolf Engler angelegt. In den Jahrhunderten zuvor wurden seltene Exemplare der Pflanzenwelt noch im Lustgarten vor dem Berliner Schloss gehütet. Einen ersten Botanischen Garten gab es auch von 1679 bis 1897 in Schöneberg am jetzigen Kleist-Park – bis heute ist dort noch der alte Baumbestand erhalten.

Auf der rund 42 ha großen Fläche des gegenwärtigen Botanischen Gartens sind die Pflanzen nach unterschiedlichen wissenschaftlichen Gesichtspunkten zusammengestellt: Es gibt eine pflanzengeographische Abteilung, ein Areal mit Nutz- und Arzneipflanzen, ein Duft- und Tastgarten, ein Baumgarten (Arboretum) sowie einen Kurfürstlichen Garten mit Pflanzen aus dem 17. Jh.

Kommt man durch den Südeingang an der Straße Unter den Eichen, spaziert man zunächst durch den **Baumgarten** mit seinen etwa 1800 Baum- und

Dschungel in Berlin – im Tropenhaus des Botanischen Gartens kann man die ausgefallensten exotischen Pflanzen live erleben ▷

Dahlem und Zehlendorf · *Plan Seite 126*

Gut gediehen – Berlin hat den größten Botanischen Garten Europas

Straucharten, den Wiesen und Teichen. Eine Attraktion sind auch die 16 **Gewächshäuser** mit tropischen und subtropischen Pflanzen. Das Große Tropenhaus etwa ist 60 m lang, 30 m breit und 25 m hoch. Bei hoher Luftfeuchtigkeit und Temperaturen zwischen 24 und 30 °C kann hier der Riesenbambus 10–30 cm

Dahlem und Zehlendorf · Plan Seite 126

Das Ethnologische Museum zeigt auch schnittige Boote aus der Südsee

Vor dem Eingang Arnimallee steht eine bronzene *Kentaurengruppe* von Reinhold Begas (1881), an der Ecke zur Fabeckstraße sieht man die Bronzeskulptur ›Herkules mit dem Nemeischen Löwen‹ von Max Klein (1897).

In den 60er-Jahren des 20. Jh. kamen dann Erweiterungsbauten von Wils Ebert und Fritz Bornemann hinzu, um Platz zu schaffen für die durch die Teilung der Stadt heimatlos gewordenen Museen. Nach der Wiedervereinigung wurde folgerichtig eine Zusammenführung dieser Kollektionen mit denen der Museumsinsel beschlossen.

Weiterhin im Museumskomplex Dahlem verbleiben das Ethnologische Museum, das Museum für Indische Kunst und das Museum für Ostasiatische Kunst.

Dahlem bereits verlassen haben die Gemäldegalerie (heute am Kulturforum, s. Nr. 73), die Skulpturensammlung, das Museum für Spätantike und Byzantinische Kunst (beide ab etwa 2005 im Bode-Museum, s. S. 40) und das Museum für Islamische Kunst (heute im Pergamon-Museum, s. S. 41).

pro Tag wachsen. Ebenso können hier ausgefallene Exemplare der Orchideen, Fleisch fressenden Pflanzen, Kakteen und Seerosen ihre Pracht entfalten. Das **Botanische Museum** am Nordeingang schließlich enthält eine interessante Sammlung präparierter Pflanzen sowie eine Fachbibliothek.

Öffnungszeiten Botanisches Museum *S. 172*

 **124 Museumskomplex Dahlem**
Arnimallee 23–27/
Lansstraße 8
U1 Dahlem Dorf

Eine der bedeutendsten und reichsten völkerkundlichen Sammlungen Europas.

Der älteste Bau des Dahlemer Museums wurde 1914–23 auf Betreiben Wilhelm von Bodes, des Generaldirektors der Berliner Museen, nach Entwürfen von Bruno Paul errichtet und beherbergte anfänglich das Asiatische Museum.

Ethnologisches Museum

Eines der interessantesten und größten Institute seiner Art ist das Ethnologische Museum in der Lansstraße. Es entstand 1873, geht aber zurück auf das 17. Jh., auf das berühmte *Kunst- und Raritätenkabinett* des Großen Kurfürsten. Heute besitzt es rund 453 000 Sammlungseinheiten (393 000 Ethnographica und 60 000 musikethnologische Tonaufnahmen), ferner 141 000 Fotodokumente und 1000 völkerkundliche Filme.

Das Museum ist gegliedert in acht thematisch-geographische *Abteilungen*: Südsee, Amerikanische Archäologie, Amerikanische Naturvölker, Afrika, Westasien, Südasien, Ostasien und Europa (unter Ausschluss der deutschsprachigen Gebiete). Ferner gibt es eine musikethnologische und eine didaktische Abteilung mit Junior- und Blinden-Museum.

Museum für Indische Kunst

Das 1963 gegründete Museum für Indische Kunst (Lansstraße) ist das jüngste der Staatlichen Museen Preußischer Kulturbesitz. Es entstand durch die Übernahme der Sammlungsschwerpunkte Indien, Indonesien und Zentralasien des Ethnologischen Museums. 1945 waren zahlreiche Exponate verloren gegangen, sie wur-

Dahlem und Zehlendorf · *Plan Seite 126*

den von sowjetischen Truppen abtransportiert. Übrig blieben immerhin rund 15 000 äußerst sehenswerte Objekte. Besonders interessant sind die Exponate der *Turfan-Sammlungen* aus buddhistischen Höhlen und Tempeln in Chinesisch-Turkestan, die *Gandhara-Bildwerke* aus dem 1.–5. Jh. und die älteste bekannte Bronze des Gottes *Vishnu* aus Pakistan (7. Jh.).

Museum für Ostasiatische Kunst

Das Museum für Ostasiatische Kunst (Lansstraße) geht zurück auf die 1907 gegründete *Ostasiatische Kunstsammlung.* Der größte Teil dieser Kollektion wurde 1945 von sowjetischen Truppen abtransportiert und befindet sich noch heute in der Eremitage in St. Petersburg. Das Dahlemer Museum zeigt vorwiegend Exponate aus *China, Japan* und *Korea.* Zu den Highlights zählen die chinesische und japanische Malerei, erlesene japanischer Teekeramik sowie die einzigartige Sammlung von 150 Bronzen aus dem Ordosgebiet (5. Jh. v. Chr. – 3. Jh. n. Chr.).

Öffnungszeiten S. 172

Blickfänger im Ethnologischen Museum sind auch die Holzfiguren aus Bali

Im Ethnologischen Museum erfährt man angesichts zahlreicher eindrucksvoller Exponate so einiges über Kunst und Bräuche fremder Länder

Dahlem und Zehlendorf · Plan Seite 126

125 Museum europäischer Kulturen
Im Winkel 6–8
U1 Dahlem Dorf

Eine der wichtigsten Volkskundesammlungen Deutschlands.

Der berühmte Arzt und Anthropologe Rudolf Virchow gilt als der Vater des *Museums für Volkstrachten und Erzeugnisse des Hausgewerbes*, das 1889 im Palais Creutz in der Klosterstraße 36 eröffnet wurde. Zu dieser Sammlung kamen 1893 die volkstümlichen Exponate hinzu, welche für die Weltausstellung in Chicago zusammengetragen worden waren. 1904 wurde die Kollektion dann als *Königliche Sammlung für Deutsche Volkskunde* den Königlichen Museen unterstellt. Während des Zweiten Weltkrieges gingen jedoch 80% der rund 45 000 Exponate verloren. 1970–76 wurde für die verbliebenen Ausstellungsstücke ein neues Gebäude bereitgestellt, der wieder aufgebaute Magazintrakt des Geheimen Staatsarchivs Preußischer Kulturbesitz. Seit 1992 sind hier auch einige Bestände aus dem Pergamon-Museum untergebracht. Ausgestellt sind Schmuck, Votivbilder, Keramik (darunter der Winterthurer Kachelofen von 1665), Textilien, Haushaltsgeräte und Spielzeug.

Öffnungszeiten S. 172

Dahlemer Museum europäischer Kulturen: Truhe aus Minden-Ravensberg (1783)

126 Domäne Dahlem
Königin-Luise-Straße 49
U1 Dahlem Dorf

Bäuerliches Leben pur.

Das gut erhaltene Dorfzentrum von Dahlem befindet sich rund um die *Dahlemer Dorfkirche*, auch St. Annen Kirche genannt. Der Backsteinbau aus der Zeit um 1220 erhielt im 15. Jh. einen spätgotischen Altarraum, die Barockkanzel und die Empore kamen 1679 hinzu. Beachtlich ist auch der Schnitzaltar, gewidmet der hl. Anna.

In der Straße gegenüber findet man die Domäne Dahlem: Auf dem Grundstück eines mittelalterlichen *Lehn- und Rittergutes* wurde 1680 das Gutshaus Dahlem errichtet. Besitzer der Anlage war Kreiskommissar Cuno Hans von Willmerstorff. In dem Barockbau ist heute eine Lehr- und Ausbildungsstätte des *Instituts für Veterinärmedizin* der FU untergebracht. Ein kleines **Museum** informiert über die Geschichte der Domäne.

Gut besucht sind die alljährlichen Veranstaltungen ›Bäuerliches Leben in Berlin‹, die Erntedankfeste sowie die Markttage am Samstag und Sonntag mit ihrem umfangreichen Angebot an frischen ökologischen Produkten.

Ebenfalls zum Zentrum gehören der *U-Bahnhof Dahlem Dorf,* 1913 als niedersächsisches Fachwerkhaus mit Strohdach errichtet, sowie der Dorfanger, auf dem ein kleiner Hügel das Gewölbe eines Eiskellers von 1709 birgt.

Öffnungszeiten Domäne Dahlem **S. 173**

Dahlem und Zehlendorf · *Plan Seite 126*

Das Brücke-Museum zeigt einen Überblick über das Schaffen der expressionistischen Künstlergemeinschaft

127 Brücke-Museum
Bussardsteig 9
Bus 115

Exzellente Schau expressionistischer Meisterwerke.

Das Museumsgebäude in Zehlendorf wurde 1967 nach Plänen von Werner Düttmann auf Anregung des Malers Karl Schmidt-Rottluff (1884–1976) erbaut: Er wollte sich und seinen Künstlerfreunden, mit denen er 1905 in Dresden die expressionistische Künstlergemeinschaft ›Die Brücke‹ (bis 1913) gegründet hatte, ein Denkmal setzen. Schmidt-Rottluff und sein Kollege Erich Heckel beteiligten sich auch an den Baukosten. Es entstand ein bungalowähnlicher Flachbau am Rande des Grunewalds, ein Gebäude mit viel Glas und schimmernden Sichtbetonwänden am Eingang.

Die vier hellen, um einen Innenhof gruppierten Ausstellungsräume zeigen eine Sammlung von 400 Bildern sowie zahlreiche Zeichnungen, Aquarelle und Graphiken der Brücke-Künstler. Zu sehen sind farb- und ausdrucksstarke Werke von Schmidt-Rottluff, Erich Heckel, Ernst Ludwig Kirchner, Otto Müller, Emil Nolde und Max Pechstein.

Hinter dem Museum steht noch ein riesiges *Atelier*. Hier schuf einst der Bildhauer Arno Breker seine vom NS-Regime so geliebten monumentalen Heldenfiguren.

Öffnungszeiten S. 173

128 Freie Universität Berlin (FU)
Boltzmannstraße/Garystraße
U1 Thielplatz

Erste Nachkriegsuniversität Deutschlands.

1948 wurde unter dem Vorsitz des damaligen Regierenden Bürgermeisters Ernst Reuter die *Freie Universität* (FU) in Westberlin gegründet – aus Protest von Professoren und Studenten, die sich ihrer akademischen Freiheit an den Univer-

Brücke-Museum: ›Otto Mueller mit Pfeife‹ von Ernst Ludwig Kirchner (1913)

sitäten in der sowjetischen Besatzungszone beraubt fühlten. Im amerikanischen Sektor, genauer gesagt in mehreren Dahlemer Villen, hielten die Professoren ihre Vorlesungen ab. Erst 1952 konnte man mit Mitteln der Ford Foundation das Hauptgebäude, den **Henry-Ford-Bau**, und 1954 die Universitätsbibliothek errichten. 1967–72 schließlich wurde die **Rostlaube**, ein Komplex pavillonartiger Institutsbauten für die Geisteswissenschaften, von den Pariser Architekten Candilis, Josic und Woods erbaut. Ihren ungewöhnlichen Namen erhielt sie wegen der braunen Stahlfassade. 1972–79 kam ein weiterer mit Aluminium verkleideter Bau hinzu, die **Silberlaube**. An der FU sind heute 43 000 Studenten in 12 Fachbereichen immatrikuliert.

129 Onkel Toms Hütte

Argentinische Allee
U1 Onkel Toms Hütte

Wohnsiedlung der 1920er-/1930er-Jahre.

Eine für die damalige Zeit mustergültige Wohnsiedlung wurde 1924–32 in mehreren Bauabschnitten beiderseits des U-Bahnhofs Onkel Toms Hütte von den Architekten Bruno Taut, Hugo Häring und Otto Rudolf Salvisberg errichtet: überwiegend Einfamilienhäuser, Reihen- und Doppelhäuser, daneben aber auch mehrgeschossige Wohnblocks. Um das Viertel zu gliedern und besser erschließen zu können, fassten die Architekten die rechtwinklig angelegten Gebäudezeilen paarweise zusammen. Das von Taut entwickelte **Farbkonzept** schließt die verschiedenfarbigen Hauszeilen zu Einheiten zusammen. Die ursprüngliche Farbgebung wurde in den 80er-Jahren des 20. Jh. weitgehend wieder hergestellt.

130 Museumsdorf Düppel

Clauertstraße 11
S1 Zehlendorf, dann Bus 115

Rekonstruktion einer mittelalterlichen Siedlung am Rande der Großstadt.

Auch das gibt es in der Metropole Berlin: eine mittelalterliche Siedlung mit Wohnhäusern, Vorratsschuppen und Werkstätten. Das Freilichtmuseum Düppel stellt eine Rekonstruktion der ursprünglichen Anlage am Ausgrabungsort dar, im südlichen Zehlendorf am Machnower Krummen Fenn. Archäologen hatten hier 1967 ein Dorf aus dem 12. Jh., der Zeit der deutschen Ostbesiedlung, freigelegt. Die Bewohner verließen das Dorf vermutlich

Alltag aus guten alten Zeiten: Im Dorf Düppel wurde eine Siedlung aus dem Mittelalter entdeckt. Heute erfährt man, welche Handwerksarten vor 900 Jahren ausgeübt wurden

Dahlem und Zehlendorf · *Plan Seite 126*

Tempolimit inbegriffen: Quer durch den Grunewald führt die erste Rennstrecke Deutschlands – die Avus (oben rechts). Links das Internationale Congress Centrum (ICC)

um 1220, um in das neu gegründete Zehlendorf zu ziehen, da der lehmhaltige Boden dort bessere Erträge versprach.

In den Sommermonaten werden im Museumsdorf Düppel regelmäßig **Vorführungen** traditioneller Handwerksarten geboten, z.B. Schmieden, Töpfern, Weben und Schnitzen, aber auch Brotbacken.

Öffnungszeiten S. 174

131 Avus
Quer durch den Grunewald

Erste Autorennstrecke Deutschlands.

Der Grunewald, der zu einem großen Teil zu Zehlendorf gehört, wird zwischen Messegelände und Nikolassee von der Avus durchschnitten (Automobil-, Verkehrs- und Übungsstraße). 1921 eröffnet, war sie die *erste Autorennstrecke Deutschlands* und Schauplatz einst Aufsehen erregender Geschwindigkeitsrekorde. Den Rundenrekord stellte 1937 Bernd Rosemeyer mit 276 km/h auf. Auf der Geraden erreichte Rudolf Caracciola eine Spitzengeschwindigkeit von fast 400 km/h. Die 8 km lange Avus ist heute Teil des Stadtautobahnnetzes – und das Tempolimit liegt bei 100 km/h!

Idyllische Ruhe

*Wer mit dem Auto unterwegs ist, sollte von Zehlendorf aus einen Abstecher zum **Südwestfriedhof** der Berliner Stadtsynode in **Stahnsdorf** unternehmen. Auf dem überaus reizvollen Gelände befinden sich die Grabstätten des Industriellen Werner von Siemens (gest. 1892), des Verlegers Gustav Langenscheidt (gest. 1895), des Filmregisseurs F. W. Murnau (gest. 1931), des Malers Lovis Corinth (gest. 1925) und des Komponisten Engelbert Humperdinck (gest. 1921). Auch der Maler Heinrich Zille liegt hier begraben – mehr als 2000 Menschen begleiteten ihn 1929 auf seinem letzten Weg nach Stahnsdorf.*

Spandau und Reinickendorf – die westlichen Außenbezirke

Spandau war schon immer etwas Besonderes: Die einstige Festungsstadt ist älter als Berlin – die erste Besiedlung erfolgte bereits im 8. Jh. durch die Slawen –, und Spandau erhielt 1232 auch vor Berlin das Stadtrecht. Doch 1920 war Schluss mit der Selbstständigkeit: Spandau und seine umliegenden Gemeinden Gatow, Kladow, Pichelsdorf, Staaken, Tiefwerder, Spandau-Zitadelle und Pichelswerder wurden nach Groß-Berlin eingemeindet. Nicht ohne bissige Kommentare der Spandauer: »Mög' schützen uns des Kaisers Hand vor Groß-Berlin und Zweckverband.« Reinickendorf (1375 erstmals urkundlich erwähnt) wurde vor allem bekannt durch den **Flughafen Tegel** (1974 eingeweiht) und das **Märkische Viertel** (1963–74), eine umstrittene Trabantensiedlung, die Wohnraum für 50 000 Menschen bietet. Von besonderem landschaftlichen Reiz aber sind der Tegeler See und seine Umgebung.

132 Spandauer Altstadt
U7 Altstadt Spandau und Rathaus Spandau

Mittelalterlich kleinstädtisches Flair am Westufer der Havel.

Die Spandauer Altstadt wurde durch die Bombardierungen im Zweiten Weltkrieg stark zerstört. Zudem hat man bis in die 70er-Jahre des 20. Jh. den Abrissbagger ausgiebig eingesetzt. Erst 1978 besann man sich und begann, die Reste der Altstadt zu sanieren.

Der **Reformationsplatz** und der nahe gelegene **Marktplatz**, seit 1982 Fußgängerzone, sind Zentren eines historischen Ensembles von Straßen und Gassen der Spandauer Altstadt, in denen die Vergangenheit noch höchst lebendig zu sein scheint.

Die **St.-Nikolai-Kirche** auf dem Reformationsplatz mit ihrem steilen Satteldach und dem mächtigen *Westturm* stammt aus der ersten Hälfte des 15. Jh. und ist ein bedeutendes Beispiel märkischer Backsteingotik. Das Gotteshaus

◁ *Spandauer Sensation: Die Altstadt mit der St.-Nikolai-Kirche ist älter als Berlin*

Spandau und Reinickendorf · *Plan Seite 126*

Ritters Zeiten leben auf beim Anblick der Zitadelle Spandau

wurde über einem Sakralbau aus dem 13. Jh. errichtet. Es brannte 1944 aus, wurde aber 1988 endgültig wieder hergestellt. In der dreischiffigen Halle fällt vor allem der 8 m hohe *Renaissancealtar* aus farbig gefasstem Kalkstein und Tuff ins Auge. Er wurde 1581 von Rochus Graf zu Lynar gestiftet. Dessen Familiengruft befindet sich unter dem Altar. Die barocke *Kanzel* (um 1700), eine Stiftung Friedrich Wilhelms I. für die Kapelle des Stadtschlosses in Potsdam, wurde 1904 hier aufgestellt. Die *Kreuzigungsgruppe* am Eingang der Nordkapelle wird auf die erste Hälfte des 16. Jh. datiert.

Vor dem Westportal steht das von Erdmann Encke 1889 geschaffene **Denkmal des Kurfürsten Joachim II.**, der offiziell die Reformation in Brandenburg einleitete. Schinkel entwarf im Jahr 1816 das Ehrenmal für die Gefallenen der Freiheitskriege.

Viele der umliegenden Häuser sind renoviert und stehen unter Denkmalschutz. Darunter der **Gasthof zum Stern** (Carl-Schurz-Straße 41) aus dem frühen 18. Jh. und in der Breiten Straße 20 ein Haus mit klassizistischer Fassade (um 1800) aus der Schule David Gillys. An der Havel steht das **Heinemann-Haus** (Behnitz 5), ein Fachwerkbau mit spätbarocken Elementen von 1795. In der Straße Kolk fallen die **Alte Kolkschänke** (Kolk 3) von 1750 und die katholische **Marienkirche** auf. Sie wurde 1848 als schlichte, dreischiffige Basilika errichtet. Das im Krieg zerstörte Bauwerk wurde 1964 wieder hergestellt.

An der *Charlottenbrücke* befindet sich die Anlegestelle für Dampferfahrten zum Wannsee.

133 Zitadelle Spandau
Zitadellenbrücke
U7 Zitadelle

Eines der bedeutendsten erhaltenen Festungswerke des 16. Jh. in Deutschland.

Die Zitadelle Spandau ist der älteste monumentale Profanbau Berlins und eines der bedeutendsten Festungsanlagen des 16. Jh. in Deutschland.

In strategisch wichtiger Lage, allseits von Wasser umgeben, wurde die 1197 erstmals erwähnte Zitadelle vermutlich um 1160 unter Markgraf Albrecht dem Bären als Burg angelegt.

Das älteste erhaltene Gebäude der Anlage ist der Anfang des 14. Jh. erbaute Bergfried mit dem Namen **Juliusturm**. Der Zinnenkranz des Turms (mit Aussichtsplattform) wurde 1838 nach Schinkels Entwurf erneuert. Auch der **Palas**, das Wohnhaus der Burg, ist mittelalterlichen Ursprungs. Im Sockel des um 1350 errichteten Gebäudes wurden jüdische Grabsteine des 13./14. Jh. gefunden. Sie stammen wahrscheinlich von dem um 1510 verwüsteten Spandauer Judenfriedhof und wurden beim Umbau des Palas' als Baumaterial genutzt.

Die Gestalt eines Festungswerkes nach italienischem Vorbild erhielt die Zitadelle durch den Ausbau ab 1560 unter Joachim II. Vollendet wurde die Anlage 1578–94 von Rochus Graf zu Lynar.

Die Zitadelle war nicht nur militärischer Stützpunkt, sondern diente bis 1876 auch als *Gefängnis* und wurde zudem als eine Art *Tresor* genutzt: Im Verlies des Juliusturmes ließ Reichskanzler Otto von Bismarck 1874 einen Teil des Kriegsschatzes (120 Mio. Goldmark) lagern, der aus den französischen Entschädigungszahlungen des Krieges 1870/71 stammte.

Ab 1935 richteten die Nationalsozialisten in der Zitadelle ein *Laboratorium* ein und ließen hier chemische Kampfstoffe entwickeln und testen. Bei Kriegsende warfen sie Kampfstoffreste in den Brunnen des Zitadellenhofes – ein wenig erfreuliches Erbe.

Der Kern der Festung bildet ein Quadrat von 200 m Seitenlänge mit je einer spitzwinkligen Bastion an den vier Ecken. Die **Bastionen** werden König (SW), Königin (SO), Kronprinz (NW) und Brandenburg (NO) genannt. Sie sind durch die Kurtinen, die Außenmauern, miteinander verbunden. Der Zugang zur Zitadelle erfolgt von Süden über einen Damm und eine Brücke durch das Torhaus oder **Kommandantenhaus** (16. Jh.). Im Obergeschoss lag einst die Kommandantenwohnung. Die Fassade des Torgebäudes wurde 1839 komplett erneuert.

Heute ist die Zitadelle ein kulturelles Zentrum Spandaus und bietet Konzertveranstaltungen und Ausstellungen. Im Kommandantenhaus ist das **Stadtgeschichtliche Museum Spandau** untergebracht. Es zeigt Funde aus der Geschichte des Ortes von der Frühzeit bis heute, darunter Reste eines Mammutskeletts.

Öffnungszeiten S. 174

134 Tegeler Fließ

Von Lübars bis Tegeler See
U6 Alt-Tegel; Bus 222

Idylle vor den Toren der Stadt.

Von landschaftlich besonderem Reiz ist die Umgebung des Tegeler Fließes, das den Bezirk Reinickendorf von Lübars bis zum Tegeler See durchfließt. Es ist das letzte frei mäandernde Gewässer Berlins und wurde wegen seiner Schönheit 1955 unter Naturschutz gestellt. Wer am Tegeler Fließ entlangwandern möchte, sollte in **Lübars**, einem märkischen Dorf, das mittlerweile unter Denkmalschutz steht, starten. Im Jahre 1247 erstmals urkundlich erwähnt, hat Lübars seinen ländlichen Charakter mit Dorfanger und Kopfsteinpflaster, Dorfkirche (1793), Freiwilliger Feuerwehr und Dorfschule bewahrt.

135 Schloss Tegel

Adelheid-Allee 19–21
U6 Alt-Tegel

Das ›Humboldt-Schlösschen‹ – ein Meisterwerk Schinkels.

Das Tegeler Fließ geht im **Tegeler See** auf, dem größten und schönsten der Havelseen. Hier steht ein weiteres Meisterwerk Schinkels, das auch *Humboldt-Schlösschen* genannte Schloss Tegel. Das Gebäude diente Kurfürst Joachim II. um 1550 als Landsitz. Danach wechselten die Besitzer mehrfach, bis es 1765 Familie von Humboldt kaufte.

Die Brüder Wilhelm und Alexander von Humboldt wuchsen hier auf. *Wilhelm von Humboldt*, Gründer der Berliner Universität, und seine Frau Karoline ließen das Schloss 1820–24 von Karl Friedrich Schinkel im klassizistischen Stil umbauen: Die **Hauptfassade** erhielt durch die dorischen Pilaster und betonten Gesimse den gewünschten antikisierenden Charakter. In den Nischen wurden Marmorkopien berühmter antiker Statuen untergebracht. Die vier **Ecktürme** des Landschlosses entwarf Christian Daniel Rauch, der sie mit Reliefs von acht Windgöttern versah.

Im **Inneren** finden sich neben den ursprünglichen Einrichtungsgegenständen Originale und Repliken antiker *Skulpturen*, die Wilhelm von Humboldt als Gesandter Preußens in Rom gesammelt hatte. Schinkels dekorative Ausstattung des Schlosses lässt sich noch gut im Vestibül,

Spandau und Reinickendorf · *Plan Seite 126*

Die Freuden des Wassersports genießen viele Berliner auch am Tegeler See, dank seiner landschaftlichen Reize einer der schönsten Havelseen

in der Bibliothek, im Blauen Salon und im Antikensaal studieren.

Im Atrium steht der marmorne ›Brunnen des hl. Calixtus‹, ein römisches Original aus dem 3. Jh. n. Chr.

Im **Schlosspark** führt eine 1792 angelegte prachtvolle Lindenallee an der 400-jährigen Alexander-von-Humboldt-Eiche vorüber zur *Grabstätte* der Familie von Humboldt. Schinkel entwarf sie nach dem Tod von Karoline (1829). In der Mitte des Grabes steht eine Granitsäule mit einer Nachbildung der Statue ›Hoffnung‹ des dänischen Bildhauers Bertel Thorvaldsen.

Sehenswert am **Tegeler Hafen** sind die Bauten zeitgenössischer Architekten, die im Rahmen der Internationalen Bauausstellung (IBA) 1987 entstanden, eine fast maritim anmutende Stadtlandschaft mit farbig gestalteten Villen und Reihenhäusern. Das auffälligste Bauensemble dieses Wettbewerbs ist das **Kultur- und Freizeitforum** von Charles Moore. Auf der künstlich angelegten Insel im Hafenbecken sollen weitere Anlagen geschaffen werden.

Am nördl. Ende des Sees, an der *Greenwichpromenade*, ist eine Anlegestelle für Dampfer nach Spandau und zum Wannsee eingerichtet. Von hier aus führt die Hafen-Brücke zum **Freizeitpark Tegel**, wo sich die Berliner am Wochenende zum Grillen und Bootfahren tummeln. Von der Hafen-Brücke aus kommt man zum traditionsreichen Restaurant **Tegeler Seeterrassen** (Wilhelmstraße 1, Tel 4 33 80 01 02) am westl. Ufer des Tegeler Sees. Von den Gartenterrassen des Gasthauses hat man einen herrlichen Blick übers Wasser.

Ebenfalls lohnend ist ein Spaziergang auf dem Uferweg weiter in Richtung Süden: Auf der kleinen Halbinsel Reiherwerder steht die sehenswerte **Villa Borsig** (1911–13), ein schlossartiges Landhaus von neobarocker Pracht. Wo einst die Fabrikanten Friedrich-Ernst und Konrad Borsig in der Nähe ihrer Fabriken lebten, ist heute das Ausbildungszentrum und Gästehaus des *Auswärtigen Amtes* untergebracht.

Öffnungszeiten Schloss Tegel **S. 175**

Spandau und Reinickendorf · *Plan Seite 126*

Take off: Zentraler Flughafen der Hauptstadt ist Tegel im Westen der Metropole. Hier landete schon Graf Zeppelin mit seinem Luftschiff

136 Flughafen Tegel
Bus TXL, X9, 109, 128

Der wichtigste Flughafen Berlins.

Die spätere Bestimmung des Geländes als Flughafen wurde bereits 1909 festgelegt: Hier, inmitten der Jungfernheide, landete *Graf Zeppelin* mit seinem Luftschiff Z3 und wurde feierlich vom Kaiser empfangen. Auch nutzte man das Gelände als Übungsplatz des Berliner Luftschiffbataillons und als *Raketenversuchsgebiet*: Hermann Oberth und Wernher von Braun unternahmen hier 1931 ihre ersten Versuche. Während der Berlin-Blockade 1948/49 erhielt Tegel erste Bedeutung als Flughafen: Die 2400 m lange Lande- und Startbahn war damals die längste Europas. Danach diente Tegel als französischer Militärflugplatz und wurde schließlich 1960 für die zivile Luftfahrt freigegeben.

Zwischen 1969 und 1974 baute man nicht nur die Start- und Landebahn aus, sondern errichtete das *Terminal der kurzen Wege*, ein sechseckiges Abfertigungsgebäude nach den preisgekrönten Plänen von Meinhard von Gerkan, Volkwin Marg und Klaus Nickels.

Seit 1988 trägt der Flughafen den Namen des Flugpioniers **Otto Lilienthal** – in der Haupthalle findet sich eine originalgetreue Nachbildung eines seiner Fluggeräte.

Tegel ist mit seinen rund 360 Starts und Landungen pro Tag und 9,9 Mio. Passagieren pro Jahr immer noch der *Hauptflughafen* Berlins. Von hier gehen die meisten innerdeutschen und interkontinentalen Flüge aus.

Potsdam und Babelsberg – Glanz, Gloria und jede Menge Action

Potsdam erlangte erstmals Bedeutung durch den *Großen Kurfürsten Friedrich Wilhelm* (1640–1688), der die Stadt zur **zweiten Residenz** der Hohenzollern machte. Das heutige Stadtbild prägten jedoch zwei andere Preußenkönige: *Friedrich Wilhelm I.*, der Soldatenkönig, ließ Potsdam im 18. Jh. zur Garnisonsstadt ausbauen. Zum Inbegriff von preußischer Macht und königlichem Reichtum wurde Potsdam aber erst durch den Sohn des Soldatenkönigs, *Friedrich den Großen*. Im Gegensatz zu seinem nüchtern und praktisch denkenden Vater brachte er höfisches Leben und Kultur in die Stadt. Mit **Schloss Sanssouci** schuf sich Friedrich der Große sein Versailles vor den Toren Berlins.

137 Potsdamer Altstadt

S7 Potsdam Hbf

Auf den Spuren des Soldatenkönigs.

Das älteste Viertel Potsdams wurde durch Bomben 1945 zerstört, und die sozialistische Abrissbirne tat ein Übriges. Heute ist das Zentrum eine Mischung aus prachtvollen historischen Bauten und schlichter sozialistischer Architektur.

Die im Süden Potsdams gelegene Altstadt wird von der riesigen Kuppel der **Nikolai-Kirche** am Alten Markt überragt. Diese von Karl Friedrich Schinkel entworfene klassizistische Kirche (ab 1830) wurde wegen ihrer Größe und Pracht zum Wahrzeichen der Stadt. Neben ihr wirkt das **Alte Rathaus**, ebenfalls am Alten Markt, geradezu zierlich. Zu beachten an dem von Johann Boumann

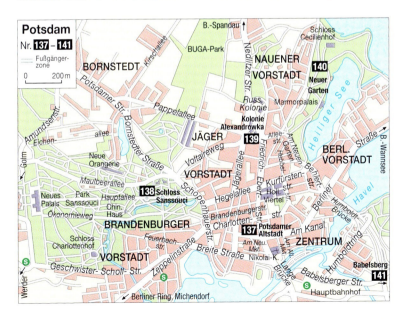

Potsdam und Babelsberg · *Plan Seite 149*

Wahrzeichen von Potsdam: Die klassizistische Nicolaikirche mit ihrer gigantischen Kuppel stammt von keinem Geringeren als Karl Friedrich Schinkel

errichteten Bauwerk ist die vergoldete *Atlasfigur* auf dem Kuppeldach. Kurz nach der Fertigstellung des Gebäudes 1776 stürzte das aus Blei gegossene Werk ab. Ein Jahr später wurde eine identische Figur, diesmal aus Kupfer, aufgestellt. Diese überstand nun selbst die Bombardierung von 1945, während das Rathaus selbst zerstört wurde. Ebenfalls nach dem Krieg wieder aufgebaut werden musste das **Knobelsdorff-Haus** (1750) am Alten Markt, das nach seinem Architekten benannt wurde. In den beiden Gebäuden ist heute das *Kulturhaus* untergebracht.

Auch das imposanteste Bauwerk am Alten Markt, das unter dem Großen Kurfürsten Friedrich Wilhelm 1662 errichtete **Stadtschloss**, war nach dem Krieg eine Ruine, es wurde in den 60er-Jahren des 20. Jh. abgerissen. Inzwischen hat man das *Fortuna-Portal* der Anlage wieder rekonstruiert. Zum Stadtschloss, dessen Wiederaufbau derzeit erwogen wird, gehört auch der **Marstall**, der Ende des 17. Jh. als Orangerie errichtet und vom Soldatenkönig 1714 in einen Pferdestall umgewandelt wurde. Seine heutige Form geht auf Umbaumaßnahmen unter der Leitung Georg Wenzeslaus von Knobelsdorffs' im Jahr 1746 zurück. In den Räumen des Marstalls (Breite-/Schlossstraße) ist heute das **Filmmuseum** (tgl. 10–18 Uhr) untergebracht. Neben der umfangreichen Sammlung zur Filmgeschichte der UFA und DEFA werden Wechselausstellungen zum Thema Kino gezeigt.

Am westl. Ende der *Brandenburger Straße*, der Hauptgeschäftsstraße Pots-

Verkalkuliert: Um holländische Handwerker an seinen Hof zu binden, ließ Friedrich Wilhelm I. holländische Häuschen errichten – doch die wenigsten Gäste blieben

dams – die Häuser stammen noch zum Teil aus den Jahren 1733–39 –, steht das **Brandenburger Tor**. Es wurde schon 1770, also 21 Jahre vor dem berühmten gleichnamigen Tor in Berlin, nach Entwürfen von Karl von Gontard und Georg Christian Unger erbaut.

Einzigartig in ganz Deutschland ist das **Holländische Viertel** von Potsdam. Es erstreckt sich zwischen Friedrich-Ebert-, Gutenberg-, Hebbel- und Kurfürstenstraße. Um holländische Handwerker an seinen Hof zu binden, ließ der Soldatenkönig zwischen 1734 und 1740 unter der Leitung von Johann Boumann vier Karrees mit 134 Wohnhäusern im holländischen Stil erbauen. Sein Plan ging nicht auf. Lediglich 22 holländische Familien blieben in Potsdam wohnen. Die holländische Siedlung wurde zur *Künstlerkolonie*. 128 Häuser sind heute noch erhalten.

Mit der sprichwörtlichen preußischen Disziplin und alle um Haupteslänge überragend: Aufmarsch der ›Langen Kerls‹ – im Gardemaß des Soldatenkönigs – in Potsdam

138 Schloss Sanssouci

Eingang: Schopenhauerstraße
S7 Potsdam Hbf, dann Bus 695 oder
Tram 96, 98
Info-Tel. 03 31/9 69 42 02
1. April – 31. Okt. Di – So 9 – 17 Uhr,
1. Nov. – 31. März Di – So 9 – 16 Uhr,
Mo geschl.; nur mit Führung

Bedeutendste deutsche Schlossanlage.

Ohne Frage ist Schloss Sanssouci die touristische Hauptattraktion Potsdams. Es wurde von Friedrich dem Großen als *Sommerresidenz* vor den Toren der Stadt geplant, und im Laufe von zwei Jahrhunderten entstand eines der schönsten Schlossensembles Deutschlands.

Pilgerstätte Potsdam oder Eine Reise zu Pomp und Prunk: Schloss Sanssouci zieht Touristen aus aller Welt an

Unmittelbar nach seiner Thronbesteigung 1740 begann Friedrich II., den kärglichen königlichen Küchengarten seines Vaters umzugestalten. An die Stelle von Kohlköpfen und Obstbäumen ließ er 1744 sechs **Weinbergterrassen** als ungewöhnliche Kulisse für das bereits bestehende Sommerschlösschen anlegen. Mit dem Neubau selbst wurde dann ein Jahr später begonnen. Fernab vom höfischen Zeremoniell und den Regierungsgeschäften wollte Friedrich der Große hier ›Sans Souci‹, ›Ohne Sorge‹, leben. Die im Rokokostil errichtete Anlage, an deren Gestaltung wiederum Friedrichs genialer Hofarchitekt Knobelsdorff beteiligt war, wurde schließlich zu seiner **Hauptresidenz**. Was nicht erstaunt, denn obwohl sie von außen eher schlicht wirkt und nur 12 Räume birgt, waren diese doch mit allem Pomp und Prunk ausgestattet. Prominentester Gast im Schloss war übrigens der französische Philosoph *Voltaire*, der ab 1750 drei Jahre hier lebte.

Nach und nach ließ Friedrich der Große Sanssouci erweitern und die Umgebung in eine **Parkanlage** nach Versailler Vorbild verwandeln. Hinzu kam z. B. der *Ruinenberg* (1748): Die antike Ruine diente lediglich als Blickfang für das Wasserreservoir der *Fontäne* vor dem Schloss. Übrigens scheiterten zu Friedrichs Zeiten alle Bemühungen, die Fontäne in Gang zu setzen. Erst Friedrich Wilhelm IV. sollte dies knapp 100 Jahre später durch den Bau des moscheeartigen *Dampfmaschinenhauses* mit Pumpwerk an der Havel gelingen (Breite Straße/Zeppelinstraße).

Da die Räume des Schlosses nicht für die Präsentation seiner Gemäldesammlung ausreichten, ließ Friedrich 1753 an dessen Ostseite die **Bildergalerie** errichten. In diesem ersten fürstlichen Museumsbau Deutschlands können auch heute noch wertvolle Gemälde z. B. von Rubens, van Dyck und Tintoretto bewundert werden.

Gemäß der damaligen Chinamode ließ der König für den Park von Johann Gottfried Büring das **Chinesische Haus** (1754) entwerfen, in dem heute Meißner und ostasiatisches Porzellan gezeigt wird. Das etwas abgelegene, ebenfalls fernöstlich inspirierte **Drachenhaus** (1770) von Karl von Gontard diente einst als Winzerhäuschen und ist heute Café.

Unmittelbar nach dem Siebenjährigen Krieg (1756–63) wurde Friedrichs größtes Projekt in Angriff genommen: Der

Potsdam und Babelsberg · *Plan Seite 149*

Preußische Prahlerei: Um (vermeintlichen) Reichtum und Macht zu demonstrieren, ließ der Alte Fritz das gigantische Neue Palais errichten

Bau des **Neuen Palais'** im Westteil des weitläufigen Gartens. Eine ›Fanfaronade‹, eine Prahlerei, wie Friedrich das Gebäude nannte. Es sollte demonstrieren, dass Preußen trotz der Kriegsfolgen noch nicht am Ende war. Das wuchtige Palais birgt nicht nur rund 400 Zimmer, sondern auch einen *Theatersaal*.

Der Wunsch Friedrichs des Großen (gest. 1786), in Sanssouci auch seine letzte Ruhestätte zu finden, ging erst im Jahr 1991 in Erfüllung. Seine sterblichen Überreste wurden von der Burg Hohenzollern in die **Gruft** an der östl. Seite des Schlosses Sanssouci überführt. Unter einer schlichten *Grabplatte* ruht er nun ne-

Kabinettstückchen: Im Musikzimmer von Schloss Sanssouci spielte der kunstsinnige Friedrich II. die Flöte, begleitet von einem Ensemble

153

Potsdam und Babelsberg · *Plan Seite 149*

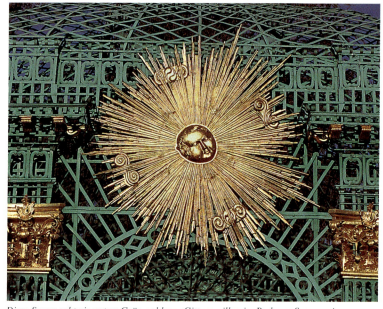

Diese Sonne geht nie unter: Grün-goldener Gitterpavillon im Park von Sanssouci

ben seinen Hunden, den geliebten Windspielen.

Die zweite große Bauperiode in Sanssouci geht auf das Engagement Friedrich Wilhelms IV., des Großneffen Friedrichs des Großen, zurück. Noch in seiner Kronprinzenzeit ließ er von Karl Friedrich Schinkel und Ludwig Persius das klassizistische **Schloss Charlottenhof** (1826–29) bauen. Es wurde harmonisch in den vom Gartenarchitekten Peter Joseph Lenné gestalteten Park eingegliedert. Die versteckte Lage des Charlottenhofes am südwestl. Ende der Gärten ist es wohl zu verdanken, dass das *Interieur* noch fast vollständig im Original erhalten ist. Deutlich zeigt die Anlage das Faible Friedrich Wilhelms IV. für romantisch-verträumte Stimmungen – er nutzte das Schlösschen zur Entspannung.

Die nahe gelegenen **Römischen Bäder** (1829–40) wurden ganz im Stil italienischer Landhäuser mit Lauben, Pergola und antiken Plastiken geschmückt.

Ebenfalls nach mediterranem Vorbild wurden die aus der Orangerie (1748) hervorgegangenen **Neuen Kammern** (1771–74) als Gästehaus mit prächtigen Festräumen gestaltet.

Der Renaissance verpflichtet ist Persius' **Neue Orangerie** (1851–60), von deren Westturm man den Blick auf Schloss und Stadt genießen kann.

Die **Friedenskirche** (1845–54) von Ludwig Persius und Friedrich August Stüler mit Campanile und Mosaik des 12. Jh. im Chor erinnert wiederum an Roms frühchristliche Kirchen.

Außerhalb der Gärten steht die 1993 originalgetreu wieder aufgebaute **Historische Mühle** (tgl. 10–18, winters Sa/So 10–16 Uhr). Der 1787–91 nach holländischem Vorbild errichtete Bau bietet neben herrlicher Aussicht eine Kunstgalerie und mühlentechnische Ausstellung.

139 Kolonie Alexandrowka

Zwischen Puschkinallee,
Am Schragen, Nedlitzer Straße
und Kapellenberg
S1 Potsdam Hbf, dann Tram 92

Ein Stück Russland im märkischen Sand.

Die russische Kolonie Alexandrowka im Norden Potsdams ist eine Kuriosität. Friedrich Wilhelm III. ließ diese Siedlung 1826 als Geschenk an 12 Sänger des russischen Soldatenchors erbauen, die als ehem. Kriegsgefangene in Potsdam geblieben waren. Die Siedlung besteht aus 13 kleinen **Blockhäusern**, die ganz im russischen Stil reich mit *Holzschnitzereien* verziert sind. Das zentral gelegene Gebäude war dem Aufseher zugeteilt. Aber nicht alle Sänger des Chors durften

Potsdam und Babelsberg · *Plan Seite 149*

die neu gebauten Häuser beziehen: Bedingung waren eine gute Gesundheit und der Nachweis einer Eheschließung, vorzugsweise mit einer preußischen Frau. Auch das Erbrecht in Bezug auf die Häuser wurde streng preußisch geregelt. Nur bei Geburt eines Sohnes blieb das Nutzungsrecht der Familie bestehen. Um Kindertausch zu verhindern, war immer eine offizielle Person bei der Entbindung anwesend. Die an jedem Gebäude angebrachten *Namensschilder* lassen die Genealogien der Familien erkennen. In den nahezu unverändert gebliebenen Häusern leben noch immer Nachfahren der russischen Sänger.

Nördl. der Siedlung, auf dem Kapellenberg, steht die russisch-orthodoxe *Kirche des hl. Alexander Newski*.

Auf dem angrenzenden **Pfingstberg** wurde die bedeutende historische Bebauung wieder hergestellt, so Schinkels erstes Werk von 1801, der *Pomona-Tempel*. Im April 2001 konnte auch der 1847–63 von Persius, Hesse und Stüler errichtete **Belvedere** (tgl. 10–18, Okt. bis 16 Uhr, winters Sa/So 11–16 Uhr), eine prächtige Anlage mit Kolonnaden und Türmen im Stil der italienischen Renaissance, wieder eröffnet werden. Die Rekonstruktionsarbeiten dauern an, doch schon jetzt kann man vom Westturm mit seinem schönen Römischen Kabinett die herrliche Aussicht genießen.

Gen Westen blickt man auf den anlässlich der Bundesgartenschau 2001 angelegten **BUGA-Park**, dessen Haupteingang unweit des Pfingstberges liegt.

Ein Stück Heimat: Blockhaus in der Kolonie Alexandrowka. Friedrich Wilhelm III. ließ die Siedlung für russische Sänger bauen

140 Neuer Garten

Am Neuen Garten
S7 Potsdam Hbf, dann
Bus 694 oder Tram 92

Idyllisch gelegene Park- und Schlossanlage, Ort der Potsdamer Konferenz.

Vom Pfingstberg aus kommt man auch zum Neuen Garten. Beachtlich an diesem Park ist neben der Lennéschen Gestaltung vor allem seine außerordentlich romantische Lage am **Heiligen See**. Direkt am Wasser ließ Friedrich Wilhelm II. sein Lust- und Sommerschloss errichten: Das

Dreieinigkeit: In Schloss Cecilienhof fand im August 1945 die Potsdamer Konferenz statt – Truman, Stalin und Churchill nahmen daran teil

Marmorpalais (Di–So 10–17, winters Sa/So 10–16 Uhr) wurde im frühklassizistischen Stil von Karl von Gontard 1787 entworfen. Zu DDR-Zeiten war in seinen Räumen ein Armeemuseum untergebracht. Das dazugehörige *Küchengebäude* (1788, Gontard) wurde der damaligen Mode folgenden im Stil einer Ruine erbaut.

Südlich erhebt sich der 1997 wieder hergestellte Pavillon der **Gotischen Bibliothek** (1792–94), die die Bücherkollektion des Königs enthielt.

Eine Kuriosität findet sich in nördl. Richtung: Die **Pyramide** fungierte einst als eine Art Kühlschrank. Vorräte wurden hier auf Eis gelegt, das im Winter aus dem See geschlagen wurde.

Am nördl. Ende des idyllischen Parks liegt **Schloss Cecilienhof** (Di–So 9–17, winters bis 16 Uhr). Während des Ersten Weltkriegs wurde dieser letzte Schlossbau der Hohenzollern im englischen Landhausstil errichtet (1913–17, Schultze-Naumburg). Hier lebte Kronprinz Wilhelm, jedoch nur für ein Jahr bis zur Revolution 1918, dann floh er nach Holland, während seine Frau Cecilie mit den Kindern zurückblieb.

Berühmtheit erlangte der Cecilienhof durch die **Potsdamer Konferenz** im August 1945, denn hier besiegelten Stalin, Truman und Churchill bzw. sein Nachfolger Attlee das Potsdamer Abkommen mit Beschlüssen über das weitere Vorgehen der Besatzungsmächte in Deutschland. Die Konferenzräume sind heute als Museum eingerichtet.

141 Babelsberg

S7 Babelsberg und Griebnitzsee

Kaiserliche Sommerresidenz und Filmhauptstadt im Potsdamer Ortsteil Babelsberg.

Der Potsdamer Ortsteil Babelsberg ist untrennbar verbunden mit dem Film: Seit 1912 werden auf dem **Studiogelände** an der August-Bebel-Straße Filme gedreht. Erst war hier der Bioscop-Film beheimatet, dann die UFA, zu DDR-Zeiten die DEFA. Heute gehört das Gelände dem französischen Konzern Vivendi, als Leiter fungiert Gerhard Bergfried.

Wer Studioatmosphäre und Filmgeschichte hautnah erleben möchte, sollte die Studiotour im **Filmpark Babelsberg** mitmachen (Führungen 16. März–3. Nov. tgl. 10 – 18, im Winter geschl., August-Bebel-Straße 26 – 53, Eingang Großbeerenstraße, Tel. 03 31/721 27 55, Internet: www.filmpark.de, S7 Griebnitzsee; Bus 690, 696, 698). Außerdem locken das Showscan-Actionkino, die Filmtier- und die Stuntshow. Im Restaurant *Prinz Eisenherz* kann man zünftig speisen und Requisiten des gleichnamigen Films von 1996 bewundern.

Die *UFA-Filmstudios*, in denen epochale Filme wie ›Metropolis‹, ›Der blaue Engel‹ und Komödien wie ›Die Drei von der Tankstelle‹ gedreht wurden, galten vor dem Krieg als größte Filmstadt Europas. Die damaligen Stars wohnten in unmittelbarer Nachbarschaft der Studios: Heinrich George in Kohlhasenbrück, Johannes Heesters am Stölpchensee und

Hereinspaziert in die Traumwelt! Die einst größte Filmstadt Europas in Babelsberg soll wieder an alte Glanzzeiten anknüpfen. Dreharbeiten zum Film ›Sonnenallee‹ (1999)

Potsdam und Babelsberg · *Plan Seite 149*

Burgfräulein wohnen hier zwar keine, aber dafür lohnt sich die Eroberung der Vergangenheit: In Schloss Babelsberg kann man Privaträume von Wilhelm I. besichtigen

viele andere Darsteller im **Villenviertel Neu-Babelsbergs** am Ufer des Griebnitzsees. Zahlreiche Villen der UFA-Schauspieler – manche gehörten vor der Machtübernahme der Nazis vermögenden jüdischen Industriellen – wurden restauriert. Vor allem rund um die **Karl-Marx-Straße** sind sie zu finden: In Nr. 2, auch Kleines Weißes Haus genannt, lebte die Schauspielerin Renate Müller. 1945 wurde das Gebäude während der Potsdamer Konferenz von US-Präsident Truman bewohnt. In Haus Nr. 27, das einst dem Teppichfabrikanten Herpich gehörte, residierte Stalin. Im Gebäude Nr. 66, der Villa eines Lilienthal-Angehörigen, lebte in den 30er-Jahren des 20. Jh. der Schauspieler *Heinz Rühmann*.

Das Haus Virchowstraße 1–3 gehörte der Familie des Fabrikanten Quandt, bei dem Joseph Goebbels als Hauslehrer arbeitete. Dieser heiratete später die Ehefrau seines Arbeitgebers. In Nr. 23, das Mies van der Rohe im Bauhausstil entwarf, wohnte Churchill während der Potsdamer Konferenz. Die Schauspielerin *Brigitte Horney* schließlich lebte im Landhaus Gugenheim am Johann-Strauß-Platz 1. Das schmiedeeiserne Tor weist noch die Initialen seines ersten Besitzers, des Seidenweberei-Inhabers Hans Gugenheim auf. Der Film- und Operettenstar *Marika Rökk* lebte in der Domstraße 28.

In der Nähe des Villenviertels findet sich eine weitere Sehenswürdigkeit.

Schloss Babelsberg (29. März–31. Okt. Di–So 10–17Uhr, mit Führung) ließ sich Prinz Wilhelm, der spätere Kaiser Wilhelm I., 1833 als *Sommerresidenz* auf den Höhen des Babelsberges anlegen. Schinkel entwarf nach den Anregungen der Hobby-Architektin Prinzessin Augusta einen Schlossbau im englisch-neogotischen Stil, Persius und Strack vergrößerten das Gebäude bis 1859. Der Kaiser liebte dieses Schloss, in dem er sich bis zu seinem Tod 1888 oft aufhielt. Gern gesehener Gast war Otto von Bismarck.

Nach dem Zweiten Weltkrieg waren im Schloss die Hochschule für Filmkunst und ein Museum für Ur- und Frühgeschichte untergebracht. Einige Räume wie die Privatgemächer des Kaisers, die Bibliothek und der von Persius gestaltete *Tanzsaal,* ein achteckiger Turmbau in Weiß und Gold, können heute besichtigt werden.

Die Gestaltung des **Parks** von Schloss Babelsberg übernahm anfangs Lenné, ab 1843 dann Fürst von Pückler-Muskau. In den fantasievollen Gartenanlagen trifft man auf das **Kleine Schloss** (1841/42, Persius), in dem der Thronfolger und seine Erzieher lebten, heute dient es als stimmungsvolles Restaurant. Ferner gibt es das Matrosenhaus (1842), den Flatowturm (1853), den Marstall und das Dampfmaschinenhaus (1843). Auch eine **Gerichtslaube** aus dem 13. Jh., die bis 1871 am Berliner Roten Rathaus stand, steht versteckt im Park.

Berlin aktuell A bis Z

Vor Reiseantritt

ADAC Info-Service,
Tel. 0 18 05/10 11 12, Fax 30 29 28
(0,12 €/Min.)

ADAC im Internet:
www.adac.de
www.adac.de/reisefuehrer

Berlin im Internet:
www.berlin.de
www.BerlinOnline.de

Berlin Tourismus Marketing GmbH,
Potsdamer Str. 99, 10785 Berlin
(Tiergarten), Tel. 01 90/01 63 16
(gebührenpflichtig), Internet:
www.berlin-tourist-information.de
Hotel-Reservierung: Tel. 25 00 25,
Fax 25 00 24 24,
aus dem Ausland:
Tel. 00 49/7 00-86 23 75 46
Berlin WelcomeCard s. S. 182

Allgemeine Informationen

Tourismusämter

Brandenburger Tor, Seitenflügel, tgl. 9.30–18 Uhr

Europa-Center, Budapester Straße 45 (Charlottenburg), Mo–Sa 8.30–20.30 Uhr, So 10–18.30 Uhr

Tourist Info Point, KaDeWe, Tauentzienstr. 21–24, Reisecenter (EG), Mo–Fr 9.30–20, Sa 9–16 Uhr

Fernsehturm Info Café, Alexanderplatz, tgl. 10–18 Uhr

Aktuelle Veranstaltungen kann man auch der Tagespresse und **Stadtmagazinen** ›Zitty‹, ›Tip‹, ›Prinz‹ und ›030‹ entnehmen.

Notrufnummern und Adressen

Polizei: Tel. 110

Feuerwehr und Notarzt: Tel. 112

ADAC-Pannendienst:
Tel. 0 18 02/22 22 22 (0,06 €/Anruf), Mobil-Tel. 22 22 22

ADAC Stau-Info: Mobil-Tel. 2 24 99 (0,51 €/Anruf plus Verbindungskosten)

ADAC Rettungshubschrauber:
Tel. 110 oder 112

ADAC-Geschäftsstellen: Bundesallee 29–30 (Wilmersdorf), Taubenstr. 20–22 (Mitte)

Österreichischer Automobil Motorrad und Touring Club
ÖAMTC Schutzbrief-Nothilfe:
Tel. 00 43/(0) 1/2 51 20 00

Touring Club Schweiz
TCS Zentrale Hilfsstelle:
Tel. 00 41/(0)2 24 17 22 20

Ärztliche Versorgung

Ärztlicher Notdienst: Tel. 31 00 31

Zahnärztlicher Notdienst:
Tel. 89 00 43 33

Giftnotrufzentrale: Tel. 1 92 40

Fundbüros

Zentrales Fundbüro, Platz der Luftbrücke 6 (Tempelhof), Tel. 69 95

Fundbüro der Deutschen Bahn,
Tel. 0 18 05/99 05 99

BVG Fundbüro, Potsdamer Str. 182 (Schöneberg), Tel. 25 62 30 40

Anreise

Auto

Nach Berlin gelangt man von *Westen* über die **A 2**, von *Süden* aus Richtung Hof über die **A 9** oder aus Richtung Dresden/Cottbus über die **A 13**, von *Osten* aus Richtung Frankfurt/Oder über die **A 12**, von *Norden* aus Richtung Szczecin (Stettin) über die **A 11**, aus Richtung Hamburg über die **A 24**.

Umfangreiches **Informations- und Kartenmaterial** erhalten Mitglieder des ADAC kostenlos unter Tel. 0 18 05/ 10 11 12 (0,12 €/Min.). Im ADAC Verlag sind außerdem erschienen das ADAC Reisemagazin *Berlin*, der Stadtplan *Berlin* (1 : 25 000), der CityPlan *Berlin* (1 : 20 000), der Stadtatlas *Berlin/Potsdam* (1 : 15 000), der Freizeitatlas *Brandenburg/Berlin*, die Länderkarte *Berlin/*

◁ *Eine Stadt der vielen bunten Bilder – viele Grüße aus Berlin!*

Anreise – Bank, Post, Telefon

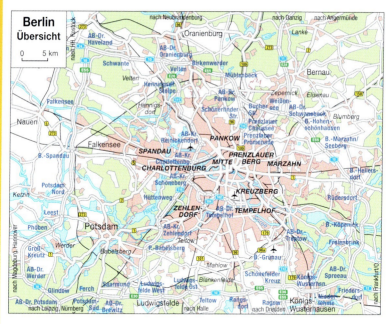

Brandenburg (1:300 000) und die Freizeitkarte *Berlin, Märkische Schweiz, Spreewald* (1:100 000) (Internet: www.adac.de/reisemagazin bzw. /karten).

Bahn

Für den Fernverkehr relevant sind **Bahnhof Zoologischer Garten** (Richtung Westen, Nordwesten, Südwesten), **Ostbahnhof** und **Berlin-Lichtenberg** (beide Richtung Norden, Osten, Süden). Auf dem Gelände des ehemaligen **Lehrter Bahnhofs** entsteht bis zum Jahr 2006 ein zentraler Fernbahnhof auf vier unterirdischen Ebenen.

Fahrplanauskunft:
Deutschland
Deutsche Bahn, Tel. 1 18 61 (gebührenpflichtig), Tel. 08 00/1 50 70 90 (sprachgesteuert), Internet: www. bahn.de
Deutsche Bahn AutoZug, Tel. 0 18 05/24 12 24 (gebührenpflichtig), Internet: www.autozug.de
DB NachtZug, Tel. 0 18 05/14 15 14 (gebührenpflichtig), Internet: www.nachtzug.de

Österreich
Österreichische Bundesbahn, Tel. 05 17 17, Internet: www.oebb.at

Schweiz
Schweizerische Bundesbahnen
Tel. 09 00 30 03 00, Internet: www.sbb.ch

CityNightLine, Tel. 0 18 05/21 34 21 (gebührenpflichtig), Internet: www.citynightline.ch

Bus

Von allen größeren Städten im Bundesgebiet fahren fast täglich **Fernbusse** nach Berlin. Sie kommen alle auf dem **Zentral-Omnibusbahnhof am Funkturm** an. Von dort kommt man mit *öffentlichen Verkehrsmitteln* (Bus-Linie 149, U-Bahn-Linie 7/U-Bahnhof Kaiserdamm) in die Innenstadt. **Auskunft**: Tel. 3 02 53 61; **ZOB-Reisebüro**: Tel. 3 01 03 80

Flugzeug

In Berlin gib es drei Flughäfen: Flughafen **Tegel** (ca. 8 km bis zum Zentrum), Flughafen **Tempelhof** (ca. 6 km bis zum Zentrum) und Flughafen **Berlin-Schönefeld** (ca. 22 km bis zum Zentrum).

Zentrale Flugauskunft:
Tel. 01805/ 00 01 86

Ab Tegel: Bus 109 in Richtung Kurfürstendamm/Zoologischer Garten (über U-Bahnhof Jakob-Kaiser-Platz, Linie 7). Bus 128 in Richtung Norden nach Wedding und Reinickendorf (über U-Bahnhof Kurt-Schumacher-Platz, Linie 6).

Ab Tempelhof: U-Bahn-Linie 6 in Richtung Friedrichstraße oder Bus 119 in Richtung Kurfürstendamm.

Ab Schönefeld: S-Bahn-Linien 9 oder 45 in Richtung Alexanderplatz, Bus 171 zur U-Bahnstation Rudow (Linie 7 in Richtung Kreuzberg, Schöneberg und Charlottenburg).

Bank, Post, Telefon

Bank

Öffnungszeiten: in der Regel Mo–Fr 9–13 Uhr, 14.30–16 Uhr, Do bis 18 Uhr

Post

Öffnungszeiten: in der Regel Mo–Fr 8–18 Uhr und Sa 8–12 Uhr.

Telefon

Die **Vorwahl** von Berlin ist **0 30**

Einkaufen

Antiquariate

Antiquariat Düwal, Schlüterstr. 17 (Charlottenburg). Wertvolle Bücher aller Sparten.

Antiquariat und Buchhandlung Pankow, Görschstr. 2 (Pankow). Bücher aller Gebiete, viele Erstausgaben und DDR-Literatur.

Antiquariatsbuchhandlung Knut Ahnert, Sybelstr. 58 (Charlottenburg). Reichhaltiges Sortiment an Berlin-Bänden und illustrierten Büchern.

Antiquitäten

Antiquitäten Klewer, Regensburger Str. 9 (Wilmersdorf). Antiquitäten, Gemälde und Möbel.

Immer noch königlich: Porzellan von KPM

Tolle Treffer möglich: Trödelladen

Art 1900, Kurfürstendamm 53 (Charlottenburg). Jugendstil und Art déco.

Radio Art, Zossener Str. 2 (Kreuzberg). Historische Rundfunktechnik, Verkauf und Reparatur.

Auktionshäuser

Auktionshaus Altus, Kalckreuthstr. 4–5 (Schöneberg). Beratung und Schätzung, alte und neue Kunst.

Auktionshaus – Kunsthandel Prinz-Dunst, Schlüterstr. 16 (Charlottenburg). Antiquitäten, Möbel, Porzellan. 7 Auktionen jährlich.

Christie's, Giesebrechtstr. 10 (Charlottenburg). Eine Filiale des berühmten englischen Auktionshauses.

Kunsthaus Lempertz, Linienstr. 153 (Mitte). Alte und zeitgenössische Kunst, Kunstgewerbe.

Villa Grisebach Auktionen, Fasanenstr. 25 (Charlottenburg). Zeitgenössische Kunst. Zweimal jährlich Versteigerung.

Extras und Accessoires

Grober Unfug, Zossener Str. 32–33 (Kreuzberg). Comic-Wunderland.

HanfHaus, Oranienstr. 192 (Kreuzberg). Alle Hanfprodukte: Cremes, Kleidung und mehr.

Hautnah, Uhlandstr. 170 (Wilmersdorf). Extravagante Mode und Fetische aus Leder, Lack und Latex.

Kaiserschnitt, Wühlischstr. 34 (Friedrichshain). Friseur für den ganzen Körper (Kopf, Brust, Bauch, Scham).

Kaufhaus Schrill, Bleibtreustr. 46 (Charlottenburg). Verrückte Mode: Vom Ohrring bis zum Paillettenkleid.

Einkaufen

KPM Königliche Porzellan Manufaktur, Kurfürstendamm 27 (Charlottenburg) und Unter den Linden 35 (Mitte). Exklusive Kostbarkeiten aus Porzellan. Für den kleineren Geldbeutel gibt es auch Geschirr der 2. Wahl, und zwar bis etwa Mitte 2003 in den Geschäftsräumen der KPM in der Wegelystr. 1 im Berlin-Pavillon (alle: Mo–Fr 10–19, Sa 10–16 Uhr). *TOP TIPP*

Scenario, Else-Ury-Bogen 602 (Charlottenburg). Nette Accessoires zu erschwinglichen Preisen.

Spielbrett, Körtestr. 27 (Kreuzberg). Spiele jeder Art, schöne Holzspiele.

Zauberkönig, Herrmannstr. 84 (Neukölln). Seit über 100 Jahren spezialisiert auf Scherzartikel und magische Utensilien.

Feinkost

Confiserie Mélanie, Goethestr. 4 (Charlottenburg). Eine Verführung, der man nur sehr schwer widerstehen kann, sind die hausgemachten Pralinen.

KaDeWe 6. Stock, Tauentzienstr. 21 (Schöneberg). Eine wahre Pilgerstätte für Gourmets ist dieses Delikatessen-Paradies. Es bietet zahllose Spezialitäten aus aller Welt.

Kaufhäuser

Große Kaufhäuser findet man am **Kurfürstendamm** bzw. an der **Tauentzienstraße** in Charlottenburg (u. a. KaDeWe, Wertheim), in der **Schlossstraße** in Steglitz (u. a. Karstadt, Wertheim) und in der **Wilmersdorfer Straße** in Charlottenburg (u. a. Karstadt, C&A).

Dussmann – das Kulturkaufhaus, Friedrichstr. 90 (Mitte). Bücher, CDs und Videos auf 4 Etagen. Autorenlesungen, Theateraufführungen und Konzerte gehören zum festen Programm des Kaufhauses.

Galerie Lafayette, Französische Str. 23/Ecke Friedrichstraße (Mitte). Frankreich lässt grüßen. Die Dependance des berühmten Pariser Kaufhauses sorgt für gehobenes Kaufvergnügen.

Märkte

Kein Berliner Stadtteil ohne seinen Wochenmarkt. Die bekanntesten sind der sog. **Türkenmarkt** am Maybachufer (Kreuzberg, Di und Fr 12–18.30 Uhr) sowie der **Winterfeldtmarkt,** Winterfeldtplatz (Schöneberg, Mi, Sa 8–13 Uhr).

Unter den Flohmärkten lohnen besonders zwei den Besuch: **Trödel- und Kunstmarkt an der Straße des 17. Juni** (Tiergarten, Sa/So 10–17 Uhr) und der **Berliner Kunst & Nostalgiemarkt** (Mitte, Sa/So 11–17 Uhr) an der Museumsinsel, am Zeughaus und Kupfergraben. Zeiten und Veranstaltungsorte weiterer Märkte entnimmt man der Tagespresse, den Stadtmagazinen und dem Internet: www.aviva-berlin.de.

Mode

Nach wie vor sind der **Kurfürstendamm** und die **Tauentzienstraße** das Shopping-Zentrum Berlins. Hier finden sich neben international bekannten Modedesignern auch internationale Modeketten sowie zahlreiche Boutiquen. In den *Seitenstraßen* des Kurfürstendamms (Fasanen-, Uhland-, Bleibtreustraße) und um den Savignyplatz sind ebenfalls viele Modegeschäfte angesiedelt. Als Shopping-Zentrum hat sich auch die **Friedrichstraße** in Berlin-Mitte etabliert. Besonders im südl. Teil zwischen Unter den Linden und Leipziger Staße gibt es interessante Passagen, Kaufhäuser und Boutiquen. In den **Hackeschen Höfen** (Mitte, Rosenthaler Straße) und rundherum findet man vor allem Szene-Boutiquen und Designerläden.

Bramigk Design, Else-Ury-Bogen 598 (Charlottenburg). Klassische Modelle aus italienischen Stoffen.

Extraweit, Augsburger Str. 35 (Charlottenburg). Modisches ab Größe 42.

Schauen auf die Gedächtniskirche: Schicke Schaufensterpuppen auf dem Ku'damm

Gianni Versace, Kurfürstendamm 185 (Charlottenburg). Bunt-schrille Mode aus dem Hause des verstorbenen italienischen Stardesigners.

Hellmann, Fasanenstr. 26–29 (Charlottenburg) sowie Kurfürstendamm 53, Bleibtreustr. 20 und 36 (Charlottenburg). Vornehm-klassische Mode.

H + M, Kurfürstendamm 20 (Charlottenburg). Trends für wenig Geld.

Kostümhaus, Rosenthalerstr. 40 (Mitte). Junge Modemacherinnen.

Mientus, Wilmersdorfer Str. 73 (Wilmersdorf). Auf drei Etagen alles für den Mann.

Molotow, Gneisenaustr. 112 (Kreuzberg). Ausgefallene und konventionelle Designermode für Frauen und Männer.

Paltó, Kurfürstendamm 184 (Charlottenburg). Exklusive, qualitätvolle Damenbekleidung.

Quartier 206, Friedrichstr. 71 (Mitte). Eines der ersten Geschäfte für hochwertige Designer-Mode.

Musik

New Noise, Schönleinstr. 31 (Kreuzberg). Große Auswahl an Black- and Dance-Musik auf Vinyl. Auch Musikmagazine

Wom (World of Music), Augsburger Str. 36 (Charlottenburg).
Größte Musikauswahl in Berlin.

Essen und Trinken

Gourmet-Restaurants

Alt Luxemburg, Windscheidstr. 31 (Charlottenburg), Tel. 3 23 87 30. Die Kreationen von Küchenchef Karl Wannemacher beglücken die Geschmacksnerven.

Altes Zollhaus, Carl-Herz-Ufer 30 (Kreuzberg), Tel. 6 92 33 00. Sehr gute deutsche und internationale Küche, mit Sommergarten am Landwehrkanal.

TOP TIPP **Bamberger Reiter,** Regensburger Str. 7 (Schöneberg), Tel. 2 18 42 82. Im Stil eines Luxus-Gasthofes eingerichtet. Gourmetküche mit einem Michelin-Stern.

Borchardt, Französische Stra. 47 (Mitte), Tel. 2 03 89 71 10. Traditionsreiches

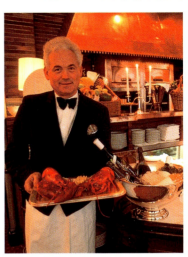

Bye, bye Broiler: Wer behauptet, in Berlin könne man nicht gut essen, irrt sich gewaltig – Hummerbar im Hotel Kempinski

Feinschmeckerrestaurant am Gendarmenmarkt mit französischen Speisen und prominenten Gästen.

Facil, im Hotel Madison, Potsdamer Str. 3 (Tiergarten), Tel 5 90 05 12 34. Hochgelobte moderne Küche, mediterran inspiriert, in bambusgrünem Ambiente am Potsdamer Platz.

Grand Slam, Gottfried-von-Cramm-Weg 47–55 (Zehlendorf), Tel. 8 25 38 10. Im Vereinshaus des Tennisclubs Rot-Weiß wird Spitzengastronomie geboten.

Kaisersaal, Bellevuestr. 1, Sony-Center (Tiergarten), Tel. 25 75 14 54. Im einstigen kaiserlichen Herrensalon des Hotels Esplanade, heute ins Sony-Center integriert, wird gehobene deutsche und französische Küche sowie eine große Auswahl an Weinen geboten.

Neue Küche

Abendmahl, Muskauerstr. 9 (Kreuzberg), Tel. 6 12 51 70. Zwischen religiösem Kitsch und Reliquien wird Fisch und Vegetarisches gereicht.

TOP TIPP **Bovril,** Kurfürstendamm 184 (Charlottenburg), Tel. 8 81 84 61. Bistro-Klassiker und Promi-Treff.

Café Orange, Oranienburger Str. 32 (Mitte), Tel. 28 38 52 42. Recht preiswerte Gerichte in kosmopolitischem Ambiente.

Essen und Trinken

Dachgartenrestaurant im Deutschen Bundestag, Platz der Republik (Tiergarten), Tel. 22 62 99 33. Gehobene Küche; vormittags gutes Frühstück und die neuesten Tageszeitungen.

 Maxwell, Bergstr. 22 (Mitte), Tel. 2 80 71 21. Eines der besten Restaurants der Stadt nun im restaurierten Brauereigebäude.

Offenbach-Stuben, Stubbenkammerstr. 8 (Prenzlauer Berg), Tel. 4 45 85 02. Fünf stimmungsvolle Räume, dekoriert mit Stücken aus dem Fundus der Komischen Oper und des Metropol-Theaters.

Paris-Moskau, Alt-Moabit 141 (Tiergarten), Tel. 3 94 20 81. In einem ehem. Bahnhofshäuschen wird regionale und internationale Küche geboten.

Paris Bar, Kantstr. 152 (Charlottenburg), Tel. 313 80 52. Beliebter Schauspieler- und Filmemacher-Treff, französische Küche.

Berliner Küche

Brauhaus Georgbräu, Spreeufer 4 (Mitte), Tel. 2 42 42 44, 2 42 34 15. Eisbein mit Sauerkraut, dazu genießt man hausgebrautes Bier.

Großbeerenkeller, Großbeerenstr. 90 (Kreuzberg), Tel. 7 42 49 84 oder 2 51 30 64. Bratkartoffeln und schlesische Gerichte. Schon Hans Albers trank hier sein Bier.

Det is jut! Operncafé am Boulevard Unter den Linden – beliebt bei Berlinern und Touristen

 Henne, Leuschnerdamm 25 (Kreuzberg), Tel. 614 77 30. Alt-Berliner Wirtshaus mit Biergarten. Knusprige Brathähnchen.

Kolk, Hoher Steinweg 7 (Spandau), Tel. 3 33 88 79. Neben deutscher Küche auch schlesische und ostpreußische Spezialitäten, hervorragender Service und schöner Sommergarten.

Niquet-Klause, Taubenstr. 53 (Mitte), Tel. 2 29 13 56. Journalistentreff in ›antiker‹ Umgebung bei Eintopf und Soljanka.

Zur letzten Instanz, Waisenstr. 14–16 (Mitte), Tel. 2 42 55 28. Älteste noch erhaltene Gaststätte bietet Berliner Hausmannskost.

Nationalitäten-Restaurants

Amerikanisch

Catherine's, Friedrichstr. 90 (Mitte), Tel. 20 25 15 55. Kultiviertes Fast Food und exzellente Bar.

City Diner, Karl-Marx-Str. 66 (Neukölln), Tel. 62 73 27 56. Saftige Burger und knackige Salate; jeden Mittwoch After-Work-Parties; Combi-Tickets, die das kulinarische mit einem Filmvergnügen im benachbarten Karli-Kino verbinden.

Asiatisch

Daitokai, Europa-Center (Charlottenburg), Tel. 2 61 80 99. Feine japanische Küche, die Menüs werden vor den Augen der Gäste zubereitet.

Mao Thai, Wörther Str. 30 (Prenzlauer Berg), Tel. 4 41 92 61. Reichhaltiges Angebot an thailändischen und südchinesischen Gerichten.

Tuk Tuk, Großgörschenstr. 2 (Schöneberg), Tel. 7 81 15 88. Leckere indonesische Gerichte unter Bambusdächern und in balinesischem Ambiente.

Italienisch

Ana e Bruno, Sophie-Charlotten-Str. 101 (Charlottenburg), Tel. 3 25 71 10. Der beste Italiener in Berlin, allerdings nicht ganz billig.

Aroma, Hochkirchstr. 8 (Schöneberg), Tel. 7 82 58 21. Traditionelle Köstlichkeiten und rauchfreie Tische.

Calice Enoteca, Walter-Benjamin-Platz 4 (Charlottenburg), Tel. 3 24 23 08. Eine große Auswahl an Weinen und dazu kalte italienische Küche.

Essen und Trinken

Candela, Grunewaldstr. 81 (Schöneberg), Tel. 7 82 14 09. Junge schicke Menschen bei klassisch italienischen Gerichten.

Osteria Numero Uno, Kreuzbergstr. 71 (Kreuzberg), Tel. 7 86 91 62. Beliebt, gemütlich mit Kerzenschein, Sommergarten.

Portugiesisch, Lateinamerikanisch

Brazil, Gormannstr. 22 (Mitte), Tel. 28 59 90 26. Brasilianisches Ambiente, Sommergarten; montags Caipirinha-Nacht zum halben Preis.

Casa Portuguesa, Helmholzstr. 15 (Charlottenburg), Tel. 3 93 55 06. Portugiesische Küche in freundlicher Atmosphäre.

Locus, Marheinekeplatz 4 (Kreuzberg), Tel. 6 91 56 37. Mexikanische Gerichte und mehr, besonders schön bei Sonnenschein im Vorgarten; After-Work-Specials.

Russisch, Osteuropäisch

Hegel, Savignyplatz 2 (Charlottenburg), Tel. 3 12 19 48. Klassisch russische Küche, Cocktails mit viel Wodka und oft auch Livemusik.

Marjellchen, Mommsenstr. 9 (Charlottenburg), Tel. 8 83 26 76. Gemütliches kleines Lokal mit ostpreußisch-schlesischer Küche.

Pasternak, Knaackstr. 22–24 (Prenzlauer Berg), Tel. 4 41 33 99. Traditionelle russische Gerichte im typisch Prenzl'-berger Szene-Treiben.

Tadshikische Teestube, Palais am Festungsgraben, Am Festungsgraben 1–2 (Mitte), Tel. 2 04 11 12. Russische Küche und ausgesuchte Teespezialitäten. Originale Diwan-Atmosphäre.

Süddeutsch, Österreichisch

Austria, Bergmannstr. 30 (Kreuzberg), Tel. 6 94 44 40. Österreichische Küche und Wiener Kaffeespezialitäten in rustikalem Ambiente.

> **TOP TIPP** **Heinrich,** Sophie-Charlotten-Str. 88 (Charlottenburg), Tel. 3 21 65 17. Leckere süddeutsche Gerichte in hübscher Berlin-typischer Atmosphäre.

Kellerrestaurant im Brecht-Haus, Chausseestr. 125 (Mitte), Tel. 2 82 38 43. Wiener Küche nach Art Helene Weigel.

Ottenthal, Kantstr. 153 (Charlottenburg), Tel. 3 13 31 62. Liebevolles österreichisches Flair, hausgemachte Kuchen und Mehlspeisen.

Rosalinde, Knesebeckstr. 16 (Charlottenburg), Tel. 3 13 59 96. Vorzugsweise Theaterleute und Studenten schlemmen hier Leckeres aus dem Musterländle.

Türkisch

Bagdad, Schlesische Str. 2 (Kreuzberg), Tel. 6 12 69 62. Hier kann man gute türkische Küche und Bauchtanz in angenehmer Atmosphäre genießen.

Dem Zufall sei Dank!

Aus der Not wurde eine schmackhafte Tugend: Die Imbissbudenbesitzerin Herta Heuwer erfand die **Currywurst** *– ganz zufällig – am 4. September 1948 in ihrem Stand am Stuttgarter Platz. Ihr aus der amerikanischen Kriegsgefangenschaft zurückgekehrter Mann verlangte an jenem Tag nach einer für Berlin untypischen Köstlichkeit, nämlich Spare-Ribs. Herta dachte nach, improvisierte – und kredenzte ihrem Gatten zerkleinerte Bockwurst mit Ketchup und viel Curry. Mittlerweile hat die Currywurst den* **Status eines Klassikers** *erreicht. Umso erstaunlicher:*

Wer heute eine gute Currywurst essen will, muss lange suchen. Denn das beliebte Gewürzhäppchen hat durch den türkischen Döner Kebab ernsthafte Konkurrenz bekommen. Dennoch gibt es sie noch – und dazu in köstlicher Ausführung.
TOP TIPP *Unser Tipp: Am* **Ku'damm 195** *bekommt man eine der besten Currywürste.*

Essen und Trinken

Vegetarisch

Hakuin, Martin-Luther-Str. 1a (Schöneberg), Tel. 2 18 20 27. Nicht nur Naturreis und frisches Gemüse, sondern auch originelle Zusammenstellungen.

Natural'Mente, Schusterusstr. 26 (Charlottenburg), Tel. 3 41 41 66. Gesunde Küche mit Zutaten aus kontrolliert biologischem Anbau.

Oren, Oranienburger Str. 28 (Mitte), Tel. 2 82 82 28.
›Koschere‹ Küche gleich neben der Synagoge – äußerst köstlich.

Fast Food

Berlin ist bekannt für seine vielseitige **Imbißkultur.** Ob früh morgens schnell 'ne Rostbratwurst am U-Bahn-Imbiß oder mitten in der Nacht 'ne Minipizza oder 'n Döner mit Soße. An allen Ecken und Enden, zu jeder Tages- und Nachtzeit – der kleine Hunger will befriedigt sein. Dabei wurde der legendären **Currywurst** mittlerweile längst von internationalen Kleingerichten der Platz streitig gemacht.

Brooklyn, Oranienstr./Ecke Adalbertstr. (Kreuzberg). Berühmt-berüchtigte Sandwiches, leckere Brownies.

Habibi, Goltzstr. 24 (Schöneberg). Leckere Falafeln, eine exotische Variante der orientalischen Fast-Food-Küche. Die lecker gewürzten Gemüsebällchen werden in heißem Fett frittiert.

Inci's, Oranienstr. 168 (Kreuzberg). Feinste Minipizza, Teigtaschen bis früh in den Morgen.

Ku'damm 195, Kurfürstendamm 195 (Charlottenburg). Auch prominente Berliner treffen sich hier regelmäßig auf eine Currywurst.

Cafés

Aedes, S-Bahnbogen 599 am Savignyplatz (Charlottenburg), Tel. 31 50 95 35. Beliebtes Café unter S-Bahn-Schienen.

Anita Wronski, Knaackstr. 26 (Prenzlauer Berg), Tel. 4 42 84 83. Buntes Treiben an der Café- und Kneipen-Meile des Prenzlauer Bergs.

Beth-Café, Tucholskystr. 40 (Mitte), Tel. 2 81 31 35. Jüdische Spezialitäten, Kuchen und Kaffee – alles koscher – sowie bestes Eis.

Café Adler, Friedrichstr. 206 (Kreuzberg), Tel. 2 51 89 65. Café mit Atmosphäre am ehem. Checkpoint Charlie. Mit Nichtraucher-Raum.

Café am Steinplatz, Hardenbergstr. 12 (Charlottenburg), Tel. 3 12 65 89. Intellektuelle und Kinofreaks tummeln sich hier vor und nach der Kinovorstellung.

Café Einstein, Kurfürstenstr. 58 (Schöneberg), Tel. 2 61 50 96.
Im Stil der Wiener Kaffeehäuser mit schönem Sommergarten. Ehem. Villa von Stummfilmstar Henny Porten. Filiale des ›In‹-Cafés: Boulevard Unter den Linden 42 (Mitte), Tel. 2 04 36 32.

Café Hardenberg, Hardenbergstr. 10 (Charlottenburg), Tel. 3 12 26 44. Großraum-Café, Studententreff.

Café im Literaturhaus-Wintergarten, Fasanenstr. 23 (Charlottenburg), Tel. 8 82 54 14. Kaffee und Leckereien beim Literaturkränzchen.

Café Kranzler, Kurfürstendamm 19 (Charlottenburg), Tel. 88 71 83 90. ›Neuauflage‹ des weltberühmten Cafés in der Rotunde im 2. Stock des Neuen Kranzler Ecks, mit Ausblick auf das Ku'damm-Treiben. Viele Touristen.

Café-Restaurant Sidney, Winterfeldtstr. 40 (Schöneberg), Tel. 2 16 52 53. Ein Muss nach dem Bummel auf dem Winterfeldtmarkt, internationale Snacks.

Monte Video, Viktoria-Luise-Platz 6 (Schöneberg), Tel. 2 13 10 20. Großes Frühstücksangebot.

Morena, Wienerstr. 60 (Kreuzberg), Tel. 6 11 47 16. Junge Szene trifft sich hier zum späten Frühstück.

Operncafé (Opernpalais), Unter den Linden 5 (Mitte), Tel. 20 26 83. Ein hervorragendes Frühstücksbuffet und besonders feine Torten im Herzen der Stadt.

Übersee, Paul-Lincke-Ufer 44 (Kreuzberg), Tel. 6 18 87 62. Seit Jahren angesagter Treff nach dem Spaziergang am Landwehrkanal.

Website – Internet Café, Joachimstaler Str. 41 (Charlottenburg), Tel. 88 67 73 60. Frühstücken und Cappuccino schlürfen, während man im Internet surft.

Essen und Trinken – Feste und Feiern

Cafés mit Aussicht

Aedes, Savignyplatz 599 (Charlottenburg), Tel. 31 50 95 35. Italienische Spezialitäten und schickes Ambiente mit Galerie nebenan.

Alte Liebe, Havelchaussee 107 Wilmersdorf), Tel. 3 04 82 58. Gestrandetes Elbe-Havel-Schiff bietet Kaffee und Kuchen oder Deftiges.

Blockhaus Nikolskoe, Nikolskoer Weg 15 (Wannsee), Tel. 8 05 29 14. Geschenk von Friedrich Wilhelm III. an Zar Nikolaus und dessen Gattin, heute Ausflugslokal mit deutscher Küche. Wunderschöner Ausblick auf die Havel, große Terrasse.

Fährhaus Caputh, Straße der Einheit 88 (Caputh), Tel. 03 32 09/7 02 03. Von der verglasten Veranda des historischen Fährhauses Blick auf die unermüdlich tuckernde Seilfähre.

Telecafé im Fernsehturm, Panoramastr. 1a (Mitte), Tel. 2 42 33 33. Beste Aussicht Berlins.

Aufgeblüht

Die deutsche Wiedervereinigung hat es möglich gemacht. Stehen im Frühjahr die Obstbäume im **Havelland** *in voller Blüte, fährt ganz Berlin in die kleine Stadt* **Werder** *(ab Berlin mit der Eisenbahn oder – besonders empfehlenswert – mit dem Dampfer ab Potsdam). Hauptattraktion ist dabei nicht nur die Farbenpracht der Natur, sondern auch ein besonders süffiges Gebräu: der* **Werderaner Obstwein.** *Eine gute Gelegenheit, diesen Wein zu probieren, ist das* **Baumblütenfest,** *das um den 1. Mai in Werder gefeiert wird. Im Jahr 1879 eröffnete ein geschäftstüchtiger Obstbauer inmitten seiner Plantage einen Ausschank, um seinen Obstwein unter die Leute zu bringen. Jahr für Jahr kamen mehr Besucher, sodass aus dem kleinen Ausschank ein* **Volksfest** *unter blühenden Bäumen wurde. Heute verwandelt das Baumblütenfest die kleine Inselstadt, das alte Zentrum Werders, in einen einzigen Rummel, auf dem vielerlei handwerkliche und kulinarische* **Spezialitäten** *aus der Region angeboten werden.*

Feste und Feiern

Feiertage

Gesetzlicher Feiertage sind: Neujahr, Karfreitag, Ostermontag, 1. Mai (Tag der Arbeit), Christi Himmelfahrt, Pfingstmontag, 3. Oktober (Tag der Deutschen Einheit), 1. und 2. Weihnachtsfeiertag

Feste

Da in Berlin fast ununterbrochen gefeiert wird, kann hier nur eine Auswahl der wichtigsten Volksfeste geboten werden. Ausführliche Veranstaltungskalender findet man im Internet: www. berlin.de.

April/Mai

Frühlingsfest, Kurt-Schumacher-Damm (Reinickendorf). Berlins größtes und vergnüglichstes Rummelplatz-Erlebnis, mit dem Neuesten, was die Schaustellerbranche zu bieten hat.

Britzer Baumblütenfest, Parchimer Allee (Neukölln), Tel. 3 05 82 11. Mitte April–Anfang Mai

Neuköllner Maientage, Volkspark Hasenheide (Neukölln), Tel. 4 01 38 89. Ende April–Mitte Mai

Mai/Juni

Steglitzer Wochen, Bäke Park (Steglitz), Tel. 79 04 38 13. Ende Mai–Anfang Juni.

Köpeniker Sommer, Köpenicker Altstadt, Tel. 65 82 27 27. Traditionelles Volksfest. Mitte Juni

Karneval der Kulturen, Tel. 60 97 70 22, Internet: www. karneval-berlin.de. Umzug, viertägiges Straßenfest und Parties mit Bands und Akteueren aus aller Welt. Pfingsten

Juni/Juli

Deutsch-Französisches Volksfest, Kurt-Schumacher-Damm (Reinickendorf), Tel. 2 13 32 90. Das größte Volksfest Berlins. Mitte Juni–Mitte Juli

CSD: Christopher Street Day, Tel. 21 75 06 72. Schwulen und Lesben-Parade durch die Berliner Innenstadt. Ende Juni

Juli/August

Love Parade, Tel. 28 46 20. Berühmte Technoparade durch den Tiergarten. Mitte Juli

Feste und Feiern – Kultur live

Deutsch-Amerikanisches Volksfest, Hüttenweg (Dahlem), Tel. 4 01 38 89. Ende Juli–Mitte August

Internationales Berliner Bierfestival, Karl-Marx-Allee (Friedrichshain), Tel. 5 08 68 22. Anfang August

Berliner Gauklerfestival, Unter den Linden (Mitte), Tel. 5 08 68 22. Anfang August

August/September

Kreuzberger Festliche Tage, Tel. 4 01 38 89. Volksfest im Viktoria-Park rund um den Kreuzberg. Ende August–Anfang September

Oktober

Tag der Deutschen Einheit, Tel. 20 24 01 54. Große Party zwischen Brandenburger Tor und Rotem Rathaus. 3. Oktober

November/Dezember

Weihnachtsmärkte, die populärsten befinden sich am *Breitscheidplatz* und hinter dem *Alexanderplatz* sowie in der *Spandauer Altstadt* am Rathaus.

Silvesterparty am Brandenburger Tor, Tel. 24 60 32 52. Das größte Jahreswende-Event des Landes.

Kultur live

Aktuelle Informationen zu den Kulturevents bieten u.a. Tourismusbüros und das Internet: www.BerlinOnline.de.

Veranstaltungskalender

Februar

Internationale Filmfestspiele Berlin (Berlinale), Potsdamer Str. 5 (Mitte), Tel. 25 92 00, Internet: www. berlinale. de. Filmwettbewerb um den Goldenen Bären und das Internationale Forum des jungen Films [s. S. 171].

März

maerzmusik, Tel. 25 48 90. Das Internationale Festival für Neue Musik ist 2002 aus der Berliner Musik-Biennale hervorgegangen.

Mai

Theatertreffen Berlin, Tel. 25 48 90, Internet: www.berlinerfestspiele.de. Leistungsschau des deutschsprachigen Theaters mit Foren für Nachwuchsakteure und Innovationen.

Juni

Internationales Literaturfestival, Tel. 32 70 10 13/15. Das literarische Großereignis der Stadt wurde 2001 ins Leben gerufen.

Fête de la Musique, Internet: www. fetedelamusique.de. Ein weltweites Projekt: 500 Bands aus 100 Ländern spielen über die ganze Stadt verteilt. 21. Juni

Juli/August

Heimatklänge, Tempodrom, Am Anhalter Bahnhof, Möckernstr. 10, Tel. 69 59 35 50, Internet: www. tempodrom. de. Jedes Jahr steht ein Kulturkreis der Welt im Mittelpunkt des Musik-Festivals.

August

Internationales Tanzfest Berlin, Tel. 25 90 04 27/36, Internet: www.hebbel-theater.de. Stars des zeitgenössichen Tanzes und experimentelle Avantgarde beim größten Tanzfestival des Landes.

Heilige Unterhalter: Aufführung in der Komischen Oper

Kultur live

September

Berliner Festwochen, Tel. 25 48 91 00, Internet: www.berlinerfestspiele.de. Konzerte und Theatergastspiele an zahlreichen Spielstätten. September–Mitte November

Oktober/November

Art Forum Berlin, Messegelände, Tel. 88 55 16 44, Internet: www.art-forum-berlin.de. Kunstmesse der Gegenwart und Avantgarde. Anfang Oktober

JazzFest Berlin, Tel. 25 48 91 00, Internet: www.berlinerfestspiele.de. Jazz als Weltmusik unter der Festivalleitung von Nils Landgren mit Jazzmeile. Ende Oktober– Anfang November

Musik

Konzert- und Theaterkassen

Berlin Ticket, Potsdamer Str. 96 (Tiergarten), Tel. 2 30 88 30

Berlin Tourismus Marketing, Konzert- und Theaterkarten sind über die Hotline buchbar, Tel. 25 00 25

Showtime. bei Karstadt, Wertheim, KaDeWe, Tel. 08 00 88 22 88 22, Internet: www.showtimetickets.de

Theaterkasse Centrum, Meinekestr. 25 (Charlottenburg), Tel. 8 82 76 11

Karten für denselben Tag gibt es ab 15 Uhr mit bis zu 50% Ermäßigung bei:

Hekticket, Hardenbergstr. 29 b (Charlottenburg), Tel. 2 30 99 30

Konzertsäle

Berliner Dom, Am Lustgarten (Mitte), Tel. 20 26 91 36

Konzerthaus Berlin – Schauspielhaus am Gendarmenmarkt, Gendarmenmarkt 2 (Mitte), Tel. 2 03 09 21 01/02, Internet: www.konzerthaus.de.

Philharmonie und Kammermusiksaal, Herbert-von-Karajan-Str. 1 (Tiergarten), Tel. 25 48 80, Internet: www.berlin-philharmonic. com.

Sendesaal des SFB, Masurenallee 8–14 (Charlottenburg), Tel. 30 31 12 00/01

Oper und Ballett

Deutsche Oper Berlin, Bismarckstr. 35 (Charlottenburg), Tel. 3 41 02 49, Internet: www.deutsche-oper.berlin.de

Für alle Sinne: Theater in der Schaubühne am Lehniner Platz

Staatsoper Unter den Linden, Unter den Linden 7 (Mitte), Tel. 20 35 45 55. Internet: www. staatsoper-berlin.de

Komische Oper, Behrenstr. 55–57 (Mitte), Tel. 20 26 00, Internet: www.komische-oper-berlin.de

Neuköllner Oper, Karl-Marx-Straße 131–133 (Neukölln), Tel. 6 88 90 7 77, Internet: www.neukoellneroper.de

Tanzfabrik Berlin, Möckernstr. 68 (Kreuzberg), Tel. 7 86 58 61, Internet: www.tanzfabrik-berlin.de

Musicals/Operetten

Metropol-Theater, Friedrichstr. 101/102 (Mitte), Tel. 2 17 36 80, zzt. geschlossen

Theater des Westens, Kantstr. 12 (Charlottenburg), Kasse Tel. 0 18 05/99 89 99, Internet: www.theater-des-westens.de

Wintergarten, Potsdamer Str. 96 (Schöneberg), Tel. 23 08 82 30, Internet: www.deag.de/de_wintergarten

Verwandlung inbegriffen: Varieté Chamäleon

Kultur live

Jazz-, Rock- und Popkonzerte

Arena, Eichenstr. 4 (Treptow), Tel. 5 33 20 30, Internet: www.arena-berlin.de. Ehemals eine Bushalle. 8000 m² für große und kleine Konzerte, Theater und andere Events.

Deutschlandhalle, Messedamm 26 (Charlottenburg), Tel. 30 38 42 10. Dient bis Abschluss des Neubaus einer Multifunktionsarena als Stadion der Berlin Capitals.

Knaack Klub, Greifswalder Str. 224 (Prenzlauer Berg), Tel. 4 42 70 60, Internet: www.knaack-berlin.de

KulturBrauerei, Knaackstr. 97 (Prenzlauer Berg), Tel. 4 43 51 00, Internet: www.kulturbrauerei.de

Kulturzentrum Tacheles, Oranienburger Str. 54–56a (Mitte), Tel. 28 09 68 35, Internet: www.tacheles.de

Metropol/Loft, Nollendorfplatz 5 (Schöneberg), Tel. 2 17 36 80

Quasimodo, Kantstr. 12a (Charlottenburg), Tel. 3 12 80 86, Internet: www.quasimodo.de

Tränenpalast, Reichstagufer 17 (Mitte), Tel. 20 61 00 11, Internet: www.traenenpalast.de

Open Air

Freilichtbühne am Weißensee, Große Seestr. 9 (Weißensee), Tel. 9 25 25 0

Freilichtbühne an der Zitadelle Spandau, Zitadelle Spandau (Spandau), Tel. 3 54 94 40

Freilichtbühne Rehberge, Volkspark Rehberge (Wedding), Tel. 4 52 97 88

Freiluftkino Friedrichshain, Im Volkspark (Friedrichshain), Tel. 28 09 91 49

Freiluftkino Hasenheide, Im Volkspark Hasenheide (Neukölln), Tel. 6 21 95 36

Freiluftkino Kreuzberg, Mariannenplatz 2 (Kreuzberg), Tel. 24 31 30 34

Freiluftkino Museumsinsel, Bodestraße, Tel. 24 72 78 01

Freinachtkino Podewil, Klosterstr. 68–70, Tel. 24 74 97 77

Tempodrom, Am Anhalter Bahnhof, Möckernstraße 10 (Kreuzberg), Tel. 9 53 38 85, Internet: www.tempodrom.de

Waldbühne, Am Glockenturm (Charlottenburg), Tel. 23 08 82 30

Theater

Berliner Ensemble, Bertolt-Brecht-Platz 1 (Mitte), Tel. 2 84 08 55, Internet: www.berliner-ensemble.de

Deutsches Theater, Kammerspiele und Baracke, Schumannstr. 13a (Mitte), Tel. 28 44 12 25, 28 44 12 21, Internet: www. deutsches-theater.berlin.de

Hansa Theater, Alt-Moabit 48 (Tiergarten), Tel. 39 84 72 11, voraussichtlich ab 2003 geschlossen.

Hebbel-Theater, Stresemannstr. 29 (Kreuzberg), Tel. 2 59 00 40, Internet: www.hebbel-theater.de

Komödie & Theater am Kurfürstendamm, Kurfürstendamm 206 (Charlottenburg), Tel. 88 59 11 88, Internet: www.theater-am-kurfürstendamm.de

Maxim Gorki Theater, Am Festungsgraben 2 (Mitte), Tel. 20 22 11 29, Internet: www.gorki.de

Renaissance Theater, Knesebeckstr. 100 (Charlottenburg), Tel. 3 12 42 02, www.renaissance-theater.de

Schaubühne am Lehniner Platz, Kurfürstendamm 153 (Wilmersdorf), Tel. 89 00 23

Schlosspark Theater, Schlossstr. 48 (Steglitz), Tel. 7 93 15 15, Internet: www.schlossparktheater.de

Theater am Halleschen Ufer, Hallesches Ufer 32 (Kreuzberg), Tel. 2 51 27 16

Tribüne, Otto-Suhr-Allee 18 (Charlottenburg), Tel. 3 41 26 00

Vagantenbühne, Kantstr. 12a (Charlottenburg), Tel. 3 12 45 29, Internet: http://home.t-online.de/home/Vaganten

Volksbühne, Rosa-Luxemburg-Platz 2 (Mitte), Tel. 2 47 67 72, Internet: www.volksbuehne-berlin.de

Kinder- und Jugendtheater

Carrousel-Theater an der Parkaue, Parkaue 29 (Lichtenberg), Tel. 55 77 52 52/53, Internet: www.carrousel.de

Grips Theater, Altonaer Str. 22 (Tiergarten), Grips Theater in der Schiller-Theater-Werkstatt (Charlottenburg), Bismarckstr. 110, Tel. 39 74 74 77, Internet: www.grips-theater.de

Zaubertheater Igor Jedlin, Roscher Str. 7 (Charlottenburg), Tel. 3 23 37 77, Internet: www.zaubertheater.de. Sondervorstellungen für Kinder

Kultur live

Puppentheater

Figuren Theater Grashüpfer, Puschkinallee 16a (Treptow), Tel. 53 69 51 50, Internet: www.theater-grashuepfer.de

Die Schaubude – Puppentheater Berlin, Greifswalder Str. 81–84 (Prenzlauer Berg), Tel. 4 23 43 14, Internet: www.schaubude-berlin.de

Hans Wurst Nachfahren, Gleditschstr. 5 (Schöneberg), Tel. 2 16 79 25, Internet: www.hans-wurst-nachfahren.de

Kindertheater dell'arte, Drakestr. 49 (Steglitz), Tel. 84 31 46 46, Internet: www.dellarte.bitcreation.com

Narrenspiegel, Otto-Suhr-Allee 94 (Charlottenburg), Tel. 7 81 45 49, Internet: www.narrenspiegel.de

Puppentheater Firlefanz, Sophienstr. 10 (Mitte), Tel. 2 83 35 60, Internet: www.puppentheater-firlefanz.de

Varieté und Kabarett

Bar jeder Vernunft, Schaperstr. 24 (Wilmersdorf), Tel. 8 83 15 82, Internet: www.bar-jeder-vernunft.de

BKA Berliner Kabarett Anstalt, Mehringdamm 34 (Kreuzberg), Tel. 20 22 00 44, Internet: www.bka-luftschloss.de

Chamäleon Varité, Hackesche Höfe, Rosenthaler Str. 40–41 (Mitte), Tel. 2 82 71 18

Die Distel, Friedrichstr. 101 (Mitte), Tel. 2 04 47 04, www.distel-berlin.de

Friedrichstadtpalast, Friedrichstr. 107 (Mitte), Tel. 23 26 23 23, Internet: www.friedrichstadtpalast.de

Kabarett ›Die Stachelschweine‹, Europa-Center (Charlottenburg), Tel. 2 61 47 95, Internet: www.die-stachelschweine.de

Kabarett-Theater ›Die Wühlmäuse‹, Pommernallee 2–4 (Charlottenburg), Tel. 30 67 30 11, Internet: www.wuehlmaeuse.de

Kartoon (Kabarett), Am Köllnischen Park 6–7 (Mitte), Tel. 72 61 68 80, Internet: www.kabarettkartoon.de

UFA Fabrik, Viktoriastr. 13–18 (Tempelhof), Tel. 75 50 30, Internet: www.ufafabrik.de

Wintergarten Varieté, Potsdamer Str. 96 (Tiergarten), Tel. 25 00 88 88, Internet: www.deag.de/de_wintergarten

Film ab!

Jedes Jahr im Februar bekommt Berlin ein wenig **Hollywood-Atmosphäre** *zu spüren. Vor den Luxushotels warten Autogrammjäger, der Berlinale-Palast (Stella Musical Haus) am Marlene-Dietrich-Platz wird von Premierenlichtern angestrahlt, in den Cafés und Restaurants sieht man allerlei Künstler- und Journalistenvolk. Seit 1951 ziehen die* **Internationalen Filmfestspiele Berlin** *alljährlich Schauspieler, Filmemacher und Journalisten aus aller Welt an. Begehrte Trophäe: der* **Goldene Bär***.*

Die Berlinale ist jedoch nicht nur etwas für die Profis. In vielen Kinos laufen die **Wettbewerbsfilme** *auch für das ›normale‹ Publikum, darüber hinaus gibt es Retrospektiven und Sonderaufführungen zu sehen.*

Dauerkarten sind erhältlich an der **Zentralen Vorverkaufsstelle** *im Europa-Center, 1. Etage (Kurfürstendamm), und im* **Kino International** *(Karl-Marx-Allee 33). Karten für einzelne Filme erhält man entweder 3 Tage vor dem jeweiligen Spieltag im Europa-Center oder aber am Spieltag an der jeweiligen Kinokasse. Das endgültige Programm der Filmfestspiele steht meist erst 14 Tage vor Beginn fest.* **Informationen:** *Tel. 25 92 00, Internet: www.berlinale.de.*

Kino

Börse, Burgstr. 27 (Mitte), Tel. 24 00 35 10. Klein aber kuschelig, alternatives Programm.

CinemaxX, Potsdamer Platz 1 (Tiergarten),Tel. 0 18 05/24 63 62 99. Riesiges Kino mit 19 Sälen.

CineStar IMAX, Sony-Center, Potsdamer Str. 4 (Tiergarten),Tel. 26 06 62 60

Cubix-UFA-Palast, Rathausstr. 1, Alexanderplatz, Tel. 2 57 61 10. Hochmodern und bequem.

Odeon, Hauptstr. 116 (Schöneberg), Tel. 78 70 40 19. Filme im engl. Original.

UCI Kinowelt Zoo Plalast, Hardenbergstr. 29 a (Charlottenburg), Tel. 25 41 47 77. Großkino mit 9 Sälen.

UFA Kino in der KulturBrauerei, Schönhauser Allee 36–39 (Prenzlauer Berg),Tel. 44 35 40. Moderne Technik.

Museen, Schlösser, Bibliotheken

Museen, Schlösser, Bibliotheken

SchauLust Museen Berlin. Mit diesem 3-Tage-Museumspass für 10 € kann man über 50 Berliner Sammlungen besuchen. Die Museen, für die der Pass gilt – u. a. die zu den Stiftungen Staatliche Museen zu Berlin Preußischer Kulturbesitz, Stadtmuseum Berlin und Deutsches Technikmuseum gehörigen Häuser –, sind mit einem Auge gekennzeichnet.

Lange Nacht der Museen, Tel. 28 39 74 44, Internet: lange-nacht-der-museen.de. Je eine Nacht im Jan./Febr. und Aug. bieten rund 80 Berliner Häuser ein interessantes Kulturprogramm.

Museumskomplexe

Museumsinsel [Nr. 21]
Internet: www.smb.spk-berlin.de

Alte Nationalgalerie, Bodestr. 1–3 (Mitte), Di–So 10–18 Uhr, Tel. 20 90 55 55

Altes Museum, Am Lustgarten (Mitte), Di–So 10–18 Uhr, Tel. 20 90 55 55

Bode-Museum, Monbijoubrücke (Mitte), Tel. 20 90 55 55, voraussichtlich bis 2005 geschlossen.

Pergamon-Museum (mit Museum für Islamische Kunst und Vorderasiatischem Museum), Bodestr. 1–3 (Mitte), Di–So 10–18, Do 10–22 Uhr, Tel. 20 90 55 55

Kulturforum [Nr. 74, 75, 76, 77, 80]
Internet: www.smb.spk-berlin.de

Gemäldegalerie, Matthäikirchplatz 8 (Tiergarten), Tel. 20 90 55 55, Di–So 10–18, Do 10–22 Uhr

Kunstbibliothek, Matthäikirchplatz 6 (Tiergarten), Tel. 2 66 20 53, Di–Fr 9–20 Uhr

Kunstgewerbemuseum, Matthäikirchplatz 10 (Tiergarten), Tel. 20 90 55 55, Di–Fr 10–18 Uhr, Sa/So 11–18 Uhr

Kupferstichkabinett, Matthäikirchplatz 6 (Tiergarten), Tel. 20 90 55 55, Di–So 10–18 Uhr, Studiensaal Mo 14–20, Di–Fr 9–16 Uhr

Musikinstrumenten-Museum, Tiergartenstr. 1 (Tiergarten), Tel. 25 48 10, Di–Fr 9–17, Sa/So 10–17 Uhr

Neue Nationalgalerie, Potsdamer Str. 50 (Tiergarten), Tel. 20 90 55 55, Di–So 10–18, Do 10–22 Uhr

Museumskomplex Dahlem [Nr. 124/125]
Internet: www.smb.spk-berlin.de

Ethnologisches Museum, Lansstr. 8 (Zehlendorf), Tel. 8 30 12 26, Di–Fr 10–18 Uhr, Sa/So 11–18 Uhr

Museum europäischer Kulturen, Im Winkel 6–8 (Zehlendorf), Tel. 83 90 12 87, Di–Fr 10–18 Uhr, Sa/So 11–18 Uhr

Museum für Indische Kunst, Lansstr. 8 (Zehlendorf), Tel. 83 90 12 79, Di–Fr 10–18, Sa/So 11–18 Uhr

Museum für Ostasiatische Kunst, Lansstr. 8 (Zehlendorf), Tel. 8 30 13 81, Di–Fr 10–18, Sa/So 11–18 Uhr

Museen

Ägyptisches Museum (östl. Stüler-Bau), Schlossstr. 70 (Charlottenburg), Tel. 32 09 12 61, Internet: www.smb.spk-berlin.de, Di–So 10–18 Uhr [Nr. 102]

Anti-Kriegs-Museum, Brüsseler Str. 21 (Wedding), Tel. 45 49 01 10, Internet: www.anti-kriegs-museum.de, tgl. 16–20 Uhr. Historisches und Aktuelles zum Thema Krieg und Frieden.

Bauhaus-Archiv, Museum für Gestaltung, Klingelhöferstr. 14 (Tiergarten), Tel. 254 00 20, Internet: www.bauhaus.de, Mi–Mo 10–17 Uhr [Nr. 71]

Berliner Gruselkabinett, im Bunker Anhalter Bahnhof, Schöneberger Str. 23a (Schöneberg), Tel. 26 55 55 46, Internet: www.gruselkabinett.de, So–Di, Do 10–19 Uhr, Fr 10–20 Uhr, Sa 12–20 Uhr. Ein Gruselkabinett in einem alten Bunker [s. S. 79].

Botanisches Museum, Königin-Luise-Str. 6–8 (Zehlendorf), Tel. 83 85 01 00, Internet: bgbm.fu-berlin.de, tgl. 10–18 Uhr. Herbarium mit über 1 Mio. Pflanzen sowie umfangreiche Schausammlung [s. S. 138].

Brecht-Haus, Chausseestr. 125 (Mitte), Tel. 282 99 16, Di–Fr 10–12, Do auch 17–19 Uhr, Sa 9.30–11.30, So 11–18 Uhr [s. S. 52]

Bröhan-Museum, Schlossstr. 1a (Charlottenburg), Tel. 32 69 06 00, Internet:

172

www.broehan-museum.de, Di–So 10–18 Uhr. Jugendstil, Art déco und Funktionalismus [Nr. 104]

Brücke-Museum, Bussardsteig 9 (Zehlendorf), Tel. 8 31 20 29, Internet: www.bruecke-museum.de, Mi–Mo 11–17 Uhr [Nr. 127]

Deutsche Guggenheim Berlin, Unter den Linden 13–15 (Mitte), Tel. 20 20 93 0, Internet: www.deutsche-guggenheim-berlin.de, tgl. 11–20, Do bis 22 Uhr [s. S. 23]

Deutsches Historisches Museum (ehem. Zeughaus), Unter den Linden 2 (Mitte), Tel. 20 30 40, Internet: www.dhm.de. Sammlung bis Okt. 2004 geschl., Pei-Bau (ab Mai 2003): Mi–Mo 10–18 Uhr [Nr. 11]

Deutsches Technikmuseum Berlin, Trebbiner Str. 9 (Kreuzberg), Tel. 90 25 40, Internet: www.dtmb.de, Di–Fr 9–17.30 Uhr, Sa/So 10–18 Uhr. Kulturgeschichte der Technik sowie alte und neue Technik zum Erleben und Ausprobieren [Nr. 85].

Domäne Dahlem, Bauernhof und Museum, Königin-Luise-Str. 49 (Zehlendorf), Tel. 8 32 50 00, Internet: www.domaene-dahlem.de, Mi–Mo 10–18 Uhr. Verkauf von im Museum erzeugten Produkten, Sa vorm. Ökomarkt [Nr. 126].

Filmmuseum Berlin, Potsdamer Str. 2 (Tiergarten), Tel. 3 00 90 30, Internet: www.filmmuseum-berlin.de, Di–So 10–18, Do 10–20 Uhr. Nachlässe von Marlene Dietrich, Heinz Rühmann und Multimediaraum [s. S. 74].

Fragen an die Deutsche Geschichte (Ausstellung des Deutschen Bundestages), Deutscher Dom, Gendarmenmarkt (Mitte), Tel. 22 70, tgl. 10–18 Uhr [s. S. 33].

Georg-Kolbe-Museum, Sensburger Allee 25 (Charlottenburg), Tel. 3 04 21 44, Internet: www.georg-kolbe-museum.de, Di–So 10–17 Uhr [s. S. 121]

Gerhart-Hauptmann-Museum, Gerhart-Hauptmann-Str. 1–2 (Erkner), Tel. 0 33 62/36 63, Internet: www.gerhart-hauptmann-museen.de, Di–So 11–17 Uhr. Wohnräume Hauptmanns 1885–89. Über Leben, Werk und Wirken.

Hamburger Bahnhof – Museum für Gegenwart Berlin, Invalidenstr. 50–51 (Tiergarten), Tel. 3 97 83 40, Internet: www.smb.spk-berlin.de, Di–Fr 10–18, Sa/So 11–18 Uhr. Sammlung Marx in wunderschön restauriertem Gebäude [Nr. 32].

Haus der Kulturen der Welt, John-Foster-Dulles-Allee 10 (Tiergarten), Tel. 39 78 71 80, Internet: www.hkw.de, Di–So 10–21 Uhr [Nr. 85]

Heimatmuseum Mahrzahn, Alt-Mahrzahn 31 (Mahrzahn), Tel. 5 41 02 31, Di–So 10–18 Uhr. Handwerks- und Friseurmuseum.

Hugenottenmuseum (Französischer Dom), Gendarmenmarkt (Mitte), Tel. 2 29 17 60, Di–Sa 12–17, So 11–17 Uhr [s. S. 33]

Informationszentrum zur Hauptstadtplanung, Behrenstr. 39 (Mitte), Tel. 20 17 72 30, tgl. 9–19.30 Uhr. Ausstellung und Stadtmodell.

Jüdisches Museum Berlin, Lindenstr. 9–14 (Kreuzberg), Tel. 25 99 33 00, Internet: www.jmberlin.de, Mo 10-22, Di-So 10-20 Uhr geöffnet, am 24.12 und Rosch ha-Schama (7. u. 8. Sept.) geschlossen [Nr. 86].

Käthe-Kollwitz-Museum, Fasanenstr. 24 (Charlottenburg), Tel. 8 82 52 10, Internet: www.kaethe-kollwitz.de, Mi–Mo 11–18 Uhr [Nr. 94]

Knoblauchhaus, Poststr. 23 (Mitte), Tel. 23 45 99 91, Internet: www.stadtmuseum.de, Di–So 10–18 Uhr [s. S. 60]

Märkisches Museum, Stiftung Stadtmuseum Berlin, Am Köllnischen Park 5

Berlin ist Spitze

Berlin ist die größte deutsche Stadt, hat das längste U-Bahnnetz, den artenreichsten Zoo, die meisten Sportboote und Bewohner mit dem größten Hundetick. In Berlin erhob sich der erste Mensch in die Lüfte, lernten die Bilder das Laufen, meldete sich der erste Rundfunkreporter und verpackte Christo mit dem Reichstag das erste Mal ein deutsches Gebäude.

In keiner anderen Stadt Europas gibt es so viele Bäume wie in Berlin – rund 400 000 sind es. Und mit 1662 Brücken besitzt die Stadt mehr Brücken als Venedig. Kneipen gibt es allerdings noch mehr – ungefähr 7000 sollen es sein.

Museen, Schlösser, Bibliotheken

(Mitte), Tel. 30 86 60, Internet: www.stadtmuseum.de, Di–So 10–18 Uhr [Nr. 47]

Martin-Gropius-Bau, Niederkirchnerstr. 7 (Kreuzberg), Tel. 2 54 86 05, Internet: www.martingropius.de, Mi–Mo 10–20 Uhr. Große internationale Wechselausstellungen [Nr. 61]

Mauermuseum Haus am Checkpoint Charlie, Friedrichstr. 44 (Kreuzberg), Tel. 2 53 72 50, tgl. 9–22 Uhr. Geschichte der Mauer, Dokumentarfilme [s. S. 99].

Museum der Verbotenen Kunst, im letzten Wachturm der Berliner Mauer, Schlesische Straße (Treptow), Sa/So/Fei 12–18 Uhr

Museum für Kindheit und Jugend, Wallstr. 32 (Mitte), Tel. 2 75 03 83, Di–Fr 9–17 Uhr. Deutsche Schulgeschichte, Spielzeug und Schaudepot zum Thema Kindheit im 19. und 20. Jh.

Museum für Kommunikation, Leipziger Str. 16 (Mitte), Tel. 20 29 40, Internet: www.museumsstiftung.de, Di–Fr 9–17, Sa/So 11–19 Uhr [Nr. 58]

Museum für Naturkunde, Invalidenstr. 43 (Mitte), Internet: www.museum.hu-berlin.de, Tel. 20 93 85 91, Di–Fr 9.30–17, Sa/So/Fei 10–18 Uhr [Nr. 33]

Museum für Vor- und Frühgeschichte, Schloss Charlottenburg, Luisenplatz, Tel. 03 31/9 69 42 02, Internet: www.smpk.de/mvf, Di–Fr 10–18, Sa/So 10–18 Uhr [s. S. 114]

Museum Mitte von Berlin, Am Festungsgraben 1 (Mitte), Tel. 2 08 40 00, Mi/Do 13–17, Fr 13–20, Sa 11–20, So 11–17 Uhr. Wechselnde Ausstellungen.

Museumsdorf Düppel, Clauertstr. 11 (Zehlendorf), Tel. 8 02 66 71, Internet: www.dueppel.de, April–Okt. Do 15–19, So 10–17 Uhr [Nr. 130]

Neue Synagoge – Centrum Judaicum, Oranienburger Str. 29–30 (Mitte), Tel. 8 80 28 84 51, Internet: www.cjudaicum.de, So/Mo 10–20, Di–Do 10–18, Fr 10–17 Uhr. Sa und an jüdischen Feiertagen geschlossen. Führungen Mi 16, So 14/16 Uhr [Nr. 27]

Nikolaikirche, Nikolaikirchplatz (Mitte), Tel. 24 72 45 29, Internet: www.stadtmuseum.de, Di–So 10–18 Uhr [s. S. 58 f.]

Palais Ephraim, Poststr. 16 (Mitte), Tel. 24 00 20, Internet: www.stadtmuseum.de, Di–So 10–18 Uhr [Nr. 40]

Puppentheater-Museum Berlin, Karl-Marx-Str. 135 (Neukölln), Tel. 6 87 81 32, Internet: www.puppentheater-museum.de, Mo–Fr 9–16, So 11–17 Uhr. Marionetten, Stab- und Handpuppen aus Europa, Asien und Afrika.

Sammlung Berggruen (westl. Stülerbau), Schlossstr. 1 (Charlottenburg), Tel. 20 90 55 55, Internet: www.smb.spk-berlin.de, Di–Fr 10–18, Sa/So 11–18 Uhr. Bedeutende Sammlung der klassischen Moderne, Picassos Werke stehen im Mittelpunkt [Nr. 103].

Schinkelmuseum (Friedrichswerdersche Kirche), Werderscher Markt (Mitte), Internet: www.smb.spk-berlin.de, Tel. 2 08 13 23, Di–So 10–18 Uhr [Nr. 13]

Topographie des Terrors, Niederkirchnerstr. 8 (Mitte), Tel. 25 48 67 03, Internet: www.topographie.de, Mai–Sept. tgl 10–20, Okt.–April tgl. 10–18 Uhr, Führungen nach Vereinbarung [Nr. 60]

Vitra Design Museum, Kopenhagener Str. 58 (Prenzlauer Berg), Tel. 4 73 77 70, Internet: www.design-museum.de, Di–So 11–20, Fr. 11–22 Uhr

Zitadelle Spandau, Zitadellenbrücke (Spandau), Tel. 3 54 94 40, Internet: www.zitadelle-spandau.net, Di–Fr 9–17, Sa/So 10–17 Uhr [Nr. 133]

Zucker-Museum, Amrumer Str. 32 (Wedding), Tel. 31 42 75 74, Internet: www.dtmb.de/zucker-museum, Mo–Do 9–16.30, So 11–18 Uhr

Gedenkstätten

Gedenkstätte Deutscher Widerstand, Stauffenbergstr. 13–14 (Tiergarten), Tel. 26 99 50 00, Internet:www.gdw-berlin.de, Mo–Mi, Fr 9–18, Do 9–20, Sa/So/Fei 10–18 Uhr [Nr. 72]

Gedenkstätte Haus der Wannseekonferenz, Am Großen Wannsee 56–58 (Zehlendorf), Tel. 8 05 00 10, Internet: www.ghwk.de, tgl. 10–18 Uhr, Bibliothek Mo–Fr 10–18 Uhr [s. S. 130]

Gedenkstätte Normannenstraße, Ruschestr. 103, Haus 1 (Lichtenberg), Tel. 5 53 68 54, Di–Fr 11–18, Sa/So 14–18 Uhr. Ausstellung zur Geschichte der DDR.

Schlösser

Jagdschloss Grunewald, Hüttenweg 100, am Grunewaldsee (Zehlendorf), Tel. 8 13 35 97, Internet: www.spsg.de, Di–So 10–13 und 13.30–17 Uhr, Nov.–April nur Sa/So 10–16 Uhr [Nr. 115]

Pfaueninsel, Lustschloss, Pfaueninselchaussee (Zehlendorf), Tel. 03 31/ 9 69 42 02, Internet: www.spsg.de, Fähre: Okt.–März 10–16, April–Sept. 8–20 Uhr, Schloss: April–Okt. Di–So 10–17 Uhr [Nr. 119]

Schloss Britz, Alt-Britz 73 (Neukölln), Tel. 6 06 60 51, Di–Do 14–18, Fr 14–20, Sa/So/Fei 11–18 Uhr

Schloss Charlottenburg, Luisenplatz (Charlottenburg), Tel. 03 31/9 69 42 02, Internet: www.spsg.de; Schloss, Belvedere, Schinkel-Pavillon Di–Fr 9–17, Sa/So 10–17 Uhr, Knobelsdorff-Flügel Di-Fr 10–18, Sa/So 11–18 Uhr, Mausoleum April–Okt. Di–So 10–17 Uhr [Nr. 100]

Schloss Friedrichsfelde (auf dem Gelände des Tierparks), Am Tierpark 125 (Lichtenberg), Tel. 5 13 81 41, Internet: www.stadtmuseum.de, Di–So 10–18 Uhr [s. S. 132]

Schloss Köpenick, Schlossinsel (Köpenick), Tel. 6 56 61 70, bis Frühjahr 2004 geschlossen [s. S. 132].

Schloss Tegel (Humboldt-Schlösschen), Adelheidallee 19–21 (Reinickendorf), Tel. 4 34 31 56, Führungen: Mai–Sept. Mo 10, 11, 15 und 16 Uhr [Nr. 135]

Schloss und Park Biesdorf, Alt-Biesdorf 55 (Mahrzahn), Tel. 5 14 37 36, Mo–Do 9.30–18, Fr 9–13 Uhr, Sonntagsöffnungszeiten nach vorheriger telefonischer Anfrage.

Schloss und Park Kleinglienicke, Königstr. 36 (Zehlendorf), Tel. 03 31/9 69 42 02, www.spsg.de, Mitte Mai–Mitte Okt. Sa/So 10–17 Uhr [Nr. 121]

Bibliotheken

Ibero-Amerikanisches Institut Preußischer Kulturbesitz, Potsdamer Str. 37 (Tiergarten), Tel. 2 66 25 02, Internet: www.iai.spk-berlin.de, Mo–Fr 9–19, Sa 9–13 Uhr. Größte öffentliche wissenschaftliche Spezialbibliothek zu Lateinamerika, Spanien und Portugal.

Hoch die Tassen: In-Kneipe ›Kumpelnest‹

Staatsbibliothek zu Berlin – Preußischer Kulturbesitz, Tel. 26 60, Internet: www.sbb.spk-berlin.de. *Haus I:* Unter den Linden 8 (Mitte), Mo–Fr 9–21, Sa 9–17 Uhr [s. S. 25] *Haus II:* Potsdamer Str. 33 (Tiergarten), Mo–Fr 9–21, Sa 9–17 Uhr [Nr. 79]

Zentral- und Landesbibliothek Berlin, Tel. 90 22 61 05, Internet: www.zlb.de. *Haus 1:* Breite Straße 30–36 (Mitte), Mo–Fr 10–19, Sa 10–18 Uhr, *Haus 2:* Blücherplatz 1 (Kreuzberg), Mo 15–19, Di–Sa 11–19 Uhr

Nachtleben

Bars

TOP TIPP **Bar am Lützowplatz,** Lützowplatz 7 (Schöneberg), Tel. 2 62 68 07. Der 17-m-Tresen bildet eindeutig den Mittelpunkt des Lokals. An ihm stand schon Kevin Kostner. Exzellente Auswahl an Malt-Whiskys.

N. N., Hauptstr. 159 (Schöneberg), Tel. 7 87 50 33. Stilvolles Ambiente, leckere Cocktails.

Würgeengel, Dresdner Str. 122 (Kreuzberg), Tel. 6 15 55 60. An der Bar die Cocktails, an Tischen auch gute Vorspeisen und Tapas.

Zoulou-Bar, Hauptstr. 4 (Schöneberg), Tel. 7 84 68 94. American-Bar und zu später Stunde viel besucht.

Diskotheken und Clubs

Berlin bei Nacht – für Tanzwütige kein Problem. Die Stadt bietet eine vielseitig schillernde Clubszene. Allerdings ist da Pioniergeist angesagt. Hilfreich bei der

Nachtleben

Suche nach dem besten Nightspot für den jeweiligen Geschmack sind die **Stadtmagazine**. Das kostenlose Szeneblatt ›030‹ liegt u. a. in Kneipen aus, auch das ›Zitty‹ (Internet: www.zitty.de) ist ein unverzichtbarer Ratgeber.

Discos

Abraxas, Kantstr. 134 (Charlottenburg), Tel. 3 12 94 93. Lateinamerikanisches, Soul, Funk und Jazz.

El Barrio, Potsdamer Str. 82 (Tiergarten), Tel. 2 62 18 53. Salsa.

Far Out, Lehniner Platz/Kurfürstendamm 156 (Charlottenburg), Tel. 32 00 07 24. Disco mit buntgemixter Musik.

Golgatha, Am Kreuzberg/Dudenstr. 48 (Kreuzberg), Tel. 7 85 24 53. Disco mit Rock-Pop-Hits und großem Biergarten.

Clubs

90 Grad, Dennewitzstr. 37/Ecke Kurfürstenstr. (Schöneberg), Tel. 23 00 50 54. Wird ständig neu dekoriert. House, Soul und 70er-Jahre-Disco-Sound.

Acud, Veteranenstr. 21 (Mitte), Tel. 4 49 10 67. Jam-Sessions und Konzerte in der Bar, im Keller Disco.

Duncker-Club, Dunckerstr. 64 (Prenzlauer Berg), Tel. 4 45 95 09. Oldies und Wave.

TOP TIPP **Tresor/Globus,** Leipziger Str. 126a (Mitte), Tel. 61 00 54 00. Unten im Kellergewölbe wummert Hardcore-Techno, oben House.

Kneipen und Szenetreffs

Aedes, Hackesche Höfe, Rosenthaler Str. 40–41, Tel. 2 85 82 75. Architekten, Galeristen und Touristen genießen hier den Abend.

Atlantic, Bergmannstr. 100 (Kreuzberg), Tel. 6 91 92 92. Viel Glas, Chrom und Licht, coole Einzelgänger und Grüppchen mit modischem Chic.

Dicke Wirtin, Carmerstr. 9 (Charlottenburg), Tel. 3 12 49 52. Berlin-typisches Bierlokal, serviert werden hausgemachte Eintöpfe.

Diener, Grolmannstr. 47 (Charlottenburg), Tel. 8 81 53 29. Rustikales Lokal, begründet vom legendären Boxer Franz Diener, Künstlertreff.

Dukebox, Nollendorfplatz 3/4 (Schöneberg), Tel. 23 63 81 93. Gegenüber vom Metropol/Loft wird hier vor oder nach dem Konzert ein Bier gezischt. Amerikanisch-mexikanische Küche.

Hackbarth's, Auguststr. 49a (Mitte), Tel. 2 82 77 06. Künstler- und Intellektuellentreff, ob tagsüber zu Kaffee und Kuchen oder nachts auf ein Glas Wein.

Kumpelnest, Lützowstr. 23 (Schöneberg), Tel. 2 61 69 18. Schräge Plüscheinrichtung, buntgemixte Musik und Leute. Immer voll.

Leydicke, Mansteinstr. 4 (Schöneberg), Tel. 2 16 29 73. Berliner Milieu-Destillenkneipe, verschiedene Liköre und Obstweine aus eigener Herstellung.

Madonna, Wiener Str. 22 (Kreuzberg), Tel. 6 11 69 43. Kreuzberger Institution, laut, rauchig und eng. Sakrale Raumgestaltung.

Obst und Gemüse, Oranienburger Str. 48–49 (Mitte), Tel. 2 82 96 47. Sobald es die Temperaturen zulassen, wird auch der Gehweg zum Tummelplatz für Nachtschwärmer.

Roter Salon in der Volksbühne, Rosa-Luxemburg-Platz (Mitte), Tel. 24 06 58 06. Gemütlich plüschig. Am Wochenende House-Disco.

Zillemarkt, Bleibtreustr. 48a (Charlottenburg), Tel. 8 81 70 40. Ehemals Großgarage, heute originelle Restaurant-Kneipe mit Hofgarten.

Essen für Nachtschwärmer

Nachtschwärmer müssen oftmals nicht einmal mehr die Kneipen verlassen, wenn sie Hunger bekommen. ›Ambulante Verkäufer‹ suchen mit Baguettes, Frühlingsrollen, Fischbällchen und anderen Snacks die einschlägigen Läden auf. Wer aber doch nicht länger warten kann, sollte wissen, dass fast alle Berliner Imbisse ohnehin bis mindestens 24 Uhr geöffnet haben.

Fressco, Zossener Str. 24 (Kreuzberg), Tel. 69 40 16 13. Italienische Leckereien und rauchfreie Zone.

Konnopke's, Schönhauser Allee 44 A, unter der Hochbahn (Prenzlauer Berg), Mo–Fr 6–24 Uhr

Schwarzes Café, Kantstr. 148 (Charlottenburg), Tel. 3 13 80 38. Szene-Treff, etwas in die Jahre gekommen, bietet warme Küche bis lange nach 1 Uhr.

Witty's, Wittenbergplatz (direkt gegenüber vom KaDeWe), tgl. 11–24 Uhr.

Sport

Nicht nur für sportlich aktive Menschen bietet Berlin zahlreiche und vielseitige Betätigungsmöglichkeiten. In Berlin finden auch viele nationale und internationale **Sport-Großereignisse** statt, so der *Berlin-Marathon* (mit 40 000 Teilnehmern der größte Deutschlands), die *ISTAF* für Leichtathletikfans oder das *DFB-Pokal-Endspiel*. Das Olympia Stadion wird gerade durch einen Umbau auf den neuesten Stad gebracht (Sportveranstaltungen finden aber weiterhin statt). Mit der Max-Schmeling-Halle in Prenzlauer Berg sowie der Rad- und der Schwimmhalle an der Landsberger Allee hat Berlin drei neue multifunktionale Sportstätten dazugewonnen.

Informationen zu sportlichen Aktivitäten bekommt man beim **Sportservice Berlin**, Tel. 90 26 50 50

Bäder und Saunen

Fast in jedem Stadtteil gibt es ein **Hallenbad** und meist auch ein **Freibad.** Dazu kommen noch die **Strandbäder** an den Seen in und um Berlin. Vor dem Besuch eines der 42 städtischen Bäder sollte man sich bei der Hotline der Berliner Bäderbetriebe über die Öffnungszeiten vergewissern, Tel. 01803/10 20 20.

Stadtbad Charlottenburg, Krumme Str. 10 (Charlottenburg). Ältestes Hallenbad Berlins, 1898 eröffnet. Sehenswerter Kachelschmuck.

Stadtbad Neukölln, Ganghoferstr. 3–5 (Neukölln). Bei der Eröffnung 1914 als schönstes Hallenbad Europas bezeichnet.

blub Badeparadies, Buschkrugallee 64 (Neukölln), Tel. 6 06 60 60. Wellenbad, Wasserrutsche, Wildwasserkanal, Whirlpools, Solarien, Sauna, Fitnesscenter.

Solf-Sauna, Bundesallee 187 (Wilmersdorf), Tel. 8 54 50 14. Schwimmbad, Whirlpool, Sauna, Solarium.

Thermen am Europa-Center, Nürnberger Str. 7 (Charlottenburg), Tel. 2 57 57 60. Thermal-, Dampfbad und Sauna, Restaurant.

Freibäder

Prinzenbad, U-Bahnhof Prinzenstraße (Kreuzberg), Tel. 6 16 10 80

Sommerbad Wilmersdorf, Forckenbeckstr. 14 (Wilmersdorf), Tel. 8 97 74 10

Segelspaß im Strandbad am Wannsee

Sommerbad am Insulaner Munsterdamm, Munsterdamm 80 (Steglitz), Tel. 79 41 04 13

Sport- und Erholungszentrum, Landsberger Allee 77 (Friedrichshain), Tel. 42 18 20. Schwimm- und Sprungbecken, Wellenbad, lange Rutsche, Außenbecken, Sauna, Solarium, Roll- und Schlittschuhlaufen, Fitnesscenter und Gastronomie.

Strandbad Wannsee, Wannseebadweg 25 (Wannsee), Tel. 80 40 45 55

Eislaufen

Eisstadion Wilmersdorf, Fritz-Wildung-Str. 9 (Wilmersdorf), Tel. 8 24 10 12, Tel. 8 23 40 60 (Bandansage)

Golf

Rund um Berlin gibt es ca. 16 Golfplätze, die meist besonders schön gelegen sind. Auskünfte erteilt der **Golfverband Berlin-Brandenburg,** Forststr. 34 (Steglitz), 12163 Berlin, Tel. 8 23 66 09

Pferdesport

Für Pferde- und Wettfreunde

Galopprennbahn Hoppegarten, Goetheallee 1 (Dahlwitz-Hoppegarten), Tel. 0 33 42/3 89 30. 1868 eröffnet, die Haupttribüne steht unter Denkmalschutz.

Trabrennbahn Karlshorst, Treskowallee 129 (Lichtenberg), Tel. 50 01 70

Für Reiter

Preußenhof, Staakener Str. 64 (Spandau), Tel. 3 31 79 45. Hier wird spezieller Kinderunterricht angeboten.

Sport – Stadtbesichtigung

Reiterhof Lübars, Alt-Lübars 5 (Lübars/Reinickendorf), Tel. 40 39 76 64

Reiterverein Onkel Toms Hütte, Onkel-Tom-Str. 172 (Zehlendorf), Tel. 8 13 20 81. Reiten, Dressur, Springen.

Reit- und Springschule am Poloplatz, (Frohnau), Tel. 4 01 58 35

Tennis

Tennis-Center Tegel, Flohrstr. 19–21 (Reinickendorf), Tel. 4 32 50 03. Open-Air-Halle, Café mit Terrasse.

Tennis und Squash City, Brandenburgische Str. 53 (Charlottenburg), Tel. 8 73 90 97. 11 Squashcourts, 5 Tennisplätze, 6 Badmintoncourts sowie Sauna und Solarium.

TSF Tennis, Squash und Fitness, Richard-Tauber-Damm 36 (Tempelhof), Tel. 7 43 60 01 und Galenstr. 33–35 (Spandau), Tel. 3 33 40 84/3. Vielseitiges Sportzentrum rund um Ausdauer und Bewegung.

Wassersport und Bootsverleih

Boots-Charter Lüders, Strandbad Wannsee, eigener Eingang (Zehlendorf), Tel. 8 03 45 90. Paddel-, Ruder-, Segel- und Tretboote.

Deutscher Unterwasser Club Berlin, Am Großen Wannsee 42 (Zehlendorf), Tel. 8 05 32 42. Tauchkurse.

Marina Lanke-Werft, Scharfe Lanke 109–131 (Spandau), Tel. 3 62 00 90. Vermietung von Jachten und Motorbooten, Segel- und Motorbootschule, Kinderspielplatz, Bistro, Grillplatz.

M. Mühl, An der Sechserbrücke (Tegel), Tel. 4 33 76 90. Ruder- und Tretbootverleih, Minigolfplatz.

Richtershorner Ruderverein, Karolinenhof, Sportpromenade (Köpenick), Tel. 6 75 85 50

Segel-Schule Berlin, Friederikestr. 24 (Tegel), Tel. 4 31 11 71. Ruder-, Tret-, Paddel- und Segelbootverleih.

Fußball

Olympiastadion, Olympischer Platz (Charlottenburg), Karten an den üblichen Vorverkaufsstellen oder bei **Hertha BSC,** Hanns-Braun-Straße, Friesenhaus 2 (Charlottenburg), Tel. 0 81 05/43 78 42.

Berliner Stadtrundfahrt per Bus

Stadtbesichtigung

Stadtrundfahrten

Die Stadtbesichtigungen per Bus passieren die wichtigsten und schönsten Stellen Berlins. Die zentrale Abfahrtsstelle der stündlich stattfindenden **Sightseeing-Touren** ist am Kurfürstendamm/Ecke Meinekestraße. **Infos** bei: Berolina Stadtrundfahrten, Tel. 88 56 80 30; BVG mit Tour-Nostalgie, Tel. 25 62 47 40; Berliner Bären Stadtrundfahrt, Tel. 35 19 52 70

Besonders günstig kann man die Stadt z. B. mit dem **Bus 100** besichtigen. Er fährt vom Busbahnhof vor dem Bahnhof Zoo am Schloss Bellevue, Reichstag, Brandenburger Tor und Unter den Linden vorbei bis zum Alexanderplatz. Der **Bus 200** fährt vom Bahnhof Zoo über Botschaftsviertel, Potsdamer Platz und Unter den Linden zum Alexanderplatz.

Stadterkundung/Themen-Touren

Wer an einer individuellen Stadtführung teilnehmen möchte, wende sich an *Berlin Tourismus Marketing* [s. S. 159]. Außerdem werden auch allerlei Fahrten und Rundgänge zu speziellen Themen angeboten:

art:berlin, Kufsteiner Str. 7 (Schöneberg), Tel. 28 09 63 90. Berlin von A–Z und immer ganz ausgefallen.

Berliner Geschichtswerkstatt, Goltzstr. 49 (Schöneberg), Tel. 215 44 50. Kunsthistorische, architektonische, literarische und geschichtliche Führungen und Schiffsrundfahrten. Ende April bis Ende Sept., So 14-tägig.

Stadtbesichtigung – Statistik

Kultur Büro Berlin, Greifenhagener Str. 60 (Prenzlauer Berg), Tel. 4 44 09 36. Museumsführungen, Stadt- und Parkspaziergänge mit Kunst-Schwerpunkt.

Stattreisen Berlin, Malplaquetstr. 5 (Wedding), Tel. 4 55 30 28. Rundgänge mit Schwerpunkt auf Geschichte, Alltag, Literatur und jüdischer Kultur.

Severin und Kühn, Kurfürstendamm 216, Tel. 8 80 41 90. Da Baustellen zum Stadtbild gehören, bietet das Unternehmen auch Touren zu den größten Baustellen an.

Schiffsrundfahrten

Berlin mit seinen zahlreichen Wasserstraßen sollte man auch per Schiff entdecken. Die zentralen **Anlegestellen** der Schiffsrundfahrten im Zentrum sind Janowitz-, Schloss-, Hansa- und Kottbusser Brücke sowie Pergamon-Museum.

Für **Ausflüge** sind es Bahnhof Wannsee (Richtung Pfaueninsel, Potsdam oder Werder), Treptower Park (Richtung Südosten auf Dahme und Spree zum Müggelsee und in die Teuplitzer Gewässer) und Greenwich-Promenade in Tegel (Tegeler See und Oberhavel). Infos z. B. bei:

Reederei Riedel, Planufer 78 (Kreuzberg), Tel. 6 93 46 46, Internet: www.reederei-riedel.de. Die Fahrten starten von Hansabrücke, Märkisches Ufer, Kottbusser Brücke, Corneliusbrücke.

Stern- und Kreisschifffahrt, Puschkinallee 16–17 (Treptow), Tel. 5 36 36 00, Internet: www.sternund kreis.de

Neptun geleitet Sie! Besichtigung mit einem Spree-Boot

Statistik

Bedeutung: Hauptstadt der Bundesrepublik Deutschland.

Lage: 52°31'12'' nördl. Breite und 13°24'36'' östl. Länge. Durchschnittliche Höhe 34 m über N. N., höchste Punkte: Teufelsberg 115 m, Müggelberg 115 m.

Fläche: 89 169 ha, davon Wasserfläche: 6,6 %; Waldfläche: 17,9 %; Erholungsfläche (u. a. Parks, Kleingärten, Sportanlagen): 11,5 %.

Länge der Stadtgrenzen: 234 km.

Klima: Durchschnittliche Lufttemperatur im Januar: −3,7 °C, April: 10 °C, Juli: 16,3 °C, Oktober: 9,9 °C

Einwohner: (Stand Juli 2002): 3,4 Mio.

Verkehrsnetz: 5319 km Straßen, davon 61,4 km Autobahn, 621 km U- und S-Bahnen, 2672 km Buslinien. Öffentlicher Nahverkehr – beförderte Personen pro Jahr: U-Bahn 416 Mio., Bus 385 Mio., Straßenbahn 127 Mio, S-Bahn 291 Mio.

Schienenverkehr: 3 Zentral-Bahnhöfe (Bahnhof Zoologischer Garten, Ostbahnhof, Lichtenberg). Tgl. mehr als 300 Regional- und Fernzüge.

Flughafen: Berlin hat 3 Flughäfen: Tegel, Tempelhof und Schönefeld. Tegel ist von der Anzahl der jährlichen Starts und Landungen (125 000) und Fluggästen (9,9 Mio.) der größte Flughafen. Tempelhof wird mit jährlich 38 000 Starts und Landungen von 771 000 Fluggästen passiert und Schönefeld bei 26 000 Starts und Landungen von 1,8 Mio.

Gastgewerbe: Jahresumsatz 980 Mio €, Beschäftigte: ca. 56 000, Bettenkapazität: 62 000, Gäste pro Jahr: 5 Mio., Übernachtungen: ca. 10 Mio.

Wirtschaft: BIP: 77 Milliarden €, 1,53 Mio. Beschäftigte, 591 600 davon arbeiten in Dienstleistungsunternehmen. Berlin entwickelt sich auch zur Film- und Fernsehstadt, ob als Drehort oder als Sitz von zahlreichen Produktionsfirmen und TV-Sendern.

Stadtverwaltung: Seit der Wahl am 17. Januar 2002 sitzen 141 Volksvertreter im Abgeordnetenhaus. Regierender Bürgermeister ist Klaus Wowereit, der einer Ko-

Statistik – Unterkunft

alition aus SPD und PDS vorsteht Das Berliner Rathaus befindet sich im Bezirk Mitte.

Bezirke: Berlin ist inzwischen in 12 Bezirke eingeteilt: Charlottenburg-Willmersdorf, Friedrichshain-Kreuzberg, Lichtenberg, Marzahn-Hellersdorf, Mitte, Neukölln, Pankow, Reinickendorf, Spandau, Steglitz-Zehlendorf, Tempelhof-Schöneberg, Treptow-Köpenick.

Schulen: Berlin hat insgesamt 17 Hochschulen, darunter die drei großen Universitäten (Freie Universität, Humboldt Universität, Technische Universität) mit insgesamt 133 599 Studenten. Damit ist Berlin die größte Universitätsstadt in Deutschland. Darüber hinaus gibt es 498 Grundschulen, 58 Hauptschulen, 87 Realschulen, 129 Gymnasien und 75 Gesamtschulen.

Stadtwappen: Schreitender schwarzer Bär nach links auf silbernem Grund; über dem Schild fünfzackige goldene Krone.

Partnerstädte: Brüssel, Budapest, Madrid, Moskau, Warschau.

Genau so ist es, lieber Bär: Berlin tut gut!

Unterkunft

Luxushotels

Four Seasons, Charlottenstr. 49 (Mitte), Tel. 2 03 38, Fax 20 33 61 66, E-Mail: ber.reservation@fourseasons.com. Erstes Haus der weltweiten Luxushotelkette in Deutschland. Direkt am Gendarmenmarkt, elegant und stilvoll.

Grandhotel Esplanade, Lützowufer 15 (Tiergarten), Tel. 25 47 80, Fax 2 54 78 82 22. Dieses Haus hat jeden seiner fünf Sterne verdient! Allein die hauseigene **Harry's New York Bar** ist einen Besuch wert. [TOP TIPP]

Hotel Adlon, Unter den Linden 77 (Mitte), Tel. 22 61 11 11, Fax 22 61 22 22, E-Mail: adlon@kempinsiki.com. Berlins traditionsreichstes und berühmtestes Hotel, das im Krieg zerstört wurde, ist rekonstruiert worden – ein ›Megastern‹.

Hotel Palace, Europa-Center (Charlottenburg), Tel. 2 50 20, Fax 25 02 11 61, Internet: www.palace.de. Das modernisierte Hotel erstrahlt in luxuriösem Glanz und bietet elegant eingerichtete Suiten und Zimmer.

Intercontinental, Budapester Str. 2 (Tiergarten), Tel. 2 60 20, Fax 26 02 26 00, E-Mail: berlin@interconti.com. Im Herzen der Stadt gelegen.

Kempinski Hotel Bristol, Kurfürstendamm 27 (Charlottenburg), Tel. 88 43 40, Fax 883 60 75, E-Mail: reservations.bristol@kempinski.com. Stammhotel von Placido Domingo.

Regent Schlosshotel, Brahmsstr. 10 (Grunewald), Tel. 89 58 40, Fax 89 58 48 00, E-Mail: schlosshotelberlin@regenthotels.com. Er kleidete nicht nur Frauen ein – Modezar Karl Lagerfeld stattete dieses traditionsreiche Luxushotel aus. [TOP TIPP]

Westin Grand Hotel Berlin, Friedrichstr. 158–164 (Mitte), Tel. 2 02 70, Fax 20 27 33 62, Internet: www.westingrand.com. Die berühmte Freitreppe der Lobby ist Laufsteg für Models, Hochzeitspaare und Akrobaten.

Hotels der gehobenen Preisklasse

Antares Hotel am Potsdamer Platz, Stresemannstr. 97–103 (Kreuzberg), Tel. 25 41 60, Fax 2 61 50 27, Internet: www.hotel-antares.com. Zimmer mit Blick auf die Architektur des 21. Jh.

Sorat Art'otel, Joachimstaler Str. 28–29 (Charlottenburg), Tel. 88 44 70, Fax 88 44 77 00, E-Mail: art-otel@sorathotels.com. Nach allen Regeln des Designs durchgestylt.

Askanischer Hof, Kurfürstendamm 53 (Charlottenburg), Tel. 8 81 80 33, Fax 8 81 72 06, Internet: www.askanischer-hof.de. Großzügige Zimmer und Jugendstilinterieurs.

Berlin Hilton, Mohrenstr. 30 (Mitte), Tel. 2 02 30, Fax 20 23 42 69

Unterkunft

Brandenburger Hof, Eislebener Str. 14 (Wilmersdorf), Tel. 21 40 50, Fax 21 40 51 00, Internet: www.brandenburger-hof.de. Zimmer im Bauhausdesign, beste Lage.

Hotel Seehof am Lietzensee, Lietzensee Ufer 11 (Charlottenburg), Tel. 32 00 20, Fax 32 00 22 51. Kleine Oase in der Großstadt.

Hotel Steigenberger, Los-Angeles-Platz 1 (Charlottenburg), Tel. 2 12 70, Fax 2 12 71 17, E-Mail: berlin@steigenberger.de

Residenz, Meinekestr. 9 (Charlottenburg), Tel. 88 44 30, Fax 8 82 47 26, Internet: www.residenz-hotels.com. Vor allem bei Fernsehstars beliebtes Jugendstilhaus mit Flair und gutem Restaurant.

Mittelklassehotels

Bleibtreu, Bleibtreustr. 31 (Charlottenburg), Tel. 88 43 70, Fax 88 47 44 44, Internet: www.bleibtreu.com

Estrel Residence Hotel, Sonnenallee 225 (Neukölln), Tel. 6 83 10, Fax 6 83 12 345

Frauenhotel Artemisia, Brandenburgische Str. 18 (Wilmersdorf), Tel. 8 73 89 05, Fax 8 61 86 53, Internet: www.frauenhotel-berlin.de. ›Männerfreie Zone‹, hübsch eingerichtete Zimmer.

Hecker's Hotel, Grolmanstr. 35 (Charlottenburg), Tel. 8 89 00, Fax 8 89 02 60, Internet: www.heckers-hotel.com

Luisenhof, Köpenicker Str. 92 (Mitte), Tel. 2 41 59 06, Fax 2 79 29 83, Internet: www.luisenhof.de

Riehmers Hofgarten, Yorckstr. 83 (Kreuzberg), Tel. 78 09 88 00, Fax 78 09 88 08, www.hotel-riehmers-hofgarten.de. Guten Service bietet diese Herberge in einem Altbau der Gründerzeit.

Preiswerte Hotels

Dittberner, Wielandstr. 26 (Charlottenburg), Tel. 8 81 64 85, Fax 8 85 40 46

Hotel Am Anhalter Bahnhof, Stresemannstr. 36 (Kreuzberg), Tel. 2 51 03 42, Fax 2 51 48 97, Internet: www.hotel-anhalter-bahnhof.de

Hotel am Scheunenviertel, Oranienburger Str. 38 (Mitte), Tel. 2 82 21 25, Fax 2 82 11 15, Internet: www.hotelamscheunenviertel.de

Hotel Charlot, Giesebrechtstr. 17 (Charlottenburg), Tel. 3 27 96 60, Fax 32 79 66 66, Internet: www.hotel-charlot.de. Hier stimmen Atmosphäre und Service gleichermaßen.

Kastanienhof, Kastanienallee 65 (Mitte), Tel. 44 30 50, Fax 44 30 51 11, Internet: www.hotel-kastanienhof-berlin.de. Hotel-Pension am Prenzlauer Berg mit familiärer Atmosphäre.

Pensionen

Bogota, Schlüterstr. 45 (Charlottenburg), Tel. 8 81 50 01, Fax 8 83 58 87, Internet: www.hotelbogotaberlin.com. Große, luftige Zimmer; zentral gelegen.

Fasanenhaus, Fasanenstr. 73 (Charlottenburg), Tel. 8 81 67 13, Fax 8 82 39 47, E-Mail: fasanenhaus@t-online.de. Gemütliches Wohnen in einem Gründerzeithaus.

Hotel-Pension Art Nouveau, Leibnizstr. 59 (Charlottenburg), Tel. 3 27 74 40, Fax 32 77 44 40. Großzügige Zimmer in einem renovierten Jugendstilbau.

Hotel-Pension Funk, Fasanenstr. 69 (Charlottenburg), Tel. 8 82 71 93, Fax 8 83 33 29. Seit den 30er-Jahren des 20. Jh. beliebte Pension. Hier stiegen schon Stummfilmstars ab. Verkehrsgünstig gelegen.

Hotel-Pension Korfu, Rankestr. 35 (Charlottenburg), Tel. 2 12 47 90, Fax 2 11 84 32, Internet: www.hp-korfu.de

Hotel-Pension Merkur, Torstr. 156 (Mitte), Tel. 2 82 82 97, Fax 2 82 77 65

Kreuzberg, Großbeerenstr. 64 (Kreuzberg), Tel. 2 51 13 62, Fax 2 51 06 38, E-Mail: pensionkreuzberg@aol.com

Steiner, Albrecht-Achilles-Str. 58 (Wilmersdorf), Tel. 8 91 16 15, Fax 8 92 87 21. Künstlerhotel, originell und quicklebendig.

Camping

Campingplatz am Krossinsee, Wernsdorfer Str. 38 (Köpenick), Tel. 6 75 86 87, ganzjährig geöffnet.

Campingplatz Dreilinden, Albrechts Teerofen 44 (Wannsee), Tel. 8 05 12 01. Zelt, geöffnet von März bis Oktober.

Campingplatz Kladow, Krampnitzer Weg 111–117 (Spandau), Tel. 3 65 27 97. Zelt und Campingwagen, ganzjährig geöffnet.

Unterkunft – Verkehrsmittel

Campingplatz Kohlhasenbrück, Neue Kreisstr. 36 (Zehlendorf), Tel. 8 05 17 37, geöffnet von März bis Oktober.

Jugendherbergen

Zentralreservierug: Tel. 2 62 30 24

Jugendgästehaus am Wannsee, Badweg 1 (Nikolassee), Tel. 8 03 20 34

Jugendgästehaus Berlin, Kluckstr. 3 (Schöneberg), Tel. 2 61 10 97

Jugendherberge Ernst Reuter, Hermsdorfer Damm 48–50 (Hermsdorf), Tel. 4 04 16 10

Mitwohnzentrale

Agentur Wohnwitz, Holsteinische Str. 55 (Wilmersdorf), Tel. 8 61 82 22, Fax 8 61 82 72, Internet: www.wohnwitz.com, Mo–Fr 10–19, Sa 11–14 Uhr

Mitwohnagentur Home Company, Joachimstaler Str. 17 (Charlottenburg), Tel. 1 94 45, Fax 8 82 66 94, Mo–Fr 9–18, Sa 11–14 Uhr

Mitwohnagentur Streicher, Immanuelkirchstraße 8 (Prenzlauer Berg), Tel. 4 41 66 22, Fax 4 41 66 23, Internet: www.housingagency-berlin.de, Mo–Fr 11–14 und 15–18 Uhr

Mitwohnzentrale am Mehringdamm, Mehringdamm 66 (Kreuzberg), Tel. 7 86 20 03, Fax 7 85 06 14, Internet: www.wohnung-berlin.de, Mo–Fr 10–19, Sa 10–14 Uhr

Verkehrsmittel

Öffentliche Verkehrsmittel

Die **Berliner Verkehrsbetriebe (BVG)** und die **S-Bahn** bieten ein umfassendes Verkehrsnetz [Plan s. S. 190/191]. Der Einzelfahrschein kann für jedes dieser Verkehrsmittel benutzt werden und behält zwei Stunden seine Gültigkeit. Es lohnt sich, Angebote wie die Tageskarte (6,10 € Stadt, 6,30 € Umland) wahrzunehmen.

BVG-Kundendienst, Tel. 1 94 49, Internet: www.bvg.de
S-Bahn Berlin, Tel. 29 74 33 33, Internet: www.s-bahn-berlin.de

Mit der **Berlin WelcomeCard** (19 €) können ein Erwachsener und bis zu drei Kinder (6–14 Jahre) 72 Stunden alle öffentlichen Verkehrsmittel in Berlin und Potsdam benutzen. Zusätzlich gewährt die Karte **Ermäßigungen** von bis zu 50% für verschiedene kulturellen Einrichtungen. Erhältlich ist sie in Hotels, an den Flughäfen, Verkaufsstellen der DB, BVG und der S-Bahn sowie bei Berlin Tourismus [s. S. 159].

Fahrradverleih

Bahrdt im Zentrum, Kantstr. 88–89 (Charlottenburg), Tel. 3 23 81 29

Fahrrad International, Uhlandstr. 106 (Charlottenburg), Tel. 8 61 52 37

Fahrrad-Mittelstädt, Pichelsdorfer Str. 96 (Spandau), Tel. 3 31 32 96

Fahrradstation, Rosenthaler Str. 40–41 (Mitte), Tel. 28 59 98 95

potsdam per pedales e. V., Bahnhof Griebnitzsee (Potsdam), Tel. 03 31/7 48 00 57, Internet: www.potsdam-per-pedales.de

Rent a bike, Rheinstr. 61 (Steglitz), Tel. 8 52 40 99

Mietwagen

Die gängigen Autovermieter haben an allen drei Flughäfen Berlins Buchungsbüros. Stadtbüros:

AVIS, Budapester Str. 41 (Charlottenburg), Tel. 2 30 93 70

Europcar, Kurfürstenstr. 101–104, am Europacenter (Wilmersdorf), Tel. 2 35 06 40 oder Karl-Liebknecht-Str. 19–21 (Mitte), Tel. 2 40 79 00

Sixt Budget, Nürnbergerstr. 65 (Charlottenburg), Tel. 2 12 98 80

Die **ADAC Autovermietung** bietet Mitgliedern Mietwagen zu günstigen Konditionen an. Buchungen (mindestens 3 Tage vor Abreise) in jeder *ADAC-Geschäftsstelle* oder unter Tel. 0 18 05/ 31 81 81 (0,12 €/Anruf).

Taxi

Taxis kann man u. a. unter Tel. 21 02 02, 21 01 01, 44 33 22, 26 10 26, 6 90 22 bestellen. Den **Telebus** für Rollstuhlfahrer unter Tel. 41 02 01 13

Velotaxi: Mit Muskelkraft durch die Hauptstadt, zu zweit in geschlossener Kabine und nur mit leichtem Gepäck! Es gibt drei Routen: vom Adenauerplatz zum Wittenbergplatz, quer durch den Tiergarten bis zum Brandenburger Tor und von dort aus zum Alexanderplatz (2,50 € bis 7,50 €, Tel. 44 35 89 90)

Register

A

Admiralspalast 25
Ägyptisches Museum 39, 116 f.
Akademie der Künste 20, 25, 86
Akademie der Wissenschaften 12, 25, 74, 111
Albrecht der Bär 12, 145
Alexanderplatz 9, 42, **53 f.**
Alte Bibliothek 26
Alter Jüdischer Friedhof 44 f.
Alter Marstall 37
Altes Museum 34, 37, **38**, 117
Alte Nationalgalerie 38, **39 f.**
Altes Palais (Kaiserpalais) 18, 23, 25
Altes Rathaus (Potsdam) 149
Altes Stadthaus 60 f.
Amerikanische Botschaft 20
Amtsgericht Mitte 63 f.
Anhalter Bahnhof (ehem.) 78 f.
Arnim, Ferdinand von 134
August Ferdinand von Preußen 85
Augusta, Kaiserin von Preußen 116, 157
Avus 143

B

Babelsberg (Potsdam) 156 f.
Bahnhof Friedrichstraße 25
Bahnhof Schlesisches Tor 100
Bahnhof Zoo 108
Bamberger Reiter (Rest.) 163
Bar am Lützowplatz 175
Baracke 49 f.
Barenboim, Daniel 28
Bauhaus-Archiv 88
Bebelplatz 21, 26
Begas, Reinhold 55, 138
Beisheim-Center 72
Belvedere (Potsdam) 155
Bergmannstraße 93 f.
Berlinale 173
Berliner Abgeordnetenhaus 75
Berliner Dom 8, **34 f.**
Berliner Ensemble 50
Berliner Gruselkabinett 79
Berliner Mauer 19, **75**
Berliner Rathaus (Rotes Rathaus) 9, **55 f.**
Berliner Stadtbibliothek 37
Berliner Stadtschloss 7, **35**, 82, 113, 136
Berlinische Galerie 78, 93
Bismarck, Otto von 12, 14, 25, 46, 63, 74, 101, 146, 157
Blockhaus Nikolskoe 134

Bode, Wilhelm von 39, 138 f.
Bode-Museum 40
Botanischer Garten 136 ff.
Botanisches Museum 138
Botschaften der Nordischen Staaten 88
Botschaftsviertel 87 f.
Boumann, Johann 132, 151
Bovril (Rest.) 163
Brandenburger Tor 9, 10, **18 f.**, 20, 75, 80
Brandenburger Tor (Potsdam) 151
Brecht, Bertolt 6, 42, 50, 52
Brecht-Haus 52
Breite Straße 36 f.
Breitscheid, Rudolf 78, 105
Breitscheidplatz 105
Bristol-Bar 102
Britische Botschaft 20
Bröhan-Museum 117 f.
Brücke-Museum 141
Brüderstraße 37
BUGA-Park (Potsdam) 155
Bundesfinanzministerium 75
Bundeskanzleramt 82
Bundespräsidialamt 85
Bundesrat 74

C

Café Einstein 166
Café Kranzler 22, 102
Calixtusbrunnen 147
Carillon 83
Centrum Judaicum 46
Chamäleon Varieté 43
Chamissoplatz 94
Charité 50 f.
Checkpoint Charlie 75, **98 f.**
Christo 10, 15, 80
Corinth, Lovis 143

D

Dahlem 136 ff.
DaimlerChrysler-City 72
Denkmal ›Aufbauhelfer‹ 56
Denkmal ›Die Mutter‹ 67
Denkmal ›Karl Marx und Friedrich Engels‹ 57
Denkmal ›Luftbrücke‹ 77
Denkmal ›Trümmerfrau‹ 56
Denkmal für die ermordeten Juden Europas 20
Denkmal für die Gefallenen der Freiheitskriege 144
Denkmal Friedrichs des Großen 23 ff.
Denkmal für Heinrich Zille 64
Denkmal für Kurfürst Joachim II. 144
Detlev-Rohwedder-Haus 75
Deutsch-Russisches Museum Berlin-Karlshorst 77
Deutsche Guggenheim Berlin 23
Deutscher Bundestag 33, **80 f.**
Deutscher Dom 33
Deutsches Historisches Museum 31 f.
Deutsches Rundfunkmuseum 120 f.

Deutsches Technikmuseum Berlin 96 ff.
Deutsches Theater 48 ff.
Diterichs, Friedrich Wilhelm 28, 60
Döblin, Alfred 20, 42, 53, 104, 121
Domäne Dahlem 140
Dorotheenstädtischer Friedhof 9, **52**
Druckhaus Berlin-Mitte 98
Düttmann, Walter 81, 86, 105

E

East-Side-Gallery (Mauergalerie) 75
Ebert, Friedrich 14, 74
Ehrenfriedhof für die Märzgefallenen 71
Ehrenfriedhof fü die Gefallenen der Novemberrevolution 1918 71
Eiermann, Egon 102, 105
Eisenmann, Peter 20
Encke, Erdmann 116, 144
Ephraim, Veitel Heine 45, 60
Ermeler Haus 64
Ermisch, Richard 119, 128
Ethnologisches Museum 138
Europa-Center 104 f.

F

Fasanenstraße 105 f.
Fernsehturm (Alexanderplatz) 9, **54 f.**
Filmfestspiele Berlin, Internationale 173
Filmmuseum Berlin 72, **74**
Filmmuseum (Potsdam) 150
Filmpark Babelsberg (Potsdam) 156
Flughafen Tegel 15, 144, **148**
Flughafen Tempelhof 77
Fontane, Theodor 74, 99
Fontane-Apotheke 99
Forum Fridericanum (Bebelplatz) 9, 21, **26**, 28
Forum Hotel Berlin 54
Foster, Sir Norman 80
Fragen an die Deutsche Geschichte 33
Franziskanerklosterkirche (ehem.) 63
Französische Botschaft 20
Französischer Dom 33
Freie Universität Berlin (FU) 141 f.
Freizeitpark Tegel 147
Friedenskirche 154
Friedhof II der Sophiengemeinde 51
Friedhof Heerstraße 121 f.
Friedhöfe Hallesches Tor 96
Friedrich I., König von Preußen 35, 51, 104, 111
Friedrich II. (der Große) 7, 12, 18, 24 f., 27, 33, 35, 57, 60, 84 f., 112, 132, 134, 139, 149, 152
Friedrich III., Kaiser 15, 35, 82, 111, 114
Friedrich Leopold, Prinz von Preußen 135

183

Register

Friedrich Wilhelm I. (Soldatenkönig) 12, 34, 144, 149
Friedrich Wilhelm II. 12, 18, 113, 131, 155
Friedrich Wilhelm III. 12, 38, 114, 115, 116, 133, 154
Friedrich Wilhelm IV. 38, 99, 108, 115, 152, 153, 154
Friedrich Wilhelm, Kurfürst 12, 20, 35, 149
Friedrichshain 65, 71
Friedrichsstadt 19
Friedrichstadtpalast 25, **48**
Friedrichstraße 6, 9, 11, 25
Friedrichswerdersche Kirche 8, **32**
Fruchtbarkeitsbrunnen 70 f.
Funkturm (Messegelände) 119, **120 f.**

G

Galerie Lafayette 25
Galgenhaus 37
Gedächtnistempel für Königin Luise 133
Gedenkhalle für Frieden und Versöhnung 104
Gedenkstätte Deutscher Widerstand 88
Gedenkstätte Haus der Wannseekonferenz 130
Gedenkstätte Plötzensee 77
Gemäldegalerie 89 f.
Gemäldesammlung (Jagdschloss Grunewald) 129
Gendarmenmarkt 9, **33**
Georg-Kolbe-Hain 122
Georg-Kolbe-Museum 121
Gerichtslaube 60, 157
Gerlach, Philipp 30, 62
Gertraudenbrücke 37
Gethsemanekirche 69
Glienicker Brücke 134
Glockenturm (Olympiastadion) 124
Gontard, Karl von 150, 155
Göthe, Johann Friedrich Eosander von 36, 112, 132
Gouverneurshaus 23
Grips-Theater 86
Gropius, Martin 77
Gropius, Walter 78, 81, 86, 88
Großer Stern 87
Großer Wannsee 128, 147
Grosz, George 92, 121
Grünberg, Martin 33, 62
Grunewald 6, 101, 125, 143
Grunewaldsee 125

H

Habibi (Rest.) 166
Hackesche Höfe 42 f.
Hamburger Bahnhof – Museum für Gegenwart Berlin 51
Hansa-Viertel 11, **85 f.**
Harry's New York Bar 180
Hasenheide 94
Haus am Checkpoint Charlie 99
Haus der Elektroindustrie 53

Haus des Lehrers 53
Haus der Kulturen der Welt 82 f.
Haus der Wannseekonferenz 130
Haus des Reisens 53
Haus des Rundfunks 121
Haus der Schweiz 21
Haus Vaterland 73
Haus Wagon-Lits 21
Heiliggeistkapelle 57
Heinrich (Rest.) 165
Henne (Rest.) 164
Henry-Ford-Bau 142
Hoffmann, E.T.A. 96
Hoffmann, Ludwig 41, 60 f., 64, 71
Holländisches Viertel (Potsdam) 150
Holocaust-Mahnmal 20
Honecker, Erich 36, 78
Hotel Adlon 9, 18, 19, 20
Hotel de Rome 23
Hotel Esplanade 73 f.
Hotel Karlton 23
Hugenottenmuseum 33
Humboldt-Universität 9, 18, 25, **28 f.**
Humboldt, Wilhelm von 60, 146
Humboldt, Alexander von 108, 146

I

Indische Botschaft 87
Internationales Congress Centrum (ICC) 119
Internationales Handelszentrum 25
Italienische Botschaft 88

J

Jagdschloss Glienicke 135
Jagdschloss Grunewald 127 f.
Jägerhof 135
Jahn, Friedrich Ludwig (Turnvater) 63, 94
Jakob-Kaiser-Haus 81
Japanische Botschaft 87
Jerusalemskirchhof 96
Joachim II., Kurfürst 127, 146, 147
Jüdische Gedenkstätte Fasanenstraße 106
Jüdischer Friedhof 66
Jüdisches Gemeindehaus 106 f.
Jüdisches Museum Berlin 98
Jungfernbrücke 37

K

Kabarett ›Die Distel‹ 25
Kabarett ›Die Stachelschweine‹ 105
KaDeWe (Kaufhaus des Westens) 110
Kaiser-Wilhelm-Gedächtniskirche 10, **102 ff.**
Kaiserpalais (Altes Palais) 18, 23, 25
Kaiserpassage (ehem.) 20, 22

Kaisersaal 73, 74
Kammermusiksaal 92
Kammerspiele 48 ff.
Kantdreieck 107
Karajan, Herbert von 27, 91
Karl, Prinz von Preußen 135
Karl-Liebknecht-Haus 42
Karl-Marx-Allee 65
Käthe-Kollwitz-Museum 105 f.
Kempinski Hotel Bristol 102
Kirche des hl. Alexander Newski (Potsdam) 155
Kleihues, Josef Paul 19, 48, 107
Kleistpark 136
Knobelsdorff, Georg Wenzeslaus von 25, 27 f., 85, 96, 112, 150, 152
Knobelsdorff-Haus (Potsdam) 150
Knoblauchhaus 60
Kollegienhaus 98
Kollwitz, Käthe 20, 30, 66, 105
Kollwitzplatz 66 f.
Kolonie Alexandrowka (Potsdam) 154 f.
Komödie 102
Königliche Porzellan Manufaktur (KPM) 74, 114, 162
Konzerthaus Berlin 33
Koppenplatz 45
Kreiskulturhaus Prenzlauer Berg 68
Kreuzberg 11, 15, 65, **93–100**
Kronprinzenpalais 8, 21, **30**
Ku'damm Eck 102
Ku'damm 195 (Rest.) 165
KulturBrauerei 69
Kulturforum 10, 39, 80, 88
Kultur- und Freizeitforum (Tegel) 147
Kulturzentrum Tacheles 46 f.
Kunstbibliothek 90
Kunstgewerbemuseum 90
Künstlerhaus Bethanien 99
Kupferstichkabinett 90
Kurfürstendamm 10, **101 f.**
Krenz, Egon 15

L

Landesvertretung NRW 88
Langhans, Carl Gotthard 18, 50, 56, 85
Langhans, Carl Ferdinand 28, 96
Le-Corbusier-Haus 122
Leipziger Straße 74
Leipziger Platz 74
Lenné, Peter Joseph 11, 12, 34, 71, 85, 99, 100, 108, 114, 131, 132, 135, 154, 157
Lessing, Gotthold Ephraim 59 f.
Liebermann, Max 20, 66, 86, 117
Liebknecht, Karl 14, 36, 79
Literaturhaus 105
Love Parade 104

Register

Lübars 146
Ludwig-Erhard-Haus 107
Luise, Königin von Preußen 116, 133
Luisenkirche 118
Lustgarten 7 f., **34**

M

Maifeld 124
Mann, Heinrich 51, 86
Märchenbrunnen 71
Marheinekeplatz 94
Mariannenplatz 99 f.
Marie-Elisabeth-Lüders-Haus 81 f.
Marienkirche (Mitte) 56 f.
Marienkirche (Spandau) 145
Maritim pro Arte (Hotel) 25
Märkisches Museum 59, **64**
Märkisches Viertel 6, 144
Marktplatz (Spandau) 144
Marmorpalais (Potsdam) 155
Marstall 25
Martin-Gropius-Bau 77 f.
Mauermuseum Haus am Checkpoint Charly 99
Maybachufer 100
Max-Liebermann-Haus 9, 19
Maxwell (Rest.) 164
Mendelssohn, Moses 44, 60
Messegelände 119 f., 143
Messel, Alfred 41, 48, 75
Mexikanische Botschaft 88
Meyer, Gustav 71, 130
Michaelkirche 64
Mies van der Rohe, Ludwig 88, 92, 156
Molkenmarkt 60
Monbijoupark 45
Moore, Henry 83, 86
Müggelsee, Großer und Kleiner 130
Museum europäischer Kulturen 140
Museum für Indische Kunst 138 f.
Museum für Naturkunde 51
Museum für Ostasiatische Kunst 139
Museum für Kommunikation 74 f.
Museum für Vor- und Frühgeschichte 114
Museumsdorf Düppel 142 f.
Museumsinsel 8, **37–41**, 89, 117, 138 f.
Museumskomplex Dahlem 10, **138 f.**
Musikerfriedhof 51
Musikinstrumenten-Museum 91

N

Nationaldenkmal 93
Neptun-Brunnen 55
Nering, Johann Arnold 30, 111, 132
Neue Nationalgalerie 92
Neue Wache 8, **30 f.**
Neue Synagoge 9, 42, **46**
Neuer Garten (Potsdam) 155
Neuer Marstall 37
Neues Museum 38, **39**
Neues Kranzler Eck 102

Neues Palais 152
Neues Stadthaus 61
Nicolaihaus 37
Nikolaikirche 58 ff.
Nikolai-Kirche (Potsdam) 149
Nikolaiviertel 8, **57–60**
Nikolassee 143
Nikolskoe 133 f.
Nofretete, ägyptische Königin 116
Nollendorfplatz 110

O

Oberbaumbrücke 100
Olympiagelände 119
Olympiastadion 123 f.
Onkel Toms Hütte 11, **142**
Operncafé 29
Oranienburger Straße 45
Oren (Rest.) 46, 166
Österreichische Botschaft 87

P

Palais Ephraim 60
Palais Arnim-Boitzenburg 20
Palais am Festungsgraben 30
Palais Blücher 20
Palais Hagen 20
Palais Podewil 62
Palais Schwerin 60
Palast der Republik 7, 34, **35 f.**
Paris Bar 164
Pariser Platz 6, 9, 18, **19 f.**
Parochialkirche 62 f.
Paul-Lincke-Ufer 100
Paul-Löbe-Haus 81
Pergamon-Museum 8, **40 f.**
Persius, Ludwig 134, 154, 157
Pfaueninsel 11, **130 f.**, 133
Pfingstberg (Potsdam) 155
Philharmonie 10, 88, **91**
Platz der Republik 80
Poelzig, Hans 120, 121
Postfuhramt (ehem.) 46
Potsdam 11, 144, **149–157**
Potsdamer Altstadt 149 ff.
Potsdamer Platz 6, 10, **72 ff.**
Prater-Garten 67 f.
Prenzlauer Berg 6, 11, **65–71**
Preußisches Herrenhaus (ehem.) 74
Preußischer Landtag (ehem.) 15, 75
Prinzessinnenpalais 18, 21, **29 f.**

Q

Quadriga 18

R

Rathaus Charlottenburg 118
Rauch, Christian Daniel 12, 24, 35, 93, 116, 146
Reformationsplatz (Spandau) 144
Regent Schlosshotel 180
Regierungsviertel 81 f.

Reichsluftfahrtministerium (ehem.) 75
Reichstag 10, **80 f.**
Reiherwerder, Halbinsel 148
Reinhardt, Max 14, 42, 50, 104
Reinickendorf 77, 144, 148
Reiterdenkmal des Großen Kurfürsten 112
Reiterstatue des Hl. Georg 60
Residenz Hotel 181
Ribbeck-Haus 37
Riehmers Hofgarten 94
Riehmers Hofgarten (Hotel) 181
Rosa-Luxemburg-Platz 42
Russische Botschaft 21

S

Sammlung Berggruen 117
Sausuhlensee 121
Savignyplatz 102
Schadow, Albert Dietrich 116, 133
Schadow, Johann Gottfried 18, 60, 63, 139
Scharoun, Hans 89, 91, 92
Scheidemann, Philipp 14, 80
Scheunenviertel 9, **42 ff.**
Schinkel, Karl Friedrich 8, 9, 12, 19, 29, 30 f., 35, 38, 63, 78, 93, 114, 116, 118, 133 ff., 146 f., 149, 154, 157
Schinkelmuseum 32
Schinkel-Pavillon 116
Schlachtensee 125
Schloss Babelsberg (Potsdam) 11, 157
Schloss Bellevue 80, **85**
Schloss Cecilienhof (Potsdam) 156
Schloss Charlottenburg 10, 82, **111–116**
Schloss Charlottenhof (Potsdam) 154
Schloss Friedrichsfelde 64, 132
Schloss und Park Kleinglienicke 134
Schloss Köpenick 132
Schloss Niederschönhausen 132
Schloss Sanssouci (Potsdam) 11, 149, **152 ff.**
Schloss Tegel 146 ff.
Schlossbrücke 8 f., 18, 21, **32**, 34
Schlosspark Babelsberg 157
Schlosspark Charlottenburg 114 f.
Schlosspark Tegel 147
Schlossplatz 34
Schlüter, Andreas 30, 57, 59, 113 f.
Schöneberger Rathaus 15, 77
Schwanenwerder, Halbinsel 128
Schwechten, Franz 69, 78, 102
Siegessäule 80, **86 f.**
Skulptur ›Die Liegende‹ 86
Skulptur ›Ein Mensch baut seine Stadt‹ 119
Skulptur ›Herkules mit dem Nemeischen Löwen‹ 138

185

Damit habe in der

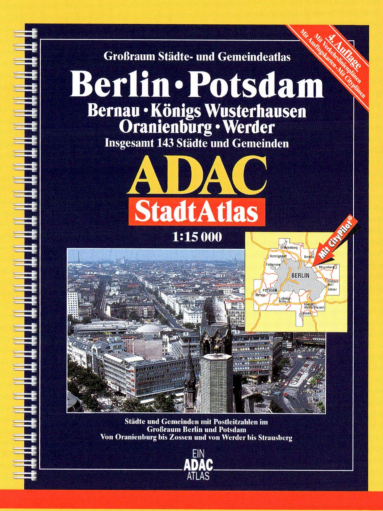

Der Großraum-Atlas mit der praktischen Spiralbindung!

Berlin und Umgebung von Oranienburg bis Zossen, von Werder bis Strausberg: alle Städte, Gemeinden, Dörfer bis hin zu Einzelgebäuden im großen Maßstab. Mit komplettem Straßen- und Wegenetz, öffentlichen Verkehrsmitteln, Parkplätzen, Einbahnstraßen, Fußgängerzonen und vielem mehr. Dazu den CityPilot®, der die Anfahrt erleichtert, vergrößerte Innenstadtausschnitte, einen Ausflugskartenteil mit vielen touristischen Hinweisen und natürlich die wichtigsten ADAC-Informationen.

Sie Berlin
asche!

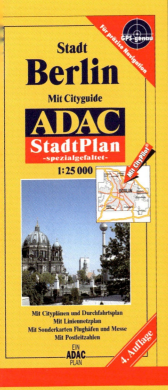

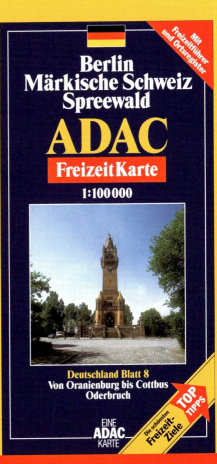

Schluss mit der Sucherei!

Das Stadt- und Gemeindegebiet mit dem Straßen- und Wegenetz, Gewässern sowie öffentlichen Einrichtungen und kulturellen Institutionen. GPS-genau, mit CityPilot® für die einfache Anfahrt, Innenstadtvergrößerung, Cityguide, öffentlichen Verkehrsmitteln, Parkplätzen und vielem mehr.

Schnell und sicher ans Ziel!

Die richtige Karte für die Urlaubsvorbereitung oder die Entdeckungsreise vor Ort. Denn der feine Maßstab macht es möglich, den ganzen Reichtum einer Region an Sehenswürdigkeiten wiederzugeben und auch den Weg dahin zu weisen.

Überall, wo es Bücher gibt, und beim ADAC.

ADAC Verlag

Register

Skulptur ›Hl. Gertraud‹ 37
Skulptur Kentaurengruppe 138
Sommergarten (Messegelände) 120
Sony-Center 72, 74
Sophienkirche **44**, 62
Sophienstraße 9, **44**
Sowjetisches Ehrenmal (Tiergarten) 74, 85
Sowjetisches Ehrenmal (Treptow) 77
Spandau 144 ff.
Spandauer Altstadt 144 f.
Sport- und Erholungszentrum (Friedrichshain) 71
Spreebogen 10, 81 f.
Springer, Axel 98
St.-Annen-Kirche (Dahlem) 140
St.-Hedwigs-Kathedrale 9, 18, **26**, 64
St.-Matthäus-Kirche 88 f.
St.-Nikolai-Kirche (Spandau) 144
St. Peter und Paul 134
St.-Thomas-Kirche 64, 99
Staatsbibliothek zu Berlin – Preußischer Kulturbesitz I (Mitte) 9, 25
Staatsbibliothek zu Berlin – Preußischer Kulturbesitz II (Tiergarten) 92
Staatsoper Unter den Linden 9, **27 f.**
Staatsratsgebäude (ehem.) 34, **36**
Stadtgeschichtliches Museum Spandau 146
Stadtschloss (Berlin) 7, **35**, 82, 113, 136
Stadtschloss (Potsdam) 150
Strack, Johann Heinrich 40, 87, 157
Straße des 17. Juli **84 f.**, 104

Stüler, Friedrich August 38, 40, 45 f., 57, 89, 117, 134, 154
Südwestfriedhof (Stahnsdorf) 142
Synagoge/Friedenstempel 67

— T —

Tacheles 46 f.
Tauentzienstraße 110
Taut, Bruno 86, 142
Tegeler Fließ 146
Tegeler Hafen 147
Tegeler See 146
Tempodrom 79
Teufelsberg 125
Teufelssee 125
Theater am Kurfürstendamm 102
Theater des Westens 107 f.
Tierarzneischule (ehem.) 50
Tiergarten 12, 10, 71, 80 f., **84 f.**
Tierpark 109
Tivoli-Brauerei 93
Topographie des Terrors 10, **75 f.**
Tränenpalast 25
Tresor/Globus (Disco) 176
Türkenmarkt 100

— U —

Unter den Linden 7, 9, 12, 18, **20–23**, 30, 34, 37, 91, 101 f.
U-Bahnhof Klosterstraße 61 f.

— V —

Viktoria-Park 93
Viktoria-Quartier 93
Villa Borsig 147
Villa Griesebach 105
Villa Parey 88

Villenkolonie Alsen 129 f.
Villenkolonie Grunewald 11, **125**
Villenkolonie Schwanenwerder 128 f.
Villenkolonie Wannsee 129
Völkerfreundschaft, Brunnen der 53
Volksbühne 42
Volkspark Friedrichshain 60, 65, **71**
Vox-Haus 73

— W —

Waldbühne 124
Wannsee, Großer 128, 147
Weinhaus Huth 73
Weltkugelbrunnen 105
Werder (Havelland) 167
Westin Grand Hotel 22, 25
Wilhelm I., König von Preußen, dt. Kaiser 12 f., 21, 23 f., 29, 60, 87, 96, 102, 157
Wilhelm II. König von Preußen, dt. Kaiser 14, 20, 23, 30, 34, 79, 80, 102
Wilhelm III. 29, 93, 131
Wilhelm IV. 56
Wilhelmstraße 74

— Z —

Zehlendorf 136, 143
Zeitungsviertel 98
Zeiss-Großplanetarium 70
Zentrale Gedenkstätte der Bundesrepublik Deutschland 31
Zeughaus (ehem.) 18, **31 f.**
Zille, Heinrich 59, 64, **117**, 143
Zitadelle Spandau 145 f.
Zollernhof 21
Zoofenster Berlin 102
Zoologischer Garten 108 f.

Bildnachweis

Ägyptisches Museum, Berlin: 40 oben, 116 oben links – *archivberlin Berlin:* 19, 68 oben, 99 oben (Henkelmann) – *AKG, Berlin:* 138, 139 (2), 141 oben – *Constantin Beyer, Weimar:* 33 oben, 70/71, 75 – *Bilderberg, Hamburg:* 8 oben (Wolfgang Volz) – *Fotostudio Ulf Böttcher, Potsdam:* 151 oben, 152, 157 – *Ralf Freyer, Freiburg:* 131 oben, 179 oben – *Gemäldegalerie, Berlin:* 40 unten – *Hans Christian Glave, Berlin:* 7, 25, 27, 45 f., 49 unten, 51, 52 oben, 54/55, 57, 61, 62 oben, 64, 67, 87, 89, 94, 97, 100 (2), 106 (2), 108, 117, 118, 122 oben, 125, 130, 132, 142, 144, 161 (2), 162, 169 oben – *Hotel Residenz, Berlin:* 180 – *Huber, Garmisch-Partenkirchen:* 28 oben. 38/39, 133 unten, 147 (F. Damm) – *Kunstbibliothek, Berlin:* 13 unten – *laif, Köln:* 92 oben (Craig/Rea), 8/9 Mitte, 164 (Decoux/Rea), 84, 155 unten (Frei), 43 oben, 65 (Paul Hahn), 69 (Hoefe), 156 (Jungeblodt), 5, 9 oben, 10 unten, 30/31, 36, 43 unten, 46, 47, 52, 54 unten, 72/73, 84/85, 86, 90/91, 103, 105, 111, 120/121 (Martin Kirchner), 9 unten, 49 oben (Nascimento/Rea), 6 rechts, 26, 96/97, 104 Mitte, 122/123, 136/137, 137, 151 unten, 153 oben, 154, 165, 175 (Neumann), 53 (Martini) 53, 109 oben, 112/113 (Riehle), 177 – *LOOK, München:* 24, 82, 83 oben (Max Galli) – *Mauritius, Mittenwald:* 59 (Latza), 29, 148 (Elsen), 58, 70 unten (Schnürer) 78, 145 (Hackenberg) Umschlagrückseite: viertes Bild links (Habel) – *Museum für Islamischen Kunst, Berlin:* 37 unten – *Museum für Vor- und Frügeschichte, Berlin:* 114 (2) (Verlag Postel, Berlin/Strüben) – *Neue Nationalgalerie, Berlin:* 92 – *Neumeister Photographie, München:* 32 unten, 41 oben, 56, 123 oben, 133 oben, 135, 153 unten, 155 oben – *Erhard Pansegrau, Berlin:* 6 links, 95 unten, 128/129, 143, 158, 180 – *Günter Schneider, Berlin:* 3, 10 oben, 11 unten, 16/17, 28, 40 unten, 41 unten, 44 unten, 48, 50, 62 unten, 66, 68 unten, 76 (2), 77, 79, 89, 95 oben und Mitte, 107, 109 unten, 110, 113 unten, 124, 127 oben, 131 unten, 134, 151 unten, 163, 168, 169 unten, 177 – *Claudia Schwaighofer, München:* 81 – *Süddeutscher Verlag/Bilderdienst, München:* 12, 13 oben links – *ullstein bild, Berlin:* 115 – *Verwaltung der Staatlichen Schlösser und Gärten, Berlin:* 127 unten – *Ernst Wrba, Sulzbach/Taunus:* 22/23, 22 unten, 35, 63, 83, 104 oben, 128 unten

Impressum

Umschlag-Vorderseite:
Mit vier Pferdestärken voraus – die
Quadriga auf dem Brandenburger Tor
Foto: Mauritius, Mittenwald
(Günter Rossenbach)

Titelseite: Immer obenauf – die Viktoria
bekrönt die Siegessäule
Foto: laif, Köln (Martin Kirchner)

Abbildungen: siehe Bildnachweis S. 188

Lektorat und Bildredaktion: Carin Pawlak
Aktualisierung: Dagmar Walden-Awodu
Gestaltung, Satz und Layout:
Norbert Dinkel, München
Karten: Huber Kartographie, München
Reproduktion: Typodata GmbH, München
Druck, Bindung: Ebner & Spiegel, Ulm

Printed in Germany

ISBN 3-87003-726-1

Gedruckt auf chlorfrei gebleichtem Papier

8., neu bearbeitete Auflage 2003
© ADAC Verlag GmbH, München
© der abgebildeten Werke von Alexander
Calder, Le Corbusier, Georg Kolbe, Ludwig
Mies van der Rohe und Dimitrij Vrubel bei
VG Bild-Kunst, Bonn 2003

Redaktion ADAC-Reiseführer:
ADAC Verlag GmbH, 81365 München,
E-Mail: verlag@adac.de

Das Werk einschließlich aller seiner Teile
ist urheberrechtlich geschützt.
Jede Verwendung ohne Zustimmung des
Verlags ist unzulässig und strafbar.
Das gilt insbesondere für Vervielfältigungen, Übersetzungen, Mikroverfilmungen
und die Verarbeitung in elektronischen
Systemen.
Die Daten und Fakten für dieses Werk
wurden mit äußerster Sorgfalt recherchiert
und geprüft. Da vor allem touristische
Informationen häufig Veränderungen
unterworfen sind, kann für die Richtigkeit
der Angaben leider keine Gewähr übernommen werden. Die Redaktion ist für
Hinweise und Verbesserungsvorschläge
dankbar.

In der ADAC-Reiseführer-Reihe sind erschienen:

Ägypten
Algarve
Amsterdam
Andalusien
Australien
Bali und Lombok
Barcelona
Berlin
Bodensee
Brandenburg
Brasilien
Bretagne
Budapest
Burgund
Costa Brava und
    Costa Daurada
Côte d'Azur
Dalmatien
Dänemark
Dominikanische Republik
Dresden
Elsass
Emilia Romagna
Florenz
Florida
Französische
    Atlantikküste
Fuerteventura
Gardasee
Golf von Neapel
Gran Canaria
Hamburg
Hongkong und Macau
Ibiza und Formentera
Irland
Israel
Istrien und Kvarner Golf
Italienische Adria
Italienische Riviera
Jamaika
Kalifornien
Kanada – Der Osten
Kanada – Der Westen
Karibik
Kenia
Kreta
Kuba
Kykladen
Lanzarote
London
Madeira
Mallorca
Malta

Marokko
Mauritius
    und Rodrigues
Mecklenburg-
    Vorpommern
Mexiko
München
Neuengland
Neuseeland
New York
Niederlande
Norwegen
Oberbayern
Österreich
Paris
Peloponnes
Piemont, Lombardei,
    Valle d'Aosta
Portugal
Prag
Provence
Rhodos
Rom
Rügen, Hiddensee,
    Stralsund
Salzburg
Sardinien
Schleswig-Holstein
Schottland
Schwarzwald
Schweden
Schweiz
Sizilien
Spanien
St. Petersburg
Südafrika
Südengland
Südtirol
Teneriffa
Tessin
Thailand
Toskana
Tunesien
Türkei-Südküste
Türkei-Westküste
Umbrien
Ungarn
USA-Südstaaten
USA-Südwest
Venedig
Venetien und Friaul
Wien
Zypern

Weitere Titel in Vorbereitung

Verkehrsmittel

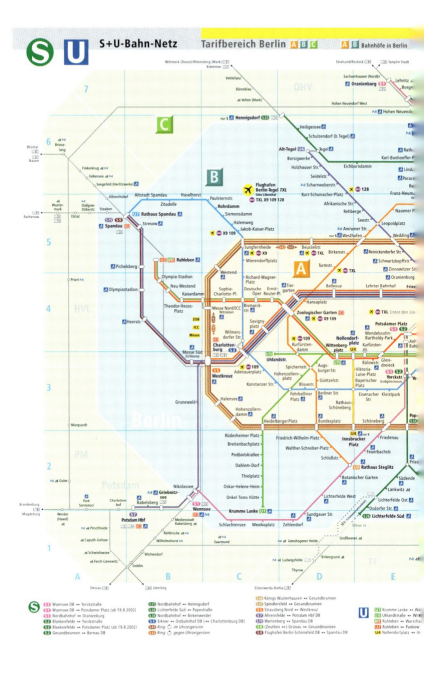

Verkehrsmittel

191

1 Tag in Berlin

Berlin – kompakt an einem Tag

Den Vormittag sollte man für einen Bummel auf dem **Kurfürstendamm** oder für eine Shopping-Tour durch die Einkaufstempel der **Friedrichstraße** oder des **Potsdamer Platzes** nutzen. Auch fürs Auge bietet sich überall eine Menge. Nachmittags kann man sich dann in die Touristenschlangen einreihen, die an einer offiziellen **Stadtrundfahrt** teilnehmen wollen. Ebenso interessant und – je nach Busfahrer genauso informativ – ist aber auch eine Fahrt mit Bus Nr. 100. Er fährt am **Bahnhof Zoo** ab und kommt an der **Siegessäule**, am **Schloss Bellevue**, am **Regierungsviertel**, **Reichstag** und **Brandenburger Tor** vorbei, fährt dann über den Boulevard **Unter den Linden** zum **Alexanderplatz**. Kurzum: Eine kleine Reise durch die Geschichte Berlins. Ein süßer Abschluss dieses Berlin-Erlebnisses: Köstlichen Kuchen gibt es im **Operncafé** des einstigen Prinzessinnenpalais am Boulevard Unter den Linden.

1 Wochenende in Berlin

Am Freitag Shopping und Schlendern, am Samstag Museen, am Sonntag Natur – so könnte man einen Wochenendbesuch in Berlin gestalten

Freitag: Nach der Ankunft über den **Ku'damm** schlendern, Schaufenstergucken und Shoppen in den zahlreichen Boutiquen der Seitenstraßen (Fasanenstraße, Uhlandstraße, Bleibtreustraße). Anschließend sollte man im neuen **Café Kranzler** ein Tässchen Kaffee nehmen oder die opulente Feinschmecker-Etage des **KaDeWe** erkunden.

Auf Stadtteil-Erkundung geht es dann nachmittags nach der obligatorischen **Stadtrundfahrt**: Berlin-typische Atmosphäre findet sich vor allem am **Prenzlauer Berg**, in **Kreuzberg** und in **Friedrichshain**. Wer eher das gepflegte historische Flair sucht, sollte das **Nikolaiviertel** in Berlin-Mitte besuchen. Am Abend stehen dann zahlreiche **Vergnügungsangebote** zur Auswahl: Boulevardkomödien, Theater, Kinos oder Kabaretts und Musicals.

Samstag: Widmen Sie diesen Tag den schönen Dingen – zum Beispiel lohnt ein Bummel über den **Flohmarkt an der Straße des 17. Juni**. Ob Leinenbettwäsche, alte Lampen oder kostbares Geschirr: Mit dem nötigen Kleingeld werden Sie sicher etwas finden. Ein weiteres Muss ist ein Besuch in einem der zahlreichen Berliner **Museen**. Gleich mehrere berühmte Exponate befinden sich auf der *Museumsinsel* in Berlin-Mitte oder auf dem *Kulturforum* in der Nähe des Potsdamer Platzes. Für welches Museum Sie sich auch entscheiden, Sie werden genügend Sehenswertes finden. Nach so viel Kulturgenuss bietet sich abends eine lukullische Stärkung an. Vielleicht im Feinschmeckerlokal **Bamberger Reiter**?

Sonntag: Bei schönem Wetter ist ein Ausflug zum **Wannsee** zu empfehlen, von dort kann man eine Schiffsrundfahrt, die nach Potsdam führt, oder eine Fahrt zur **Pfaueninsel** unternehmen. Ein Spazierweg führt von der Pfaueninsel am Havelufer entlang zum **Schloss Kleinglienicke**. Im **Blockhaus Nikolskoe** sollte man zur Kaffee- oder Mittagspause einkehren. Spielt das Wetter nicht mit, ist ein Besuch von **Schloss Charlottenburg** mit seinen prächtigen Gemächern die richtige Alternative.